Horst Klaus Berg
Gottes Wort braucht keinen Vormund

Horst Klaus Berg

Gottes Wort braucht keinen Vormund

Wege zur selbstständigen Auslegung der Bibel

Calwer Verlag / Matthias Grünewald Verlag

Bibliographische Information der Deutschen Bibliothek:
Ein detaillierter Datensatz ist im Internet über *http://dnb.ddb.de* abrufbar.

ISBN 978-3-7668-4424-8 (Calwer)
ISBN 978-3-7867-3125-2 (Grünewald)

© 2017 by Calwer Verlag GmbH Bücher und Medien, Stuttgart
und Matthias Grünewald Verlag,
ein Unternehmen der Verlagsgruppe Patmos in der Schwabenverlag AG, Ostfildern
Alle Rechte vorbehalten. Wiedergabe, auch auszugsweise,
nur mit Genehmigung des Verlags.
Umschlaggestaltung: Karin Class, Calwer Verlag unter Verwendung
eines Bildes von Sigrid Berg
Satz und Herstellung: Karin Class, Calwer Verlag
Druck und Verarbeitung: Mazowieckie Centrum Poligrafii –
05-270 Marki (Polen) – ul. Słoneczna 3C – www.buecherdrucken24.de

Internet: **www.calwer.com** / **www.gruenewaldverlag.de**
E-Mail: **info@calwer.com** / **kundenservice@verlagsgruppe-patmos.de**

Inhalt

TEIL I
DER EIGENE WEG ZUM WORT

Einleitung: Die Bibel in unserer Zeit. 11
   Erfahrungsbezogen lesen 12
   Dies Buch will… 14
   Gesprächspartner 15

Kapitel 1: Gottes Wort? 17
   1. Gottes Wort im Menschenwort 17
   2. Die Lehre von der »Verbalinspiration« verstellt heutigen Lesern
      den Blick auf den Gehalt der Bibel 18
   3. »Die Mitte der Schrift« 21
   4. »Grundbescheide« als Brennpunkte biblischen Glaubens und Lebens. 26

Kapitel 2: Auf dem eigenen Weg zum Wort – Barrieren und ihre Überwindung 40
   1. Das Wort auf dem Zion 40
   2. Barrieren. 41
   3. Welche Chancen für einen mündigen Bibelleser zeigen sich?. 47
      Exkurs: Die Entwicklung der Bibel als Wachstum wahrnehmen 53
   4. »Glücklich die Armen« – sind wir die richtige Adresse für das Evangelium?. . . 55

Kapitel 3: Das Wort auf dem Weg 56
   1. Die biblische Sprache: Sprache der Zuwendung 56
   2. Die Überlieferung ist unterwegs – Vier Wege der Überlieferung in die Welt . . . 57
      Exkurs: Zur Kompetenz der »Laien« 60
      Exkurs: Der Kontext 63
   3. Keine Angst vor der Vieldeutigkeit 69
   4. Resümee: »Gegenwelten« 70

TEIL II
DIE PARADIESGESCHICHTE
AUSLEGUNGSKONZEPTE ZUR BIBEL – BEISPIEL: GENESIS 3

Kapitel 4: Einführung 75
   1. Eine kurze Zwischenbilanz 75
   2. Zur Wahl des Bibeltextes 77
      Exkurs: Die »Urgeschichte« 78

Kapitel 5: Historisch-Kritische Auslegung 81
   1. Allgemeine Charakteristik 83
   2. Gewinn-Erwartung 83
   3. Methoden 85
      Exkurs: »Strafe oder Folge?« –
      Zum Verständnis des Abschnitts Gen 3,14–19 94
      Exkurs: Erkenntnis und Tora 97
   4. Zusammenfassung 99
   5. Ertrag 100

Kapitel 6: Wirkungsgeschichtliche Auslegung 101
   1. Allgemeine Charakteristik 101
   2. Gewinn-Erwartung 101
   3. Der Ansatz in der Gegenwart 102
   4. Methoden 103
   5. Beispiele aus der Wirkungsgeschichte von Gen 3 103
   6. Zusammenfassung 112
   7. Ertrag 113

Kapitel 7: Feministische Auslegung 114
   1. Allgemeine Charakteristik 114
   2. Gewinn-Erwartung 118
   3. Methoden 118
   4. Zusammenfassung 126
   5. Ertrag 127

Kapitel 8: Jüdische Auslegung 128
   1. Allgemeine Charakteristik 128
   2. Grundsätze und Methoden 128
   3. Kostproben 131

Kapitel 9: Tiefenpsychologische Auslegung 132
   1. Allgemeine Charakteristik 132
   2. Gewinn-Erwartung 134
   3. Methoden 135
   4. Zusammenfassung 141
   5. Ertrag 142
   6. Schlussbemerkung 142

Kapitel 10: Interaktionale Auslegung 143
   1. Allgemeine Charakteristik 143
   2. Gewinn-Erwartung 145
   3. Methoden 146
   4. Das Beispiel: Genesis 3 152

5. Schlussbemerkung 155
6. Ertrag 155

Kapitel 11: Auslegung durch Verfremdung 156
   1. Allgemeine Charakteristik 156
   2. Gewinn-Erwartung 158
   3. Methoden 159
      Exkurs: Biblische Texte In »Leichter Sprache« 161
   4. Zusammenfassung 167
   5. Ertrag 168

Kapitel 12: Linguistische Auslegung 169
   1. Allgemeine Charakteristik 169
   2. Gewinn-Erwartung 169
   3. Methoden 170
   4. Zusammenfassende Notizen 176
   5. Ertrag 177

Kapitel 13: Existentiale Auslegung 178
   1. Allgemeine Charakteristik 178
   2. Gewinn-Erwartung 180
   3. Methoden 180
   4. Zusammenfassung 186
   5. Ertrag 187

Kapitel 14: Vorstellung weiterer Auslegungskonzepte 188
   1. Ursprungsgeschichtliche Auslegung 188
   2. Materialistische Auslegung 190
   3. Lateinamerikanische Auslegung (Relectura) 192
   4. Intertextuelle Auslegung 195

Kapitel 15: Die Bibel ernst nehmen 197
   1. Die Geschichtlichkeit der Bibel ernst nehmen 197
   2. Die Unverfügbarkeit der Bibel ernst nehmen 198
   3. Den kommunikativen Charakter der Bibel ernst nehmen 200
      Exkurs: Bibel und Kirche 200
   4. Die Persönlichkeit der Bibelleser/innen ernst nehmen 202

Kapitel 16: Informationen 205
   1. Materialien und Arbeitshilfen zur selbstständigen Lektüre der Bibel 205
   2. Literatur 212

Teil I
Der eigene Weg zum Wort

Einleitung
Die Bibel in unserer Zeit

»Der Fromme von morgen wird ein Mystiker sein, einer, der etwas erfahren hat, oder er wird nicht mehr sein.« So schrieb der bedeutende katholische Theologe Karl Rahner vor fast 50 Jahren (Rahner, 1966, 335). Das ist ein grundlegender Satz, dessen Bedeutung niemand in Zweifel ziehen wird. Dennoch setze ich einen Satz daneben: *Die Zukunft des Glaubens wird davon abhängen, ob Christen eigensinnige Bibelleser werden. Menschen also, die in eigener Verantwortung die biblischen Überlieferungen aufschließen und sie – gemeinsam mit anderen – als Kraftquellen für Glauben und Leben zur Geltung kommen lassen.* Sie wollen ihre eigenen Wege suchen, ohne dabei die Texte der Beliebigkeit und Willkür auszusetzen.

Ich schreibe für Leserinnen und Leser, die an diesem selbstständigen, eigensinnigen Verständnis der biblischen Überlieferung interessiert, aber nicht explizit dafür ausgebildet worden sind. Es kommt nicht darauf an, welcher Konfession sie sich zurechnen – oder ob sie überhaupt einer Kirche angehören. Es kommt allein auf die Ahnung an, dass in den alten Schriften etwas für heutige Leserinnen und Leser Interessantes, für ihre Fragen und Einstellungen Wichtiges verborgen ist. Vielleicht könnte von »existentieller Neugier« die Rede sein. Allerdings stellen sich ihnen Barrieren in den Weg.

Die erste Barriere nenne ich: Bevormundung durch eine »**Theologie für die Gemeinde**«. Diese wird vermittelt durch Gottesdienste (Predigt; Liturgie; Liedgut; Architektur und Ausgestaltung der Räume …) oder andere Angebote. Sie sind überwiegend an traditionellen theologischen und spirituellen Konzepten ausgerichtet. In diesem Kontext ist die heutige Hörerin oder der Leser als »Laie« der *Adressat* oder die *Empfängerin* der biblischen Überlieferung, gefiltert durch eine dieser Haltung entsprechende »Theologie für die Gemeinde«. Dies werde ich noch weiter entfalten (s.u. Kapitel 2, Abschnitt 2.3).

Wie kommt eine solche Ausrichtung zustande? Darüber können nur Vermutungen angestellt werden.

Auf der Seite der *Kirchenleitungen* gehe ich davon aus, dass sie in erster Linie an der Erhaltung, Sicherung und Reproduktion der bestehenden Lehren und Ordnungen interessiert sind. Dies wirkt in die einzelnen Gemeinden hinein und beeinflusst ihre Vertreter, in aller Regel also die Pfarrer. Ich denke, dass auch deren dienstliche Belastung oft so hoch ist, dass nicht viel Zeit und Entschlossenheit für kritisch-theologische Reflexion bleibt. Hinzu kommt wohl auch, dass diese »Theologie für die Gemeinde« ein Amtsverständnis einschließt, das die »Amtsträger« erkennbar von der Gemeinde abhebt – deutlicher: über sie hinaus hebt.

Eigen-sinnige Schriftauslegung setzt Fragen an die Kirche frei. Es muss geklärt werden: Haben eigenständige Bibelleser einen Ort in der Kirche? Werden sie als erwünschte Teile der Gemeinde akzeptiert, von denen Innovationen erwartet werden? Oder stoßen sie auf Gleichgültigkeit oder Zurückweisung? Ich unterstreiche, dass die kritischen Fragen nicht »von oben« und »von außen« her gestellt werden, sondern aus der Mitte der Gemeinde, die sich ja auf die biblische Überlieferung gründet (→ Kapitel 2).

Die zweite Barriere ist die **Bevormundung durch die Experten**. Bis heute erheben die Vertreter der Interpretationswissenschaften (im Blick auf die Bibel: »Exegeten«) den Anspruch, dass nur mit Hilfe exakter wissenschaftlicher Methoden Sinn und Bedeutung eines Textes festgestellt werden könnten. Damit werden auch auf diesem Feld die nicht mit anerkannten Methoden ausgebildeten Leserinnen und Hörer der biblischen Überlieferung zu »Laien«, die auf die Ergebnisse der Forschung angewiesen sind.

Auch hier ist zu fragen: Ist die Kompetenz der exegetischen Forschung wirklich so umfassend und exklusiv, dass andere Zugänge zu biblischen Texten oberflächlich, banal und letztlich willkürlich erscheinen müssen? Auf diese Frage werde ich ebenfalls in Kapitel 2 eingehen. Ich bin auf die Bedeutung der selbstständigen Bibelauslegung durch die so genannten Laien in der langjährigen Zusammenarbeit mit dem »Biblischen Gesprächskreis« in Ravensburg gekommen, einer Gruppe kritisch fragender und reflektiert glaubender Christinnen und Christen. Neue Fragestellungen, bisher nicht gesehene Perspektiven, spirituelles Wachsen sind Erträge dieser gemeinsamen Arbeit.

Mein Weg dorthin war lang. Im Theologiestudium erlernte ich – wie jeder Theologe – die Interpretation biblischer Texte mit wissenschaftlichen Methoden. Sie ist darauf aus, den »historischen Sinn« eines Textes zu ermitteln. Durch »Sinnentnahme« könne dann die Bedeutung des Textes für heutige Leser sichtbar werden. – Dieses Auslegungskonzept bezeichnet man als »Historisch-Kritische Forschung« (Kritik ist hier verstanden als unterscheidende Analyse). Sie wurde in ihren Verfahren immer stärker ausdifferenziert – so dass ein bedeutender Bibelwissenschaftler wie Hans-Joachim Kraus nachdrücklich warnte: »Das reine Auslegen kann ja doch – mit all seinen Subtilitäten und Delikatessen – zu einem technischen und feinmechanischen Prozess entarten« (Kraus, 1983, 40).

Erfahrungsbezogen lesen

An der Arbeit meines Lehrers Hans-Joachim Kraus lernte ich, dass biblische Texte nicht auf einen »historischen Sinn« festzulegen, sondern auf ihre Wirksamkeit hin zu befragen sind. Zunächst einmal in ihrer Entstehungssituation. Erst später begriff ich, dass die Überlieferung selbst schon immer auf dem Weg ist, weil sie immer zielgerichtet war und bis heute ist – mit dem Vorsatz, Freiheit und Gerechtigkeit **für alle** zu schaffen.

Diese Bewegung wird sichtbar und wirksam, wenn wir die biblische Überlieferung **erfahrungsbezogen** lesen – in ihrer geschichtlichen Situation als Anstöße, gewohnte Denkweisen in Frage zu stellen, altvertraute Verhaltenswege kritisch zu unterbrechen; »Glaube ist Unterbrechung«, sagt bündig der Theologe Johann Baptist Metz. Biblische Texte sind »Antworttexte« auf die »Provokation der Situation« (Kraus) – und damit nur im Kontext ihrer Entstehungssituation bzw. ihrer Überlieferungssituation(en) verständlich.

Diese »Kontexte«, also die Entstehungssituationen biblischer Texte, sind oft in den Texten selbst zu erkennen, beispielsweise in den Reden der Propheten, in der Praxis und Verkündigung Jesu, in Briefen des Neuen Testaments. Aber auch in den Psalmen ist oft die Lebenssituation der Sänger und Beter deutlich sichtbar. Diese biblischen Ursprungssituationen nenne ich *Kontext I*.

Nach und nach verstand ich besser, dass diese Bewegung bis heute andauert und immer neu erkannt und zur Geltung gebracht werden will. Das aber erfordert, auch in der Gegenwart die »Provokation der Situation« zu erkennen, die eigenen Erfahrungen und Lebensmuster kritisch zu betrachten. Dies betrifft sowohl die öffentliche Situation (zeitkritische Analyse) wie auch die persönliche Lage (intensive Selbstwahrnehmung). Dies bezeichne ich als *Kontext II*.

Um es in einer These zusammenzufassen:
Die Bibel erschließt sich der heutigen Leserin, dem heutigen Hörer nur, wenn sie erfahrungsbezogen verstanden wird:
- Die Frage nach Glauben und Leben der Menschen, die sich in der Welt der Bibel zeigen (»Kontext 1«), muss die Interpretation leiten; und:
- Die Frage nach Glauben und Leben der heutigen Empfänger (»Kontext 2«) muss die Rezeption bestimmen.

Auslegung bedeutet nichts anderes, als dass diese »Kontexte« zusammenkommen; das Verbindende ist die Erfahrung der damals und heute Lebenden. Wie diese »*Kontextverschmelzung*« im Einzelnen zustande kommt, ist von unterschiedlichen Auslegungskonzepten abhängig. Darüber wird zu berichten sein.

Fest steht: In dem Augenblick, in dem der heutige Leser im Kontext seiner Erfahrungen die Erfahrungen der Vergangenheit befragt, ist er nicht länger Adressat von exegetischen Ergebnissen, sondern am Prozess des Verstehens aktiv beteiligt; er wird Subjekt des Verstehens.

Hier zeichnet sich eine neue Situation ab: Ich bin überzeugt, dass die eigensinnige, mündige Erschließung der Überlieferung nicht nur dem einzelnen Bibelleser bzw. kleinen Gruppen neue Zugänge öffnet, sondern auch die Kirchen fördert. Denn ein starkes Motiv der zunehmenden Austritte ist offensichtlich, dass die Personen sich in ihren Fragen und Erfahrungen nicht mehr angesprochen fühlen (→ Kapitel 2, Abschnitt 3.3. und Kapitel 15).

Einleitung: Die Bibel in unserer Zeit

Dieses Buch will ...

Wo der Leser, die Hörerin nicht mehr als passive Adressaten, sondern als aktive Subjekte des Verstehens wahrgenommen und ernstgenommen werden, brauchen sie Angebote der Unterstützung für diese neue Arbeit. Damit war die leitende Fragestellung für meine weitere Arbeit an und mit der Bibel gefunden: **Eigenständige erfahrungsbezogene Auslegung, die nach Impulsen für einen wachen Glauben und ein gelingendes Leben sucht.** Ich will mein Wissen, meine Gedankengänge und meine Fragen mit den Lesern teilen. Ich sehe vier Bereiche, die zu klären sind, wenn sich Leserinnen und Hörer auf den Weg zum eigensinnigen Verständnis machen:

1. **Informationen,** die zum sachgemäßen Verständnis der biblischen Überlieferung gehören (z.B. Geschichte Israels und des Urchristentums). Dies werde ich indirekt tun, indem ich vorliegende Angebote vorstelle. Manche Bibeln enthalten kurze Einführungen, Sacherklärungen usw. – Es werden allgemeinverständliche Kommentare zur Bibel angeboten, die Nicht-Experten bei einer eigenständigen Lektüre behilflich sind. – Dazu kommen Veröffentlichungen, die zu einer Reihe biblischer Texte Interpretationen anbieten. Ich werde entsprechende Vorschläge mit kurzen Erläuterungen vorstellen (→ Kapitel 16).

2. Es liegt auf der Hand, dass es nicht damit getan ist, den Leserinnen und Lesern **Ergebnisse** von Bibelinterpretationen vorzulegen. Dann wären sie wieder nur »Adressaten« vorgegebener Informationen. Ich will Leben fördernde Wege zur Bibel so beschreiben, dass andere sie mit eigenen, selbst gewählten Schritten gehen können (Teil II). Das bedeutet praktisch: Ich beschreibe unterschiedliche Interpretationswege, ihre Ausgangspunkte, Ziele und Methoden. Diese Wege, ihre Voraussetzungen, Methoden und Ergebnisse lassen sich unter dem Fachbegriff »Hermeneutik« zusammenfassen (»Hermeneutik« bedeutet im Wortsinn »Lehre vom Verstehen«). Sie wird schon seit der Antike in Philosophie und Kunstwissenschaft, in Literaturwissenschaft und Theologie lebhaft diskutiert). Im Interesse der Anschaulichkeit und Überprüfbarkeit will ich die unterschiedlichen Auslegungskonzepte exemplarisch als Wege zu einem Text aus dem Ersten Testament darstellen. Ich wähle eine Erzählung, die wie kaum eine andere überlagert, ja verschüttet ist von widerstreitenden dogmatischen Überhöhungen, ideologischen Interessen und anderem »Schrott«: Die so genannte Erzählung vom »Sündenfall« (Gen 3).

3. Ich hatte darauf hingewiesen, dass zur erfahrungsbezogenen Interpretation biblischer Texte auch die Auslegung der eigenen Situation gehört (Intensive Selbstwahrnehmung). Hier wird besonders einleuchtend, dass der so genannte **Laie** – also der Bibelleser ohne professionelle Ausbildung und ohne Amt – ins Zentrum zu rücken und als Subjekt der Auslegung zu begreifen ist. Das Expertenwissen wird damit keineswegs überflüssig. Es wird zu überlegen sein, in welcher Beziehung künftig »Laie« und »Experte« zu sehen sind, damit es zu einer fruchtbaren Arbeit kommt (vgl. den Exkurs »Zur Kompetenz der ›Laien‹« in Kapitel 3).

4. In meiner Arbeit mit dem Ravensburger »Biblischen Gesprächskreis« ist mir noch eine weitere Perspektive aufgegangen: Die Bedeutung der **Kommunikation**. Wer an eigenen Sichtweisen und Erkenntnissen arbeitet, sollte bereit sein, sie aufs Spiel zu setzen, sie befragen zu lassen, zu bezweifeln, zu klären, sie zu bestärken ... Das kann gut in der Gruppe gelingen. Das muss nicht bedeuten, dass es zu einem stabilen Gruppenkonsens im Blick auf einen Bibeltext kommen muss – das wäre sogar problematisch. Aber ein respektvolles Gespräch gegenseitiger Befragung ist wichtig. Ich erfahre:
   a) Meine Sicht ist gefragt und wird ernst genommen.
   b) Ich muss und ich kann sie klären und stützen im Diskurs.
   c) Sie kann neben anderen bestehen, nicht als die, die sich allein im Gespräch durchsetzt, sondern als **eine** sinnvolle Sichtweise.

An dieser Stelle zeigt sich ein schwer wiegendes Problem: Die Gefahr, dass das Verständnis willkürlich wird und biblische Texte für bestimmte Absichten in Anspruch genommen werden. – Beispiele dafür gibt es genug! Auch dies wird noch näher zu klären sein. Das alles sind Versuche, die Leserinnen und Leser bei der eigenen »Wegarbeit« zu unterstützen.

Meine Vision ist: Das Buch könnte ein wenig dazu beitragen, dass aus der vorherrschenden »**Theologie für die Gemeinde**« eine »**Theologie der Gemeinde**« wird, selbst verantwortet, vielgestaltig, bunt – wie die heute am Verstehen Interessierten und nicht zuletzt die biblische Überlieferung selbst. Meine ersten Versuche reichen schon eine gute Weile zurück. Bereits 1991 begann ich mein »Handbuch des Biblischen Unterrichts« mit dem Band »Ein Wort wie Feuer. Wege lebendiger Bibelauslegung« (Berg, 2001). Viele Aufsätze und Artikel zum Thema folgten. Es ging – wie heute – um das Verstehen der biblischen Überlieferung. Inzwischen habe ich Neues gelernt, schon Geschriebenes kritisch reflektiert und weiter geführt; ich versuche, näher beim Leser zu sein. Ich werde aber immer wieder einmal auf diese Veröffentlichungen zurückgreifen, ohne das jeweils ausdrücklich zu kennzeichnen.

Gesprächspartner

Das Buch versteht sich als Gesprächsangebot. Ich hatte eingangs als erhoffte Leserinnen und Leser Personen genannt, die Lust auf eine eigen-sinnige Lektüre der Bibel haben. Dass muss noch ein wenig erläutert und ergänzt werden: Ich möchte Personen motivieren, die in ihren Gemeinden an den genannten Barrieren hängen bleiben und keine oder nur wenige Alternativen zum Bestehenden sehen.

Ich denke auch an Mitglieder der Gemeinden, die Bedenken haben, wenn es darum geht, die kirchlichen Lehrsätze und dogmatischen Vorgaben einmal beiseite zu lassen. Ich hoffe, dass sich auch Einige ansprechen lassen, die den Kontakt zu ihrer Kirche verloren haben. Lassen sie sich anregen, noch einmal nachzuschauen, ob die Bibel neue, überraschende und überzeugende Sichtweisen bereit hält?

Es wäre gut, wenn viele der genannten Personen miteinander in Kontakt kommen und gemeinsam nach der Bibel fragen könnten – denn das Gespräch ist nach meiner Erfahrung die beste Voraussetzung für die eigen-sinnige Befragung der Bibel.

Mir liegt auch viel daran, dass die »Vermittler«, also die Pfarrerinnen und Pastoren, das Buch als Einladung zum Gespräch auf- und annehemen könnten – ich habe einige Vorschläge gemacht: Gespräche mit interessierten Gemeindemitgliedern. Und Gespräche untereinander, vielleicht einmal auf einem Pfarrkonvent oder einer Synode?

Übrigens: Aus Respekt vor den jüdischen Bibelleserinnen und -lesern verzichte ich durchgehend auf die Bezeichnung »Altes Testament«, weil sie oft die irrige Vorstellung suggeriert, das »Alte« sei durch das »Neue« überholt und abgelöst! Ich bezeichne die jüdische Bibel als Erstes Testament.

Bevor ich die Darstellung der Auslegungskonzepte beginnen kann, ist aber noch einige Arbeit nötig; ich versuche sie im ersten Teil des Buchs zu bewältigen. Es ist zu klären, was eigentlich gemeint sein könnte, wenn wir von »Gottes Wort« reden (Kapitel 1); es gilt Barrieren abzutragen und eigene Wege zur biblischen Überlieferung zu finden (Kapitel 2); es ist zu fragen, ob die Bibel schon in die Gegenwart unterwegs sein könnte (Kapitel 3).

Abschließende Bemerkungen: Im Interesse der Lesbarkeit – gerade auch für »Nicht-Profis« – beziehe ich immer wieder kurze Wiederholungen und auch Querverweise in den Text ein. – Aus dem gleichen Grund verzichte ich soweit wie möglich auf Fußnoten und ausführliche Literaturhinweise.

Kapitel 1
Gottes Wort?

1. Gottes Wort im Menschenwort

Ein beliebtes Motiv der mittelalterlichen Buchmalerei ist die Darstellung der vier Evangelisten bei der Arbeit: Sie schreiben ihre Texte; eine Taube, das Symbol des Heiligen Geistes, sitzt auf ihrer Schulter und scheint ihnen etwas ins Ohr zu flüstern; oder ein Engel ist in der Nähe und souffliert.

Die Botschaft ist klar: Die Evangelisten – stellvertretend für alle biblischen Autoren – sind direkt von Gott inspiriert; ihre Worte sind »Gottes Wort«. Die biblischen Autoren sind sozusagen die Sekretäre, die das Diktat niederschreiben. Dabei könnten die Maler sich auf Paulus berufen. Der schreibt an seine Gemeinde in Thessalonich:

»Darum danken wir Gott unablässig dafür, dass ihr das Wort Gottes, das ihr durch unsere Verkündigung empfangen habt, nicht als Menschenwort, sondern – was es in Wahrheit ist – als Gottes Wort angenommen habt; und jetzt ist es in euch, den Gläubigen, wirksam.« (1. Thess 2,13)

Ich komme noch darauf zurück.

Menschenwort, das Gott verkündigt, ist Gottes Wort. Viele Jahrhunderte lang ist dies wie selbstverständlich so verstanden worden: Die Bibel ist Gottes Wort, Inspiration ist »Verbalinspiration«. Das meint: Jedes Wort der Bibel ist von Gott inspiriert und damit uneingeschränkt wahr und gültig; die »Heilige Schrift« ist irrtumslos.

Seit Anfang der Aufklärung hat die kritische Wissenschaft in einem langen Prozess die Erkenntnis hervorgebracht, dass die Bibel im Ganzen ein Bericht ist über Glaubenserfahrungen und -deutungen, über Zeugnisse und Bekenntnisse von Menschen, die dies in bestimmten historischen und auch lebensgeschichtlichen Situationen erlebten und äußerten. Sie sorgten für die Überlieferung ihrer Erfahrungen und Bekenntnisse, damit andere sie für sich wahrnehmen und annehmen können; die biblischen Texte sind ihrem Grund nach »Anrede«, Einladung zum Glauben. Diese Menschen äußerten ihre Bekenntnisse in der Sprache und den Vorstellungen ihrer Zeit. Ihre Rede ist selbstverständlich ihrem jeweiligen Weltbild verpflichtet. Insofern ist sie von Anfang bis Ende Menschenwort.

Wer bereit und fähig ist, in diesem Menschenwort die Anrede Gottes zu hören, findet den spirituellen Zugang zur biblischen Überlieferung, sie wird für ihn zu Gottes Wort.

Ein Beispiel: Ich kann den 23. Psalm (»Der Herr ist mein Hirte«) als geschichtlichen Bericht über bewegende Vertrauenserfahrungen lesen – er bleibt »Menschenwort«. Wenn ich selbst zu diesem Vertrauen finde – vielleicht angerührt von dem Psalm – dann offenbart er sich mir als Stärkung meines Glaubens, als Orientierung im »finsteren Tal«. *Menschenwort wird zum Gotteswort, zur Anrede,* wenn ich es mir zu Herzen gehen lasse – beglückend, heilend, wegweisend –, aber auch kritisierend, richtend, wie beispielsweise bei den Propheten. Ob das Wort zur Anrede wird, liegt nicht in unserer Macht; es bleibt letztlich unverfügbar. Die Bibel spricht davon, dass der Geist Gottes das Wort aufschließt (z.B. 1. Kor 12,1–11).

Das bedeutet aber nicht, dass heute am Verstehen der Bibel Interessierte passiv abwarten, ob sich dies einfach so ereignet. Der französische Philosoph Paul Ricoeur meint, dass ein Leser einem Text nicht einfach neutral gegenübertritt; in der Regel wird er davon ausgehen, dass der Text etwas für ihn Wichtiges mitzuteilen hat, dass es also lohnt, sich auf ihn einzulassen. Ricoeur fasst diesen Vorgang in das Bild einer »Wette«: Der Leser »wettet«, dass er gewinnt, wenn er den Text versteht. Das schließt den Leser für einen Text auf, mit dem man ins Gespräch kommt, schließt aber auch das Risiko des Nicht-Verstehens und des Scheiterns ein: Eine Wette kann man auch verlieren.

Zusammenfassend: »Wort Gottes« schließt nicht den Anspruch ein, Wahrheit zu verkünden, der sich jede Hörerin, jeder Leser zu jeder Zeit gehorsam beugt. Sie ist überliefertes Bekenntnis, Anrede an die Nachfolgenden, Angebot, im Menschenwort das Wort Gottes zu hören.

Gotteswort im Menschenwort – das schließt ein, dass ich die historische und lebensgeschichtliche Situation der biblischen Autoren so weit wie möglich kennen sollte: Glaubendes Hören wird begleitet von sachlich-kritischer Reflexion ... dazu später mehr.

2. Die Lehre von der »Verbalinspiration« verstellt heutigen Lesern den Blick auf den Gehalt der Bibel

Die Lehre von der Verbalinspiration – also der wortwörtlichen Akzeptanz aller Bibeltexte als irrtumsloses Gotteswort – gehört der Vergangenheit an ... sollte man denken. Aber sie wird noch heute in vielen Spielarten vertreten.

Ich verdeutliche das exemplarisch an einem programmatischen Text zu einer Einstellung, die von ihren Anhängern als »bibeltreu« charakterisiert wird:

> »Gläubige Christen haben sich zu allen Zeiten dazu bekannt: Die Bibel ist das von Gottes Geist inspirierte und irrtumslose Wort Gottes; durch die Bibel redet der lebendige Gott zu uns Menschen, und Sein Wort ist die allein verbindliche Autorität für das Leben der gläubigen Christen. Dieses Offenbarungswort Gottes wurde uns zwar von Menschen aufgeschrieben, aber sie standen dabei unter der besonderen Leitung und Eingebung des Heiligen Geistes, so dass sie uns die Worte Gottes rein und lauter und ohne Fehler und Irrtümer überliefert haben.

Diese Sicht, der jahrhundertelang von allen wahren Gläubigen vertretene bibeltreue Standpunkt, wird heute als ›Fundamentalismus‹ diffamiert. Leider haben sehr viele heutige Evangelikalen den Standpunkt der Bibeltreue verlassen und sich mehr oder weniger stark für die ›Bibelkritik‹ geöffnet, die die Heilige Schrift als fehlerhaftes Menschenwort abwertet, und die aus den Quellen nichtiger Menschenweisheit und dämonischer Eingebung entspringt.

Wir wollen trotz aller Widersprüche der fälschlich so genannten liberaltheologischen ›Erkenntnis‹ (1. Timotheus 6,20) daran festhalten: die Bibel ist Gottes vollkommenes Offenbarungswort und kein irrtümliches Menschenwort.« (Quelle: das-wort-der-wahrheit.de)

Anmerkung 1: In evangelikalen Gruppierungen wird durchaus kontrovers diskutiert, ob sich die Irrtumslosigkeit auf die »Heilstatsachen« oder auch auf alle in der Bibel aufgeschriebenen Ereignisse und Sachverhalte bezieht.

Anmerkung 2: Ich bin nicht damit einverstanden, dass das Kriterium der »Bibeltreue« für die angedeutete evangelikale Sicht reklamiert wird.

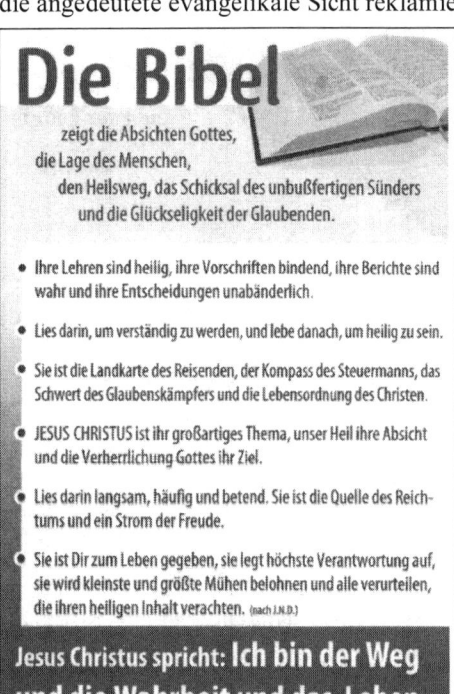

Wie ein solches Verständnis in der Praxis aussehen kann, belegt exemplarisch der Anzeigentext einer Gruppierung in einer Zeitschrift (Amtsblatt der Großen Kreisstadt Überlingen vom 9. April 2015).

Es ist nicht besonders schwierig, die Engführung eines solchen Ansatzes aufzuzeigen: Als grundlegend für die Verbalinspiration wird in der Regel ein Vers aus 2. Tim 3,16 angeführt. Er lautet:

»Jede von Gott eingegebene Schrift ist auch nützlich zur Belehrung, zur Zurechtweisung, zur Besserung und zur Erziehung in der Gerechtigkeit.«

Daraus wird in evangelikaler Wiedergabe: Jede Schrift ist vom Geist inspiriert. Diese Behauptung widerspricht nicht nur dem Wortlaut des griechischen Urtextes, sondern ist auch inhaltlich falsch: Im Kontext des Briefs bezieht die Aussage sich eindeutig auf das Erste Testament! Es ist nicht anzunehmen, dass viele Christen außerhalb der evangelikalen Gruppen diesen Formulierungen ausdrücklich zustimmen würden. Und im theologischen Diskurs gilt der Ansatz als längst überwundenes Relikt des 19. Jahrhunderts.

Die Vertreter der Verbalinspiration als Basis des Schriftverständnisses müssen sich kritisch befragen lassen: Wird hier nicht die gesamte Bibel einem Lehrsatz, ja, einem

Dogma unterworfen, das sich nur auf wenige Bibelstellen stützen kann, die einseitig interpretiert werden? Und: Erheben die Vertreter dieser Lehre nicht letztlich den Anspruch, exklusiv im Besitz der Wahrheit zu sein?

Wenn auch diese Lehre – bei allem Respekt vor dem persönlichen Glauben ihrer Vertreter – weithin als obsolet gelten muss, sollte man sich nicht täuschen lassen: Denn es stellt sich die Frage, wieviel von diesen scheinbar längst abgetanen Einstellungen relativ ungeklärt weiter unterwegs sind und wirken.

Jedenfalls ist wohl dies das Bild, das sich viele Gleichgültige oder auch explizite Atheisten von den Christen machen: Offenbar ist »Glauben« in ihrer Sicht das unkritische, dumpfe Für-Wahr-Halten von allen möglichen Dingen, angefangen bei der Schöpfung in sieben Tagen, bis hin zur Rede vom Jüngsten Gericht, in dem in einer gewaltigen Veranstaltung alle Menschen nach dem Maßstab ihrer Taten be- und verurteilt werden. »Glauben« und Denken scheinen sich auszuschließen.

Auf jeden Fall verschließt der »Tatsachenglaube« eher den Gehalt biblischer Texte. Der jüdische Gelehrte Pinchas Lapide formuliert das so: »Es gibt im Grunde nur zwei Arten des Umgangs mit der Bibel: man kann sie wörtlich nehmen oder man nimmt sie ernst. Beides zusammen verträgt sich nur schlecht« (Lapide, 2004, 18).

Nehmen wir als Beispiel die Erzählung von der Schöpfung. Evangelikale Sicht beharrt darauf, dass beispielsweise die Formung des Adam aus Erdreich als Wahrheit gelten müsse. Kein Wunder, wenn Kritiker bemängeln, dass solche Aussagen nicht dem Stand neuzeitlichen Denkens entsprechen ... einem solchen »Glaubensanspruch« kann sich niemand unterwerfen. – Aber eine symbolische Lesart lässt vielleicht aufhorchen: Der Mensch ist Geschöpf und nicht Schöpfer. Er ist »Erdmensch« (das meint der hebräische Ausdruck »Adam«), er ist ein höchst irdischer Teil der Natur. **Hier** werden kritische Fragen sichtbar an gegenwärtig wirksame Tendenzen, »wie Gott« sein zu wollen, über das Leben manipulativ zu bestimmen und alles zu tun, was technisch machbar ist. Hier liegt der Wahrheitsanspruch des Bibeltextes (... und nicht in der Frage, ob Adam aus Lehm getöpfert worden sei)!

Im Grunde gilt der Widerspruch zwischen Glauben und Denken in der theologischen Diskussion seit mindestens 100 Jahren als überholt. Dennoch bestimmt er – wie gesagt – noch weithin das Bild, das sich Viele vom Christentum machen.

Widerspricht dieses Bild ganz und gar der kirchlichen Wirklichkeit? (vgl. Die Anmerkungen zum Stichwort »Theologie für die Gemeinde« s.u. S. 43ff) Nicht selten lassen beispielsweise Predigten den Eindruck entstehen, als spräche der Prediger ganz selbstverständlich von biblischen »Tatsachen«, die nicht weiter zu hinterfragen seien. Wie wird das auf die Hörer wirken? Ganz zu schweigen von den anderen Einflussfaktoren wie den Kirchenliedern ...

Menschenwort kann zu Gottes Wort werden – so weit die bisherigen Überlegungen. Aber: Muss das nicht zur Beliebigkeit führen? Zur willkürlichen Auswahl dessen, was den heutigen Leser, die gegenwärtige Hörerin als »Gottes Wort« erreicht? Müssten nicht

Grundlinien der biblischen Überlieferung identifiziert werden, die einzelne Texte zusammenführen, einzelne Bekenntnisse unter bestimmte Perspektiven stellen, einzelne Erfahrungen bündeln? Eine Antwort versucht die Rede von der »Mitte der Schrift«.

3. »Die Mitte der Schrift«

3.1 Ist die Rechtfertigungslehre noch tragfähig?

Die Formulierung »Die Mitte der Schrift« stammt von Martin Luther; er entwickelte sie während seiner Arbeit an der Bibel. Luther vertrat eine »Befreiungstheologie« gegenüber der herrschenden Kirche, die die Deutungshoheit über Glauben und Leben – und nicht zuletzt die biblische Überlieferung – beanspruchte. Diese war geprägt durch die tradierte kirchliche Dogmatik. Den »Laien« war eine eigene Sicht auf Bibel und Glauben verwehrt, weil sie keinen Zugang zur lateinischen Bibel (Vulgata) hatten und durch die Kirchenlehre normiert wurden.

Luther übersetzte die Bibel, weil seine Befreiungstheologie dem »einfachen Kirchenvolk« einen Zugang zur Überlieferung geben wollte, der – auch im Widerspruch zum herrschenden Verständnis – freie Sicht auf die Bibel ermöglicht.

Luther orientierte sich bei seiner Übersetzungstätigkeit auch an der Umgangssprache (»dem Volk aufs Maul schauen«), damit dem eigenen Zugang nichts im Weg stünde. 1522 lag das Neue Testament vor; zwölf Jahre später – nach zahlreichen Entwicklungsschritten und Revisionen in einem Team – auch die hebräische Bibel.

Luther zeigte eine sehr kühne, freie Sicht auf die Bibel, indem er nur gelten lassen wollte, »was Christum treibet«, also was der Geschichte und Botschaft Jesu entsprach. Unter diesem Maßstab konnte er den Jakobusbrief als eine »stroherne Epistel« ohne eigentlichen apostolischen Rang abqualifizieren.

Sechs Jahre nach der Veröffentlichung des Neuen Testaments in deutscher Sprache brachte Luther den Kleinen und Großen Katechismus heraus. Die Texte enthalten kurze, einprägsame Erklärungen zu den »Hauptstücken« des christlichen Glaubens: Die Zehn Gebote – das Glaubensbekenntnis – das Vaterunser – die Beichte – das Abendmahl (im Großen Katechismus ist nur das erste Hauptstück erläutert). Luther war überzeugt, dass sein Katechismus »der ganzen heiligen Schrift kurzer Auszug und Abschrift ist« (Vorrede zum Großen Katechismus). Dass also seine Texte in bündiger Form festlegen, »was Christum treibet«. Dies war für ihn die so genannte Rechtfertigungslehre, die er in der Theologie des Paulus begründet sah.

In der Erklärung zum 2. Artikel des Glaubensbekenntnisses hat er sie verbindlich verdichtet:

»Ich glaube, dass Jesus Christus, wahrhaftiger Gott vom Vater in Ewigkeit geboren und auch wahrhaftiger Mensch von der Jungfrau Maria geboren, sei mein Herr, der mich verlornen und verdammten Menschen erlöset hat, erworben, gewonnen [und] von allen Sünden, vom Tode und von der Gewalt des Teufels; nicht mit Gold oder Silber, sondern mit seinem heiligen, teuren Blut und mit seinem unschuldigen Leiden und Sterben; auf dass ich sein eigen sei und in seinem Reich unter ihm lebe und ihm diene in ewiger Gerechtigkeit, Unschuld und Seligkeit, gleichwie er ist auferstanden vom Tode, lebet und regieret in Ewigkeit. Das ist gewisslich wahr.«

Die Verdichtung der Schrift im Katechismus war ihm so wichtig, dass er in den Vorreden zu den beiden Katechismen leidenschaftlich ihren Gebrauch und ihre Einprägung forderte; »denn der Pöbel achtet leider ohne das allzu geringe des Evangelii« (Vorrede Großer Katechismus).

Hier stellt sich ganz offensichtlich dem eigenen Blick auf die Bibel eine dogmatische Festlegung in den Weg. Für Luther war die durch das stellvertretende Leiden Jesu ermöglichte Erlösung zentral – nicht zuletzt im Kontext seiner eigenen Biographie und der herrschenden kirchlich-theologischen Situation. Es ist die Lehre von der »Rechtfertigung des Sünders durch das Opfer Christi«, kurz: »Rechtfertigungslehre«.

Sie ist in doppelter Weise mit dem Thema dieses Buchs verbunden: Sie bildet noch immer die Grundlage der Kirchenlehre – im Protestantismus wohl stärker akzentuiert als in der katholischen Kirche. – Und: Sie beruft sich stets auf die so genannte »Sündenfallgeschichte« in Gen 3, die ja in Teil II als Beispieltext für die Erläuterung verschiedener Auslegungskonzepte dient.

Die von Luther so vehement vertretene Rechtfertigungslehre als »Mitte der Schrift« hat dann im »Augsburgischen Bekenntnis« von 1530 eine strikte Formulierung gefunden. Dort heißt es in Artikel 2:

»ARTIKEL 2: VON DER ERBSÜNDE

Weiter wird bei uns gelehrt, daß nach Adams Fall alle natürlich geborenen Menschen in Sünde empfangen und geboren werden, das heißt, daß sie alle von Mutterleib an voll böser Lust und Neigung sind und von Natur keine wahre Gottesfurcht, keinen wahren Glauben an Gott haben können, ferner daß auch diese angeborene Seuche und Erbsünde wirklich Sünde ist und daher alle die unter den ewigen Gotteszorn verdammt, die nicht durch die Taufe und den Heiligen Geist wieder neu geboren werden.

Damit werden die verworfen, die die Erbsünde nicht für eine Sünde halten, damit sie die Natur fromm machen durch natürliche Kräfte, in Verachtung des Leidens und Verdienstes Christi.«

Die Augsburgische Konfession gehört im Protestantismus bis heute zu den verbindlichen Bekenntnissen. Für die katholische Lehre mag gelten, was Papst Paul VI. erklärte:

»Es versteht sich, dass jene Erklärungen als mit der wahren katholischen Lehre unvereinbar erscheinen werden, welche manche modernen Autoren von der Erbsünde geben und die, von der nicht bewiesenen Annahme der Polygenese ausgehend, mehr oder weniger klar leugnen, dass die Sünde, von der sich ein so gewaltiger Schwall von Übeln auf die Menschheit ergossen hat, vor allem der am Beginn der Geschichte begangene Ungehorsam des ›ersten Menschen‹ Adam, Gestalt des künftigen Menschen, gewesen ist« (AAS LVIII, 1966, 654).

3. »Die Mitte der Schrift«

Auf diese dogmatischen Sätze zur Sühnetheologie werde ich immer wieder zurückgreifen. Ausgangspunkt und Basis der Dogmen ist die so genannte Erbsündenlehre. Da sie ein so großes Gewicht hat, ist nach den biblischen Quellen zu fragen. Als Beginn der Erbsünden wird der »Sündenfall« des »ersten Menschenpaars« genannt; gemeint ist die Erzählung in Gen 3 (übrigens: Sowohl die evangelische wie die katholische Lehraussage stellen ganz selbstverständlich den »Sündenfall« als ein geschichtliches Ereignis am Anfang der Welt dar – was mit den Erkenntnissen der theologischen Wissenschaft nicht viel zu tun hat!).

Ist Gen 3 die »Sündenfallgeschichte«, die berichtet, dass mit dem Verhalten von Adam und Eva die Macht der Sünde in die Welt kam, die fortan alle Menschen unter ihre Herrschaft bringt? Erzählt der Text, dass als Folge der Sünde der Tod über die Menschheit kam? Um diese Fragen zu bearbeiten, habe ich in Teil II des Buches Gen 3 als Beispieltext für die Darstellung und Erläuterung verschiedener Auslegungsmethoden gewählt. Sie beginnt in Kapitel 5 mit der »Historisch-Kritischen Methode« – einem Verfahren, das sich darauf konzentriert, mit wissenschaftlichen Interpretationsmethoden den Text möglichst genau zu erfassen. Claus Westermann, der Autor eines viel beachteten Kommentars zum Buch Genesis, schreibt zusammenfassend zum Thema »Erbsünde«: »Abgesehen davon, wie man theologisch über diese vom Judentum über Paulus und Augustin führende Linie urteilen mag, kann man jedoch heute nicht mehr sagen, dass sie dem in der Erzählung Gen 2–3 Gemeinten entspricht« (Westermann, 375f).

Die so genannte Sündenfall-Geschichte scheidet also sachlich als Quelle der Lehre von der Erbsünde aus! Auch das gesamte Erste Testament greift diese Erzählung nicht wieder auf. Gehen wir also der von Westermann gezeigten Linie nach (ausführlicher in Kapitel 6: Wirkungsgeschichtliche Auslegung; Kapitel 7: Feministische Auslegung). Als eine Schlüsselstelle bei Paulus gilt ein Abschnitt aus dem 5. Kapitel des Römerbriefs:

> **12** Durch einen einzigen Menschen kam die Sünde in die Welt und durch die Sünde der Tod und auf diese Weise gelangte der Tod zu allen Menschen, weil alle sündigten.
> [...]
> **17** Ist durch die Übertretung des einen der Tod zur Herrschaft gekommen, durch diesen einen, so werden erst recht alle, denen die Gnade und die Gabe der Gerechtigkeit reichlich zuteil wurde, leben und herrschen durch den einen, Jesus Christus.« Röm 5,12.17

Paulus stützt sich offensichtlich auf früh-jüdische (Fehl-)Deutungen von Gen 3, die die Paradieserzählung als Beginn der Erb-Sünde ansehen. Er verknüpft sie mit seinem Verständnis des Todes Jesu. Beispiel: Röm 8,2–4

> »Jetzt gibt es keine Verurteilung mehr für die, welche in Christus Jesus sind. **2** Denn das Gesetz des Geistes und des Lebens in Christus Jesus hat dich frei gemacht vom Gesetz der Sünde und des Todes. **3** Weil das Gesetz, ohnmächtig durch das Fleisch, nichts vermochte, sandte Gott seinen Sohn in der Gestalt des Fleisches, das unter der Macht der Sünde steht, zur Sühne für die Sünde, um an seinem Fleisch die Sünde zu verurteilen;
> **4** dies tat er, damit die Forderung des Gesetzes durch uns erfüllt werde, die wir nicht nach dem Fleisch, sondern nach dem Geist leben.«

Die Linie geht dann weiter zu dem Kirchenvater *Augustinus* (354–430). Dieser entwickelte die Lehre von der Erbsünde in spezifischer Weise weiter. Sie geht davon aus, dass durch die Sünde der ersten Menschen – Adam und Eva –, die vom Baum der Erkenntnis aßen und aus dem Paradies vertrieben wurden, kein Mensch ohne Sünde geboren wird. Die »Erbsünde« wird durch Zeugung von Generation zu Generation weitergereicht.

Eine besondere Akzentuierung und Zuspitzung findet sich in der Erlösungslehre des *Anselm von Canterbury* (ca. 1033–1109). Hans-Joachim Kraus charakterisiert diese Lehre so: »Anselm von Canterbury fragt in seinem Hauptwerk ›Cur Deus homo?‹: Warum wurde Gott Mensch? Die Antwort wird in der Gestalt einer subtilen *Satisfaktionslehre* (= wörtl.: *Lehre von der Genugtuung*) gegeben. Der Mensch hat Gottes Ehre verletzt und den ewigen Tod verdient. Aber es könnte der verletzten Ehre Gottes nicht gemäß sein, wenn durch einen göttlichen Verzeihungsakt das schwere Vergehen einfach annulliert würde. Gott wurde Mensch, um die Genugtuung zu leisten, die kein Mensch zu erbringen in der Lage war und ist. Er wurde Mensch, um die gerechte Strafe, die der Mensch verdient hat, abzuwenden. Denn keine Kreatur hätte die Strafe tragen können. Da aber doch kein anderer die *satisfactio* (= Genugtuung) vollbringen musste als der Mensch, wurde Gott Mensch. Das *meritum* (= Verdienst) Christi ist die Versöhnung Gottes und das Heil der Welt.« (Kraus, 1983, 412. – Ich habe die Fremdwörter übersetzt). Der Weg zu den zitierten kirchlichen Dogmen und Verlautbarungen ist nicht mehr weit!

Welches Bild von Gott und Mensch, welches Verständnis ihrer Beziehung zueinander zeigt sich in dieser Lehre? Gott erscheint letztlich als der absolute »allmächtige« Herrscher, der Gehorsam verlangt; auch dieser gehört zu den Deutungsmustern der Erbsündenlehre: »Wie durch den Ungehorsam des einen Menschen die vielen zu Sündern wurden, so werden auch durch den Gehorsam des einen die vielen zu Gerechten gemacht werden.« (Röm 5,19)

Die Menschen sind durch ihren Ungehorsam von Grund auf unter die Herrschaft von Sünde und Tod geraten; Angst und Unterwerfung bestimmen ihr Leben. Nur das Sühnopfer am Kreuz kann sie retten und vor Gott gerecht machen. Ist dieses Bild von Gott und Mensch das Bild, das die Bibel zeichnet? Hierzu fand ich eine Stellungnahme von Wolfgang Huber. Er war u.a. Professor für evangelische Theologie (Systematik), Bischof der Evangelischen Kirche von Brandenburg und Ratsvorsitzender der Evangelischen Kirche in Deutschland (EKD). Er erklärte auf der Berlin-Brandenburgischen Synode am 23. April 2004: »Ich persönlich habe die Vorstellung, Gott sei auf ein Menschenopfer angewiesen, um den Menschen sein Heil zuteil werden zu lassen, mit meinem Glauben an Gottes Güte nie vereinbaren können. Diese bereits im 12. Jahrhundert von Anselm von Canterbury vertretene Auffassung sagt, Gott lasse seinen Zorn nur dadurch besänftigen, dass ein Mensch sein Leben verliere. Immer wieder habe ich mich gefragt, ob ein solches Bild von einem im Grunde rachsüchtigen Gott nicht einen Angriff auf Gottes Ehre selbst enthält. Unsere Generation, die insgesamt die Aufgabe hat, eine Theologie nach Auschwitz zu entwickeln, muss auch an dieser Stelle neue Wege gehen« (zitiert aus: Jörns, 2010, 328).

So weit dieser kleine Überblick. – Das Thema wird immer wieder in anderen Zusammenhängen in den Blick kommen und weiter bedacht werden. Ich denke, man kann mit

Recht fragen: Ist die so formulierte Lehre der einzig gültige Maßstab zum Verständnis der gesamten Bibel?

3.2 »Gott ist die Liebe«

Ich bestreite den Absolutheitsanspruch der Rechtfertigungslehre in der von Luther einseitig zugespitzten Form und setze einen anderen Satz als zentrale Basis:

> »Wir haben erkannt und geglaubt die Liebe, die Gott zu uns hat. Gott ist die Liebe; und wer in der Liebe bleibt, der bleibt in Gott und Gott in ihm. ... Furcht ist nicht in der Liebe, sondern die vollkommene Liebe treibt die Furcht aus; denn die Furcht rechnet mit Strafe. Wer sich aber fürchtet, der ist nicht vollkommen in der Liebe«. (1. Joh 4,16.18)

Kurt Marti beklagt, dass »kein einziges der bisherigen Glaubensbekenntnisse diesen johanneischen Kronsatz ›Gott ist Liebe‹ aufgenommen hat.« (Marti, 1982, 9) Stattdessen ist der Gott der Liebe, fährt Marti fort, vielfach durch die »patriarchalische Vorstellung eines Macht- und Herrschafts-Gottes« überlagert worden. Dieser »Kronsatz« soll Grundlage für die weiteren Überlegungen dieses Buchs sein. Er ist universal. Er kennt keine Grenzen: Liebe muss allen gelten ... oder sie gilt für niemand! Er bindet sich für Christen an die Botschaft Jesu.

Wie aber kann verhindert werden, dass er wieder zu einer Norm wird, die jede Beschäftigung mit der biblischen Überlieferung als Dogma apodiktisch reglementiert? Zunächst einmal ist wichtig, dass der »Kronsatz« – auch: Grund-Bekenntnis oder Grund-Satz – nicht so unbestimmt ist wie die lutherische Formel; »was Christum treibet« ist offen für einseitige Besetzungen. Bei Luther selbst ist deutlich zu sehen, dass eine vorgegebene dogmatische Setzung sich umstandslos dort unterbringen lässt. Aber auch der »Kronsatz« von der Liebe ist nicht vor Einseitigkeit geschützt: In der Gegenwart sind genügend Initiativen zu sehen, die Menschen mit einem anderen Lebensentwurf »aus lauter Liebe« in ihrem Sinn beeinflussen wollen ... ich denke etwa an Bestrebungen, homophile Personen »von ihrer Verirrung zu heilen«.

In meiner Sicht ist aber der wirksamste Schutz der Aussage »Gott ist Liebe« die beständige Rückbindung an die Texte des Ersten und des Neuen Testament. Das ist allerdings bei der Fülle der Überlieferung sicher nicht durchgehend an jedem einzelnen Text möglich. Ich habe ein Werkzeug entwickelt, das in meiner Sicht diese Rückbindung hermeneutisch und methodisch ausrichten kann. Ich nenne es »Grundbescheide«. Ich habe sechs solche Grundbescheide formuliert und beschrieben. Ich sehe sie als eine Möglichkeit, die biblische Überlieferung zu verdichten – sicher sind auch andere denkbar (zur Forschungsgeschichte vgl. Berg, 1993, 70ff).

4. »Grundbescheide« als Brennpunkte biblischen Glaubens und Lebens

4.1 Vorbemerkungen

Gefragt ist nach den zentralen Aussagen der Schrift, nach verbindenden Grundlinien der Überlieferung. Das ist ein nicht unproblematisches Vorhaben; denn allzu leicht verkürzt sich die Lebendigkeit der Überlieferung zu einer Liste abstrakter Begriffe. Dennoch sind solche Konzentrationsversuche unabdingbar, um eine Zersplitterung der biblischen Inhalte und eine fast grenzenlose Beliebigkeit der Interpretation zu vermeiden.

Um der Gefahr der Austrocknung der Überlieferung zu entgehen, suche ich nicht nach Grundbegriffen, sondern nach zentralen Erzähl- und Handlungsmotiven, immer wieder erkennbaren Grundlinien im Ersten und Neuen Testament. Ich wähle dafür – in Anlehnung an eine Formulierung von Helmut Gollwitzer – die Bezeichnung »Grundbescheide«; sie soll andeuten, dass es um den Versuch geht, fundamentale geschichtliche Erzähl- und Bekenntniszusammenhänge der Bibel in knappe Sätze zu verdichten. Die Form und Funktion dieser Grundbescheide erläutere ich an einem Beispiel aus dem 2. Jesajabuch:

»So spricht JHWH, dein Erlöser,
der dich vom Mutterschoß an gebildet hat:
Ich bin JHWH, der alles gemacht,
der die Himmel ausgespannt hat ganz allein,
der die Erde gegründet –
wer war bei mir?« Jes 44,24

Dieser kurze Text spricht den Themenkomplex »Schöpfung« an. Der Spruch lässt einige charakteristische Merkmale solcher biblischen Sprachformen erkennen:
- Er fasst mit ganz wenigen Anspielungen ein weites Spektrum heilsgeschichtlicher Erinnerungen zusammen. Jeder Hörer versteht: es geht um »Schöpfung«. Man könnte diese verdichtende Sprachform daher als Brennpunkt von Glauben und Leben bezeichnen.
- Dieser Brennpunkt übt offenbar einen »assoziativen Sog« aus: Der Hörer oder Leser wird angeregt, all das zu aktivieren, was der Zusammenhang »Schöpfung« bei ihm an Kenntnissen, Einstellungen und Emotionen auslöst.
- Der Brennpunkt nimmt in diesem Abschnitt eine bestimmte Funktion wahr, die sich aus der Ursprungssituation des Textes im babylonischen Exil ergibt: Gegen den übermächtigen Herrschaftsanspruch der babylonischen Götter, mit dem Israel konfrontiert ist, setzt JHWH sein Wort als Trost und Ermutigung: nicht Marduk ist Schöpfer und Herr, sondern JHWH; er tritt für die Seinen ein – dies geht aus dem Kontext des Spruchs deutlich hervor.
- Der Brennpunkt hat also keinen informativen oder lehrhaften Charakter, sondern die Wendung »JHWH, der alles gemacht hat« lässt als konzentrierte Erinnerung

heilvolle Geschichte so präsent werden, dass sie tröstet und ermutigt. Überhaupt ist charakteristisch für diese Sätze, dass sie nie abstrakt von Eigenschaften Gottes sprechen, sondern sein Verhalten im Interesse seiner Menschen erinnern und aufs Neue zusprechen; sie haben eine personale Qualität.

Ist man einmal auf diese bekenntnismäßigen Formeln aufmerksam geworden, so entdeckt man sie auf Schritt und Tritt im Ersten und Neuen Testament. In aller Regel sind sie in einen umfangreicheren Text eingebaut, in den sie einen bestimmten Erinnerungszusammenhang einbringen. Dabei nehmen sie unterschiedliche Funktionen wahr. Man könnte auch sagen: Die Produzenten biblischer Texte – Geschichtsschreiber, Prediger, Psalmisten, Propheten, Weisheitslehrer – verwendeten solche Brennpunkte, um ihre Texte in eine bestimmte Richtung zuzuspitzen oder bestimmte Absichten zu realisieren. Mit jedem Gebrauch haben sie sich mit neuen Erfahrungen und Erkenntnissen weiter angereichert.

Auf diesen Beobachtungen baut der Versuch auf, Grundbescheide zu bestimmen. Bevor ich sie vorstelle und erläutere, noch einige Vorbemerkungen:
- Die Identifikation und Abgrenzung der Grundbescheide versucht einerseits, das Grund-Bekenntnis »Gott ist die Liebe« mit Blick auf die Fülle der biblischen Überlieferung zu entfalten. Andererseits versuchen sie, die wichtigsten Linien der erst- und neutestamentlichen Überlieferung aufzunehmen. Es sind sicher aber auch andere Formulierungen und Zuordnungen möglich. Die Zusammenstellung ist keine systematisch ordnende Liste, sondern eher ein hermeneutischer Schlüssel, der Einzeltexte in einen sinnvollen biblischen Gesamtzusammenhang bringt und damit Beliebigkeit und Willkür bei der Auslegung begrenzen will.
- Die Hinweise zu den biblischen Erfahrungen, Lebenszusammenhängen und Bekenntnissen, die sich in den einzelnen Grundbescheiden versammeln, erheben natürlich nicht entfernt den Anspruch auf Vollständigkeit oder Abgeschlossenheit, sondern verstehen sich als Assoziationen, die wichtigen Konkretionen und Ausformungen der Grundbescheide nachspüren; sie sind offen für andere Assoziationen und Ausarbeitungen.
- Auch die Zuordnung der biblischen Texte oder Erfahrungszusammenhänge zu den Grundbescheiden ist nicht zwingend; Texte sprechen oft mehrere Dimensionen an, so dass sich in einem Schriftabschnitt die Linien mehrerer Grundbescheide kreuzen können; darauf wird von Fall zu Fall aufmerksam gemacht.

4.2 Sechs Grundbescheide

4.2.1 Grundbescheid 1: Gott gibt Leben (Schöpfung)
Die Rede von Gott, der das Leben gibt, gehört zum Grundbestand der Überlieferung des Ersten und des Neuen Testaments. Gleich auf den ersten Seiten der Bibel entfalten die Texte grundlegende Bekenntnisse.

Sie wurden in ganz unterschiedlichen Epochen der Geschichte Israels aufgezeichnet. Der erste reicht bis Gen 2,4a; der zweite beginnt in Gen 2,4b. Trotz aller Unterschiede, die sich aus den jeweiligen Ursprungssituationen erklären, weisen die beiden Texte einige charakteristische Gemeinsamkeiten auf:
- Schöpfung bedeutet, dass Gott den Menschen inmitten einer bedrohlichen Umwelt einen Raum bereitstellt, in dem sie in Heil und Glück (Schalom) leben können;
- der gute Lebensraum ist für alle da – das ist der Sinn der universalen Perspektive, die beide Schöpfungs-Texte in Gen 1 und Gen 2 kennzeichnet; sie schließt auch das Recht **jedes Menschen** ein, sie/er selbst zu sein;
- die Schöpfung bedarf weiterer Bearbeitung, damit sie als Lebensraum erhalten bleibt; dies wird als »Bebauen und Bewahren« bezeichnet (Gen 2,15), die Priesterschrift spricht vom Herrschen als »Ebenbild Gottes« (Gottesebenbildlichkeit), d.h. mit der Fürsorge, die der Schöpfer selbst anwendet (Gen 1,28).

Die Psalmen nähern sich dem Gott, der Leben schafft, in der Haltung des Lobens und Dankens; sie gewinnen daraus die Zuversicht, dass der Schöpfer auch ihr Leben erhalten werde, und sie unterstreichen, dass Israel daraus die Verpflichtung erwächst, sein Leben an der Weisung des Schöpfers auszurichten: Das geschenkte Leben ist grundsätzlich gutes Leben **für alle**.

Spätestens seit der Heilsbotschaft des exilischen Propheten Deuterojesaja wusste Israel, dass JHWH auch da, wo das Leben zur Wüste geworden ist, seine Schöpfermacht wunderbar zum Zuge bringt, damit die Menschen leben (vgl. z.B. Jes 49,10ff). Diese Zusagen sind offen für weitere größere Erfüllungen. Sie werden eingelöst in den Wundern der Gottesherrschaft, die Jesus – unter ausdrücklicher Berufung auf Jes 35,6ff! – als Zeichen des Neuen Lebens deutet (Mt 11,1–6). Das kämpferische Eintreten Gottes für das Leben findet seinen Höhepunkt in der Auferweckung Jesu, die Christus und die Menschen der Herrschaft des Todes entreißt; folgerichtig nennt Paulus dann auch die Nachfolger Jesu »eine neue Schöpfung« (2. Kor 5,17). Aber auch das Neue Leben bleibt noch offen für die Vollendung durch den, der von sich sagt: »Siehe, ich mache alles neu« (Apk 21,5).

> *Exemplarische Texte:*
> Gen 1;
> Gen 2;
> Ps 8; Ps 104; Ps 148 (Beispiele für das Lob des Schöpfers);
> Jes 49,8ff (Beispiel für das Bekenntnis zur rettenden Schöpfermacht Gottes);
> Mt 6,19ff (Beispiel für das Vertrauen zum Schöpfer);
> Mt 11,1–6; Mk 2,1–12 (Beispiele für die Wundererzählungen als Geschichten von der Erneuerung des Lebens);
> Joh 8,2–11 (Beispiel für Vergebung als Eröffnung neuen Lebens);
> Mk 16,1–8 (Beispiel für die Auferweckungsüberlieferung);
> 2. Kor 5,17; Apk 21,5 (Beispiele für das »in Christus« erneuerte Leben).

4.2.2 Grundbescheid 2: Gott stiftet Gemeinschaft
(Partnerschaft, Bund, Ökumene)

Von Anfang an sind Glauben und Leben in der Bibel kommunikativ bestimmt, partnerschaftlich angelegt. Mann und Frau werden zum Menschen in ihrer ganzheitlichen Zuwendung zueinander, und die Würde der Gottebenbildlichkeit wird den Menschen zugesprochen, die ihr Leben in der Beziehung zu Gott entwerfen. »Dialogische Existenz« nennt Martin Buber diesen Grundzug der biblischen Anthropologie. Das Verständnis der Ebenbildlichkeit als dialogische Existenz schließt **alle Formen des menschlichen Zusammenlebens** ein, die sich selbstverantwortlich am Grund-Satz »Gott ist Liebe« ausrichten.

Diese von Gott gestiftete Gemeinschaft hat in der hebräischen Bibel ihre geschichtliche Erscheinungsform in der Beziehung JHWHs zu seinem Volk gefunden: »Ich will euer Gott sein und ihr sollt mein Volk sein« (Lev 26,12) – dies ist vielleicht die konzentrierteste Formulierung, die diese Beziehung ausdrückt. Sie wird stets in zwei Dimensionen wirksam:

- In der Gemeinschaft Gottes mit seinem Volk; schon die Ur-Kunde Israels, das »heilsgeschichtliche Credo«, berichtet, dass aus dem »umherirrenden Aramäer« ein »großes, starkes und zahlreiches Volk« wurde (Dtn 26,5);
- dieser befreienden Gemeinschaft Gottes mit seinem Volk muss dann auch die Kommunikation der Menschen untereinander entsprechen.

Als Begriff für die Gemeinschaft Gottes mit seinem Volk bietet sich »Bund« an. Aber das Erste Testament hat eigentlich viel dichtere sprachliche Möglichkeiten gefunden – allen voran das Bild von der Liebesbeziehung zwischen Gott und Israel. Vor allem der in der Mitte des 8. Jahrhunderts lebende Prophet Hosea hat diese Bilder kräftig ausgearbeitet. Die Linien laufen vom Ersten ins Neue Testament: Das Werk Jesu, die kommende Gottesherrschaft auszurufen, ist unlösbar verbunden mit der Kommunität von Jüngerinnen und Jüngern, mit denen er lebte, feierte und arbeitete. Vor allem der Verfasser des Johannesevangeliums hat dann die Liebe in der Gemeinschaft ins Zentrum gerückt: An ihr zeigt sich die Erlösung, lebt sich der Glaube aus. Sie führt zur ökumenischen Einheit, die ihre Basis in der Einheit mit Gott hat (Joh 17,20ff).

Auch die Grundlagen der Gemeinschaft sind im Ersten und Neuen Testament nicht in abstrakten Normen fixiert, sondern auf die gelingende oder misslingende Kommunikation bezogen. Das zeigt sich vielleicht am deutlichsten am Begriff der Gerechtigkeit. Er wird am besten mit »Gemeinschaftstreue« übersetzt und nimmt Maß daran, ob ein Handeln der Gemeinschaft gerecht wird (vor allem: von Rad, 1987 [a], 382ff).

Auch Sünde ist letztlich nichts anderes als die Verweigerung und Zerstörung der Gemeinschaft mit Gott und Menschen. Folgerichtig ist Vergebung als Wiederherstellung der Kommunikation aufzufassen. Ein Beispiel für viele: Jesus sagt Zachäus die Vergebung an, indem er ihn zu den »Söhnen Abrahams«, also zum Gottesvolk, zählt (Lk 19,9).

> *Exemplarische Texte:*
> Gen 1,27f;
> Gen 2,21–25;
> Lev 26,12; Ps 100,3 (Beispiele für die Erwählung Israels als Gottesvolk);
> Dtn 26,16–19 (Beispiel für die Bundes-Erwählung);
> Hosea (vgl. auch den Grundbescheid 3!);
> Lk 19,9 (Beispiel für die vergebende Zusage der Gemeinschaft);
> Akt 2,42–47 (Beispiel für das neue Leben im Volk Gottes);
> Joh 17,20ff (Beispiel für die in der Liebe wurzelnde ökumenische Gemeinschaft);
> 1. Joh 4,16–21 (Beispiel für die zentrale Bedeutung der Liebe für das Christsein);
> 1. Kor 12 (Beispiel für den Gemeinschaftsbezug der Fähigkeiten);
> Gen 4,7.16 (Beispiel für die gemeinschaftzerstörende Funktion der Sünde);
> Gal 3,28 (Beispiel für die Aufhebung der Trennungen im neuen Gottesvolk).

4.2.3 Grundbescheid 3: Gott leidet mit und an seinem Volk (Leiden und Leidenschaft)

Aus dem antiken griechischen Denken hat die christliche Theologie das Bild des Gottes übernommen, der in ewiger Ruhe über der Welt und den Menschen thront: unendlich – unsterblich – nicht leidensfähig. Demgegenüber entdeckt eine biblisch orientierte Theologie wieder den Gott, der leidet und leidenschaftlich für seine Leute eintritt; dies hat insbesondere Jürgen Moltmann zur Geltung gebracht (Moltmann, 1972).

Das Leiden Gottes gehört von Anfang an in die Beziehung zu seinem Volk; »Gott sieht« das Elend seines Volks, »Gott hört« ihr Schreien, er »kennt ihr Leiden«, so heißt es in der Erzählung über die Stimme Gottes aus dem Dornbusch bei Moses Berufung (Ex 3,7 und öfter). Nach einem tiefsinnigen jüdischen Midrasch erklärt JHWH, die stechenden Dornen seien ein Symbol dafür, dass er mit seinem Volk leidet. Dies löst bei ihm den leidenschaftlichen Willen zur Rettung aus, er kämpft für die Seinen, um sie zu befreien. »Sehen« und »Hören« sind in diesem Zusammenhang also keine Begriffe, die neutral den Vorgang der Wahrnehmung beschreiben, sondern sie drücken leidenschaftliche Anteilnahme aus. Es gibt zu denken, dass »Sehen« und »Hören« in diesem Sinn noch gehäuft in den Klageliedern der Psalmen vorkommen (z.B. Ps 13,4; Ps 22,6.25): Gott liebt die Unterdrückten und tritt für sie ein.

In diesem Zusammenhang ist auch noch einmal an die schon im vorigen Abschnitt angesprochene Braut-Metaphorik zu erinnern: »Als Israel jung war, gewann ich es lieb« (Hos 11,1) … »Ich verlobe mich mit dir auf ewig« (Hos 3,19). Das ist die Sprache der Liebe, in die der Prophet JHWHs Zuwendung zu seinem Volk kleidet. Aber mit gleicher Intensität und Glut weiß Hosea von Israels Untreue zu berichten (als Symbolhandlung heiratet er eine Prostituierte! Hos 1): Israel läuft anderen »Herren« nach (Baal = Herr) und vergisst JHWH. Sein glühender Zorn trifft das Volk: »Ich mache sie zur Wüste … ich lasse sie in der Wüste sterben vor Durst« (Hos 2,3). Aber dies ist nicht der Zorn des Despoten, dem die Untertanen davongelaufen sind, sondern die Trauer des enttäuschten

Liebenden. Hosea will sagen: JHWH thront nicht in ewiger Ruhe und Bewegungslosigkeit hoch über den Menschen – in seiner Liebe hat er sich klein und verletzlich gemacht. Auch dieser Grundbescheid kommt in der Hebräischen Bibel nicht zum Ende; die Geschichte Jesu – von der Menschwerdung bis zum Kreuz (Passion) – ist ja nichts anderes als die Geschichte der Liebe Gottes, dessen Leidenschaft keine Grenzen kennt.

> *Exemplarische Texte:*
> Ex 3,7f; Ex 20,2ff; Ex 22,22; Ps 35,22 (Beispiele für die leidenschaftliche Anteilnahme am Schicksal der Unterdrückten);
> Hos 2,17 Hos 3,1 (Beispiele für die Symbolik des leidenschaftlichen Liebhabers);
> Jes 52,13–53,12 (Beispiel für den stellvertretend Leidenden);
> Hiob;
> Mk 14–15 (Passion);
> Mk 10,45; Phil 2,5–11 (Beispiele für die Deutung der Passion).

4.2.4 Grundbescheid 4: Gott befreit die Unterdrückten (Befreiung)

Das Ur-Datum dieses Grundbescheids ist natürlich der Exodus, die Herausführung der Israel-Leute aus der ägyptischen Sklaverei. Im Grunde ist das ganze Erste Testament nichts anderes als eine lobende und verpflichtende Entfaltung dieses Grundbescheids; vor allem die Psalmen bringen die Befreiung immer wieder in Erinnerung: Als Anlass zum Lob, aber auch als Zeichen der Ermutigung und Impuls zur Hoffnung. Dieser Aspekt ist dann vor allem bei Deuterojesaja von großer Bedeutung; er kann sich die versprochene Befreiung aus der babylonischen Knechtschaft nur als einen zweiten Exodus vorstellen, der allerdings viel gewaltiger sein wird als der erste (vor allem: Jes 52,11f).

Israel hat dieses Befreiungshandeln auch in der Schöpfung erkannt. Sie ist ja in den biblischen Texten nicht die von der späteren Dogmatik postulierte *creatio ex nihilo*, sondern Israel erzählt, dass sein Gott den behüteten Raum für seine Menschen den zerstörenden Mächten abgerungen habe. Vor allem aber verbindet sich in Israel die Erinnerung an die Befreiung aus der Sklaverei mit der Vorstellung vom »gelobten Land«, des versprochenen Lebensraums, in dem Israel sicher in Freiheit leben kann.

Zu den befreienden Taten JHWHs für sein Volk gehört auch die Verleihung der Tora; nicht zufällig wird der Dekalog mit der »Selbstvorstellungsformel« eingeleitet: »Ich bin JHWH, dein Gott, der ich dich aus dem Land Ägypten, aus dem Sklavenhaus, herausgeführt habe.« (Ex 20,2) Die Gebote sind nun keineswegs als Forderung des Gehorsams aufzufassen, den Israel gleichsam als Dank für die empfangene Wohltat abzuleisten habe, sondern sie sind insgesamt als »Ruf der Freiheit« zu verstehen; sie konjugieren im Blick auf konkrete Lebenssituationen die ermutigende Aufforderung: »Bleibe bei deinem Befreier!«. Denn die Hebräische Bibel weiß, dass das Volk Gottes von neuem unter fremde Herrschaft kommt und in die Sklaverei gerät, wenn es JHWH die Gemeinschaft aufkündigt – die Hinweise auf Hosea und die fremden »Baalim« sollen hier genügen! Auch im Zusammenleben kann Israel die Freiheit verspielen: Wer anderen die Freiheit

Kapitel 1: Gottes Wort?

verweigert und sie unterdrückt, grenzt sich selbst aus der Freiheitsgeschichte aus! In diesem Zusammenhang ist schon einmal auf die These hinzuweisen, dass »Ethik« nichts anderes ist als die Aufgabe, die Gaben Gottes als Chancen zum gelingenden Leben für alle auszuleben! (→ Abschnitt 4.4.)

Befreiung ist auch das Thema des Neuen Testaments:
»Der Geist des Herrn ruht auf mir, weil er mich gesalbt hat; er hat mich gesandt, den Armen frohe Botschaft zu bringen, den Gefangenen Befreiung zu verkünden ...«
lässt Lukas Jesus programmatisch am Anfang seines Wirkens ausrufen (Lk 4,18). Die Evangelien sind voll von Hinweisen, dass das Wirken Jesu befreiendes Handeln ist, vor allem auch die Wunder; immer wieder wird berichtet, dass Jesus kämpft, um Kranke und »Besessene« zu erlösen; Jesus selbst sagt: »Wenn ich mit dem Finger Gottes Dämonen austreibe, so hat die Herrschaft Gottes bei euch angefangen.« (Lk 11,20).

Und auch die Auferweckung Jesu wird als Befreiung von der Macht der Todes-Herrschaft beschrieben (z.B. 1. Kor 15,55ff; Gal 5,1).

> ***Exemplarische Texte:***
> Ex 1–15;
> Jes 42,10–17; Jes 51,9–10; Jes 52,11f (Beispiele für die Ermutigung aus der Erinnerung an den Exodus);
> Ex 20,2ff; Dtn 23,16f (Beispiele für die Verpflichtung aus der Erinnerung an den Exodus);
> Ps 78; Ez 20 (Beispiele für den Verlust der Freiheit wegen mangelnden Vertrauens auf den Befreier);
> Lk 4,18; Joh 8,31–36; Mt 11,2–6 – unter Berufung auf den Befreiungstext Jes 35! (Beispiele für die Deutung der Christusgeschichte als Freiheitsgeschichte);
> Lk 11,20 (Beispiel für die Deutung der Wunder als Befreiungstaten);
> Gal 5,1; Gal 3,28 (Beispiele für die paulinische Deutung der Christusgeschichte als Befreiung);
> Gal 3,1ff; Gal 5,1f (Beispiele für die Gefährdung der Freiheit).

4.2.5 Grundbescheid 5: Gott gibt seinen Geist
(Heiliger Geist und Begeisterung)

Es ist ein eigentümlich unbestimmter Begriff, mit dem wir in diesem Zusammenhang zu tun bekommen. Der hebräische Begriff, den das Erste Testament verwendet, lautet: *ruah* (fem). Er schließt ganz unterschiedliche Sachverhalte und Erfahrungen ein. Seine Grundbedeutung ist: Wind, meist als kraftvolle Bewegung verstanden, also eher als »Sturm« (z.B. Hes 3,12.14). Der »Geist JHWHs« (von vielen feministischen Theologinnen recht zutreffend auch als »Heilige Geistin« wiedergegeben) bezeichnet seine schöpferische Kraft, die sich als kraftvolle Dynamik auswirkt, beispielsweise in der Schöpfungs-Arbeit (Ps 33,6). Vor allem aber kommt die *ruah* Gottes im Menschen zur Wirkung. Zunächst einmal bedeutet sie nichts anders als den Atem; der hebräische Mensch ist überzeugt, dass sein Atem und damit seine Vitalität Geschenk Gottes sind, über die dieser allein verfügt (Hi 34,14f): Der Geist ist dem Menschen immer schon vorgegeben. Aber das ist nicht alles. Wenn der Geist Gottes auf die Richter, die Rettergestalten in der Bedrängnis, fällt, dann erwachsen ihnen ungeahnte Kräfte, begeistert sie ein neuer Mut (z.B. 1. Sam 10,6). Diese Be-Geisterung schließt augenscheinlich auch eine Bevollmächtigung ein, im Auftrag und im Geist JHWHs zu handeln oder – im Fall des Propheten – zu sprechen (z.B. Jes 42,1). Auch die künstlerische Begabung kann durch den Gottesgeist bewirkt sein (z.B. Ex 31,3–5).

So wirkt »die Geistin« kräftig und ungestüm, ungezügelt und doch sanft belebend und begabend: Leben und Geist, sprachliche und künstlerische Fähigkeiten, Vitalität und Kreativität, Mut zum Sein und Hoffnung gegen den Druck der Realität, Kraft zum aufrechten Stehen und der Wille, vorwärts zu gehen, kommen von ihr. Dabei ist wichtig, dass die besonderen Geistes-Gaben immer Dienst-Gaben sind, bestimmt dazu, die Gemeinschaft zu erfreuen, hilfreich anzusprechen, zu retten.

So wird man durchaus auch den Prozess der Überlieferung als »geistgewirkt« betrachten können. Dazu gehört aber nicht nur die Weitergabe der Tradition, sondern auch die produktive Kritik, wie sie sich immer wieder bei den Propheten zeigt. Auch dieser Grundbescheid weist über die Geschichte Israels hinaus, wenn der Prophet Joel im Namen JHWHs ankündigt, dass der Gottesgeist dereinst alle erfüllen soll (Joel 3,1).

Das Neue Testament knüpft an die überlieferten Geist-Erfahrungen an, vor allem durch die Erzählung von der Bevollmächtigung Jesu in der Taufe durch die Geist-Verleihung (Mt 3,16f) und die paulinische Charismen-Lehre (1. Kor 12!). Auch das Neue Testament bezeugt die eschatologische Dimension des Geistes, wenn es vom Geist der Auferstehung der Toten spricht (1. Kor 15,44), der schon jetzt die Traurigen mit Hoffnung belebt (vgl. das »Geist-Kapitel« Röm 8 und die johanneischen Gedanken zum Geist als »Beistand« Joh 16,5ff).

Lohff hat die drei Aspekte des Geistes, in denen Gott sich kräftig offenbart, so umschrieben: »Menschliches Leben ist angewiesen auf den Horizont immer schon vorgängig bestehender Überlieferung des Heilsamen – menschliches Leben ist angewiesen auf die schöpferische Kraft der Phantasie und Kritik, die in konkreten Situationen das Heilsame und der Gemeinschaft Dienliche findet und tut – menschliches Leben ist angewiesen auf die Macht des Mutes und der Hoffnung, die in Symbolen die Vollendung menschlicher Bestimmung entwirft und den Menschen in der unermüdlichen Neugestaltung der Verhältnisse vorantreibt.« (Lohff, 1974, 36).

Exemplarische Texte:
Gen 2,7; Hiob 34,14f (Beispiele für die lebensspendende Macht);
Ri 6,34; 1. Sam 10,6; Jes 11,2; Jes 42,1 (Beispiele für die Be-Geisterung der Retter);
Ez 11,24; Mi 3,8 (Beispiele für die Be-Geisterung der Propheten);
Act 2,17f; Joel 3,1; 1. Kor 15,44 (Beispiele für die eschatologische Dimension des Geistes);
Mt 3,16f (Beispiel für die Bevollmächtigung Jesu);

> 1. Kor 12 (Beispiel für die Geistesgaben, die allen zugute kommen sollen);
> Joh 16,5–15; Röm 8,1–17 (Beispiele für die tröstende und ermutigende Bedeutung des Geistes).

4.2.6 Grundbescheid 6: Gott herrscht in Ewigkeit (Gottesherrschaft, Schalom)

Dass Gott der Herr ist und Macht ausübt, hat Israel schon in seiner Ur-Kunde bezeugt, dem bereits genannten »heilsgeschichtlichen Credo«; dort heißt es:

> Und JHWH führte uns heraus aus Ägypten mit starker Hand und ausgerecktem Arm, unter großen Schrecknissen, unter Zeichen und Wundern, und brachte uns an diesen Ort und gab uns dieses Land, ein Land, das von Milch und Honig fließt (Dtn 26, 8).

Dieses kurze Textstück lässt drei wichtige Merkmale des Grundbescheids »Gottesherrschaft« erkennen:

- Sie ist nicht um ihrer selbst willen da; sie ist nicht die Gewalt des Potentaten, der nichts als seine Macht und Ehre im Sinn hat, sondern wird im Interesse der Menschen ausgeübt; Gottes Herrschaft hat immer eine fürsorgende und rettende Dimension. Sie ist – um einen von dem jüdischen Gelehrten Rosenstock-Huessy verwendeten Begriff aufzunehmen – »dative« Machtausübung, Herrschaft für andere.
- Sie kommt denen zugute, die unter Bedrückung und Ausbeutung leiden; im Bekenntnis Israels ist es das ganze Volk Gottes, das in der ägyptischen Sklaverei leidet. Später, als es in Israel selbst zur Aufspaltung in eine Klassengesellschaft mit Unterdrückern und Unterdrückten kommt, sind es die »Armen«, denen JHWHs fürsorgendes Herrschen gilt.
- Das Ziel der Gottesherrschaft ist der Schalom, das gute gemeinschaftliche Leben in Frieden, Glück und Gerechtigkeit. »Gott die Ehre geben« heißt darum auch nicht, ihn immerfort zu preisen und zu loben; denn wo sich dies Lob nicht mit Gerechtigkeit für alle verbindet, missrät es zum abscheulichen Geplärr, das JHWH nicht hören will (Am 5,21ff). Diese Merkmale des Grundbescheids »Gottesherrschaft, Schalom«, ziehen sich durch das ganze Erste Testament hindurch; wer einmal aufmerksam geworden ist, findet überall die Zeichen dieser Herrschaft, beispielsweise in den Schöpfungstexten, die erzählen, wie JHWH den Chaosmächten den behüteten Raum für seine Menschen abringt (Gen 1 und Gen 2; besonders deutlich: Ps 89,11): Die Grundbescheide »Schöpfung« und »Gottesherrschaft« greifen hier ineinander.

Im Neuen Testament gebrauchen die synoptischen Evangelien Gottesherrschaft als Schlüsselbegriff, um Wirken, Verkündigung und Geschick Jesu zu umschreiben. Auch hier zeigen sich die drei Merkmale, die bereits in der Hebräischen Bibel die Schalom-Herrschaft prägen – nicht umsonst kulminiert die Bergpredigt im Spitzensatz, dass den Armen das Reich Gottes zugedacht sei (Mt 5,3).

> ***Exemplarische Texte***
> Dtn 26,1–11; Jes 2,1–4; Mi 4,1–5 (Beispiele für die Friedensherrschaft);
> Gen 1; Gen 2 (Beispiele für die lebenspendende Bedeutung der Gottesherrschaft);
> Jes 42,10ff; Jes 44,6ff; Jes 52,1–12 (Beispiele für die befreiende Bedeutung der Gottesherrschaft);
> Mk 1,15; Lk 17,20; Mt 5,3; Mt 13 (Beispiele für die Deutung der Praxis Jesu als Kommen und Wirken der Gottesherrschaft);
> Mk 10,45 (Beispiel für die Deutung der Gottesherrschaft als Macht der Liebe);
> Röm 8,38f (Beispiel für die Unüberwindlichkeit der Gottesherrschaft).

4.3 Grund-Bekenntnis – Grundbescheide – Bibeltexte

Die bisherigen Überlegungen zeigen: Wir haben es mit drei Ebenen zu tun, die so aufeinander bezogen sind, dass sie sich gegenseitig klären. Ich könnte auch sagen: Grund-Bekenntnis, Grundbescheide und Bibeltexte sollten sich so zueinander verhalten, dass sie jeweils die anderen Elemente durchscheinen lassen.

Zunächst geht es um die Beziehung von Grund-Bekenntnis und Grundbescheiden. Die Grundbescheide sind nicht einfach logische Ableitungen aus dem Grund-Bekenntnis, also durch Deduktion gewonnen. Sie speisen sozusagen das Grund-Bekenntnis – ohne ihre Inhalte bleibt es formelhaft und damit leblos. Andererseits werden die Grundbescheide gefüllt und ausgerichtet durch das Grund-Bekenntnis. Buchstabiert man diese wechselseitige Beziehung einmal durch, dann ergibt sich:

Gott ist Liebe ... indem er Leben gibt.
Aber auch: Gott gibt Leben – darin erweist sich seine Liebe.

Das ist kein müßiges Wortspiel, wie sich zeigt, wenn die Konsequenzen bedacht werden: Liebe kennt keine Grenzen – Leben muss gutes Leben für alle sein! Wo Menschen das gute Leben für sich allein, für ihre Klasse, ihre Kultur ... beanspruchen, werden sie der Gabe Gottes nicht gerecht. Hier deuten sich Konflikte an; ich werde sie später im Zusammenhang besprechen (→ Abschnitt 4.4).

Die wechselseitige Beziehung, die sich im Verhältnis Grund-Bekenntnis – Grundbescheide zeigte, setzt sich nun fort; denn auch die einzelnen Grundbescheide ziehen viele Texte an.

Ein praktischer Hinweis: Es empfiehlt sich, jedem Grundbescheid einen Pool von selbst gewählten Texten zuzuordnen (exemplarisch ausgeführt bei der Vorstellung der sechs Grundbescheide). Diese Arbeit ist prinzipiell nicht abschließbar: Ich werde immer wieder neue Texte zuordnen, aber vielleicht auch bisher notierte wieder streichen. Die Hinweise könnten leicht den Eindruck erwecken, dass es um die Gliederung und gänzliche Durch-Ordnung der biblischen Überlieferung ginge. Doch das ist keineswegs beabsichtigt. Das vorgestellte Werkzeug ist vielmehr auf die Entdeckung von Beziehungen,

Deutungen und Erfahrungen ausgerichtet. Das zeigt sich auch im Blick auf die Konstellation: Grundbescheid – Bibeltexte. Die wechselseitige Beziehung, wie sich im Blick auf Grund-Bekenntnis und Grundbescheide zeigte, wird auch hier sichtbar: Der Grundbescheid unterstützt die Deutung des einzelnen Textes; er stellt Beziehungen zu den anderen Texten des Pools her. Aber auch der umgekehrte Prozess darf nicht fehlen: Der Grundbescheid erhält seine inhaltliche Qualität, sein Leben aus den einzelnen Texten. Und: Mit jedem Text, der neu ins Spiel kommt, kommt gleichzeitig eine neue Erfahrung hinzu. (Diese wechselseitige Beziehung wird in der allgemeinen und der theologischen Hermeneutik mit dem Begriff »hermeneutischer Zirkel« oder »hermeneutische Spirale« bezeichnet.)

Ich will die bisherigen Überlegungen an einem Beispiel konkretisieren. Ich wähle Mk 2,1–12: Die Erzählung von der Heilung des Gelähmten. Gehe ich mit diesem Text auf die Grundbescheide zu, finde ich ihn im Pool von GB 1: »Gott gibt Leben (Schöpfung)«.

Für die Deutung der Erzählung kann jetzt eine neue Sicht aufscheinen: Hier geht es jetzt nicht um die gewohnten Verstehensweisen wie »Die Macht Jesu« oder »Die wirksame Entschlossenheit der Nächstenliebe«, sondern um »Schöpfung«: Das von Gott geschenkte und allen zugedachte gute Leben ist bei diesem Menschen gestört und beschädigt. Wo Jesus ist und handelt, wird dieses Leben wieder gut – kann so etwas wie eine »neue Schöpfung« beginnen (2. Kor 5,17!)?

Aber auch der Grundbescheid gewinnt hinzu: Zur »klassischen« Schöpfungstheologie, die von Gen 1 und 2 ausgeht, kommt die Perspektive von Bruch, Störung und Heilung hinzu.

Der Prozess ist noch lange nicht abgeschlossen! Denn das Thema »Heilung, Wunder« findet sich auch im Pool zu Grundbescheid 4: »Gott befreit die Unterdrückten (Befreiung)«. Mk 2,1–12 zieht also noch einen weiteren Grundbescheid in das Wechselspiel hinein. Und all das wird beleuchtet von dem biblischen Grundbekenntnis »Gott ist die Liebe«!

Ich breche hier ab. Es zeigt sich eine schier unerschöpfliche Fülle von Verknüpfungen und wechselseitigen Beziehungen. Ich erkenne darin nicht ein beliebiges Spiel, sondern eine Chance: Die Texte können miteinander ins Gespräch kommen: deutend – ergänzend – widersprechend ... und dadurch alle bereichern, die mit ins Gespräch kommen wollen.

4.4 »Gift and Call« – Grundbescheide als Basis ethischer Entscheidungen

Grundbescheide sind in meiner Sicht die Brennpunkte von Glauben und Leben in biblischer Zeit. Wichtige Merkmale und Funktionen sind:
- Grundbescheide erinnern an heilvolle Tätigkeiten Gottes zugunsten seines Volks und stellen die geschenkten Lebensmöglichkeiten vor Augen; damit fordern sie zur dankbaren Vergewisserung heraus;

- sie zeigen damit praktische Lebensmodelle auf, die diesen Zuwendungen entsprechen (z.B. das Paradies; das gute Leben der Befreiten in brüderlich/schwesterlicher Gemeinschaft);
- diese in den Grundbescheiden eingeschlossenen Modelle des von Gott geschenkten und gewollten Lebens sind oftmals den jeweils herrschenden tatsächlichen Verhältnissen entgegengesetzt; sie wirken daher kritisch und befreiend;
- aber damit ist die Dynamik der Grundbescheide noch nicht erschöpft! Sie geben gleichzeitig Anstöße zu praktischen Veränderungen, die aber nicht in einem ethischen Appell aufgehen, sondern sich auf von Gott angefangene Prozesse, auf Zusagen und Verheißungen stützen können.
- Grundbescheide machen auf die universale Geltung der von Gott geschenkten Lebensmöglichkeiten aufmerksam.
- Diese zunächst innerhalb des Gottesvolks ausgerufene Universalität des Heils (die Lebensgaben sind für alle Mitglieder des Gottesvolkes da!) weitet sich dann in einen Welt-Horizont: Die Schöpfer-Gabe des Lebens im guten Lebensraum gilt **allen Menschen**.

Das ist sozusagen der Widerhaken in den Zuwendungen Gottes, die die Bekenntnisse erinnern.

Ich wähle als erstes Beispiel wieder den Grundbescheid 1: **Schöpfung**: Schon sehr früh hat Israel die Erfahrung gemacht, dass der geschenkte Lebensraum missbraucht und der Schöpfer missachtet wird; das führt zur Entfremdung zwischen Mensch und Kreatur (vgl. Gen 9,1ff) und zur Sünde. Sie zeigt sich darin, dass der Mensch sich einer Macht unterwirft, die zwanghaftes Handeln auslöst. Letztlich setzt er sich an die Stelle des Schöpfers und maßt sich selbstherrlich die Verfügungsgewalt über Leben und Tod an (Gen 4!). Darum ist das geschenkte Leben immer von der Zerstörung bedroht, die der Mensch selbst auslöst: Der Lebensraum wird zu einer Zone, in der der Tod die Herrschaft ergreift; das bezeugt schon die Erzählung von der Vertreibung aus dem Paradies (Gen 3) und vor allem die Sintflut-Geschichte (Gen 6–9). – Immer haben die biblischen Propheten und Mahner diese Perspektive der Störung, ja der Zerstörung des Lebensraums offengehalten.

Auch im Neuen Testament lässt sich die Auseinandersetzung mit dem Grundbescheid »Schöpfung« erkennen, vor allem in den Heilungserzählungen (»Wundergeschichten«). Die Leser der Erzählungen sollten sich klarmachen: In biblischer Perspektive ist nicht das Wunder das Un-Normale, sondern die Tatsache, dass menschliches Leben beschädigt ist; denn Gott hat es gut und ganz geschaffen. Die Heilungstaten Jesu sind zuallererst als tätiger Protest dagegen zu verstehen. Sie überschreiten die Grenzen der Erfahrung und der geltenden Normen: »Eher wird aller menschlichen Erfahrung ihr Recht abgesprochen als menschlicher Not der Anspruch, überwunden zu werden«, notiert Gerd Theißen im Blick auf die Heilungserzählungen (Theißen, 1974, 281).

Ein zweites Beispiel: Grundbescheid 4: Gott befreit die Unterdrückten: Schon in der frühen Königszeit war zu beobachten, dass aus der Freiheit aller die Freiheiten der privilegierten Klasse wurde. Dem stellen sich bevollmächtigte Sprecher wie beispielsweise der Prophet Nathan (vgl. 2. Sam 12,1–14) entschieden entgegen: Die Freiheit ist für alle da! Wo sie verfehlt wird, verkehrt sie sich ins Gegenteil: Die Propheten kündigen unmissverständlich die neue Sklaverei an!

Angesichts von Defiziten und Entstellungen der Überlieferung gerät der Rückgriff auf den Grundbescheid der Schöpfung zur »gefährlichen Erinnerung« (J.B. Metz), die selbstverständlich gewordene und von vielen akzeptierte Verhaltensweisen und Verhältnisse als Verachtung und Verfehlung der von Gott für alle gedachten und allen zugeeigneten Lebensmöglichkeiten aufdeckt.

Diese angekündigten Ereignisse sind keineswegs als »Strafen Gottes« zu verstehen. Sondern: Wer beispielsweise die Freiheit nur als »Gabe« für sich beansprucht und sie nicht als Aufgabe begreift, setzt sie für sich selbst und für andere aufs Spiel. Das ist wohl der Sinn der biblischen Rede vom Gericht Gottes. Auch wenn der biblische Mensch sich Gott als Urheber des Unheils vorstellt, weiß er doch, dass es letztlich der Mensch selbst ist, der den guten Lebensraum zerstört – die Freiheit zu Fall bringt.

Das hiermit angesprochene richtige Handeln (im biblischen Sprachgebrauch: »Das Tun des Gerechten« Ps 119,121 u.ö.) kommt nicht als »Ethik« zum rechten Leben und Glauben hinzu; wer die von Gott gegebenen Lebensmöglichkeiten als Chancen **für alle** wahrnimmt, handelt gerecht. Der irische Sozialethiker Enda McDonagh hat einen solchen Ansatz mit der prägnanten Begrifflichkeit »gift und call« charakterisiert: in den Lebensgaben ist die Lebensaufgabe mit gesetzt (McDonagh, 1975).

Letztlich bedarf es keiner Weisungen im Einzelnen mehr. Es kommt auf das bewusste und gerechte Leben an als Antwort auf das Grundbekenntnis »Gott ist die Liebe«. Folgerichtig antwortet Jesus auf die Frage nach dem »höchsten Gebot«: »Du sollst den Herrn, deinen Gott, lieben von ganzem Herzen, von ganzer Seele und von ganzem Gemüt. Das andere aber ist dem gleich: Du sollst deinen Nächsten lieben wie dich selbst.« (Mk 12,37ff)

Und Augustinus formuliert auf der Spur dieser Aussage: »Liebe – und tu was du willst!« Wie das Handeln in Liebe, das Tun des Gerechten konkrete Praxis wird, lässt sich nicht in Tugend- und Lasterkatalogen fixieren.

Aber finden sich in der biblischen Überlieferung nicht solche Kataloge, allen voran die Zehn Gebote? Doch: Wer sie als Sammlung von Forderungen gebraucht, die man »abhaken« kann, bekommt ihre eigentliche Intention nicht in den Blick. Diese Intention ergibt sich aus dem Eingangssatz zum Dekalog, den die Kirchen törichterweise aus den Katechismen gestrichen haben. Er lautet: »Ich bin JHWH, dein Gott, der dich aus Ägypten geführt hat, aus dem Sklavenhaus.« (Ex 20,2) Die Gebote sind nichts anderes als Ausführungen des **einen** Gebotes: »Bleibe bei deinem Befreier. Lebe die geschenkte Freiheit aus.« In wunderbarer Weise hat diese Sicht Ernst Lange in seinem Text »Die zehn großen Freiheiten« zur Sprache gebracht:

1 Du brauchst keine Angst zu haben!
  Ich, der allmächtige Gott, will dein Helfer sein.

2 Du brauchst dir nichts einreden zu lassen!
  Ich, der allmächtige Gott, will dein Lehrer sein.

3 Du brauchst mich nicht zu zwingen, dir zu helfen!
  Ich, der allmächtige Gott, bin ganz freiwillig dein Freund.

4 Du brauchst dich nicht zu Tode zu hetzen!
  Ich, der allmächtige Gott, will dein Meister sein ...

(Auszug aus: Ernst Lange, Die zehn großen Freiheiten, Burckhardthaus-Laetare Verlag 1958).

Es bleibt dabei: In der jeweiligen geschichtlich-sozialen Situation ist immer wieder aufs Neue zu klären, was die Tat der Liebe sein könnte. Das wird nicht ohne Analyse, Diskurs und auch Streit möglich sein – das ist der Preis der Freiheit. Aber: Es wäre doch ein großer Schritt in die Zukunft, wenn beispielsweise die christlichen Kirchen und Konfessionen nicht mehr um die »rechte Lehre«, die Dogmatik, streiten, sondern wenn sie um die Praxis der Liebe wetteifern und ringen würden.

Kapitel 2
Auf dem eigenen Weg zum Wort – Barrieren und ihre Überwindung

1. Das Wort auf dem Zion

Als ich darüber nachdachte, ob ich ein biblisches Symbol für mein Vorhaben finden könnte, da kamen mir zuerst die »klassischen« Bilder in den Sinn: Gottes Wort ist: Licht – Lebensbaum – Weg – Feuer. Und dann stand das Bild von der so genannten Völkerwallfahrt zum Zion vor mir (Jes 2,2ff; vgl. Micha 4,1ff):

> »**2** Es kommt eine Zeit, da wird der Berg, auf dem der Tempel des HERRN steht, unerschütterlich fest stehen und alle anderen Berge überragen. Alle Völker strömen zu ihm hin. **3** Überall werden die Leute sagen: ›Kommt, wir gehen auf den Berg des Herrn, zu dem Haus, in dem der Gott Jakobs wohnt! Er soll uns lehren, was recht ist; was er sagt, wollen wir tun!‹ Denn vom Zion in Jerusalem wird der Herr sein Wort ausgehen lassen. **4** Er weist die Völker zurecht und schlichtet ihren Streit. Dann schmieden sie aus ihren Schwertern Pflugscharen und aus ihren Speerspitzen Winzermesser. Kein Volk wird mehr das andere angreifen und niemand lernt mehr das Kriegshandwerk.«

Der Gottesberg als Ort der Offenbarung des Wortes und der Begegnung – davon ist in der Bibel immer wieder die Rede: Mose auf dem Horeb/Sinai – Elia auf dem Horeb – Elischa auf dem Karmel – die »Bergpredigt« – der Berg der »Verklärung« … und immer wieder der Zion. *Einmal* als realer Ort in Jerusalem, wo der Tempel steht. *Und dann* als Symbol für den Ort, den Gott zur Wohnung erwählt hat, wo er sich finden lassen will, wo sein Wort ist und seinen Weg in die Welt nimmt.

Vieles fasziniert mich an Jesaja 2:
- Das Symbol des Bergs: Er ist weithin zu sehen – man muss sich anstrengen, um dorthin zu kommen – sein Gipfel bietet einen weiten Blick.
- Die Sehnsucht, die Hoffnung, dass **alle** sich auf den Weg machen, um von Gott zu lernen …
- Der Gedanke, dass sie keine Glaubens-Sätze von Gott hören, sondern erkennen, was recht ist, und dass sie tatkräftig den Frieden lernen.
- Die Vorstellung, dass die Bibel sich selbst auf den Weg zu den Menschen macht – was das für den Verstehensprozess bedeuten könnte, will ich in Kapitel 3 ausführen.
- Und schließlich: Die – eigentlich widersprüchliche – Vorstellung, dass das Wort Gottes mit ihm auf dem Zion wohnt und dennoch auf dem Weg zum Menschen ist. Gerade dieser Verzicht auf Eindeutigkeit, die Überzeugung, dass die Schrift »nicht

zu fassen ist«, weist auf eine grundlegende Einsicht hin und fördert den Respekt, weil die biblische Überlieferung sich jeder Verfügbarkeit und Bevormundung entzieht.

Wer sich der biblischen Überlieferung nähern will – im Bild: Wer sich auf den Weg zum Zion machen will – trifft auf nicht wenige Hindernisse.

2. Barrieren

2.1. Verluste

Die Bibel leidet unter Realitätsverlust
Die erste Diagnose lautet: Die Bibel leidet unter akutem Realitäts- und damit Bedeutungsverlust. Was läuft denn verkehrt, so dass es zu dieser Auszehrung kommt? Sicher lassen sich viele Ursachen benennen – und keine greift für sich allein. Einige scheinen mir besonders gewichtig:
- Zunächst einmal ist die allgemeine Abnahme der Wahrnehmungsfähigkeit zu bedenken. Die ständige Überflutung mit starken Reizen hat dazu geführt, dass das Vermögen, etwas aufmerksam in Ruhe aufzunehmen, bei Kindern und Jugendlichen, aber auch bei Erwachsenen zunehmend verkümmert. Flüchtige, gedankenlose Wahrnehmung ist die Folge dieser Überflutung.
- Defizite zeigen sich mit Sicherheit im Blick auf die Selbstwahrnehmung: Wer ständig durch hektische Fremd-Reize für kurze Zeit stimuliert wird, kann kaum noch bei sich selbst sein. Wie soll ihn dann die biblische Überlieferung ansprechen, die zum Nachdenken über sich selbst und über Gott, über Leben und Glauben einladen will?
- Dazu kommt der rasch zunehmende Sprachverfall: Viele wichtige Informationen erreichen uns nicht mehr über das gelesene oder gehörte Wort, sondern über das Bild – der steigende Fernseh- und Internetkonsum hat die Wahrnehmungsgewohnheiten radikal verändert. Das hat Konsequenzen für das Christentum als »Buchreligion«! Nicht nur die Kenntnis der biblischen Inhalte nimmt ab, sondern vor allem auch die Fähigkeit, die Sprache der Überlieferung aufzunehmen.

Es kommen noch andere Aspekte hinzu.

Die Bibel leidet unter Relevanzverlust
Man kann deutlich beobachten, dass von der einst vitalen Botschaft der Bibel nicht viel geblieben ist. Viele Zeitgenossen erreicht die biblische Rede eigentlich nur als Konserve von Vergangenem, die immer noch Geltung beansprucht, ohne dass sie dem Anspruch erkennbar gerecht wird. Die biblische Überlieferung kommt nicht mehr als Nachricht an, die Neues mitteilt, etwas bewirkt und verändert – und darum wird sie auch nicht mehr als relevant, als lebensbedeutend und lebensbestimmend erfahren und akzeptiert.

Der Neutestamentler Klaus Berger spricht in diesem Zusammenhang von »Evidenzverlust« (Berger, 1977). Da stellt sich als Barriere zunächst das antike Weltbild auf: Es ist unvereinbar mit dem Denken der Neuzeit. Wenn vielen Zeitgenossen »Glauben« nur als Forderung begegnet, Vorstellungen und Ereignisse für »wahr« zu halten, die sie in die neuzeitliche Weltsicht nicht integrieren können, wird sich eine Evidenzerfahrung kaum einstellen. Aber: Es gibt zu denken, dass gegenwärtig eher evangelikale Gruppierungen wachsenden Zulauf erfahren. Was macht die Anziehungskraft einer eher fundamentalistischen Sicht auf die Bibel aus, die von einem wortwörtlichen Verständnis der Überlieferung ausgeht und die Differenz zum heutigen Weltbild ausblendet (vgl. Kapitel 1)?

Der Evidenzverlust greift noch viel tiefer; denn die biblischen Texte setzen eine Reihe von Erfahrungen voraus, die die Menschen heute nicht mehr zu haben meinen: Gott als Person, Sünde, Gnade, Vergebung.

Sicher betreffen diese »Verluste« zuallererst Menschen, die der Kirche und dem Christentum nicht besonders nahe stehen. Sie wirken aber verlässlich auch bei denen, die etwas von der Lektüre der Bibel erwarten. Diese aber sind noch von ganz anderen Hindernissen betroffen.

2.2 Überfluss

Schließlich müssen wir auch von einem Wirkungsverlust der Bibel sprechen. Er ist wohl vor allem auch durch ihren kirchlich-bürgerlichen Gebrauch bedingt. Immer die gleichen Texte ziehen vorüber: Als Perikopen im Gottesdienst, als portionierte Abschnitte in der kirchlichen Lesung, als vorgeschriebene Stoffe im Religionsunterricht. Dabei geht das neugierige, genaue Lesen verloren, die Texte werden nur noch in gewohnte Wahrnehmungsmuster eingepasst. Beispiele: Psalm 23: Gott ist immer segnend und rettend bei uns. – Geburt Jesu: Gott kommt als Erlöser zur Welt. – Schöpfung: Gott hat alles erschaffen. – Wunder: Gott hat die Macht, alle destruktiven Kräfte zu beseitigen ... Ruhigstellung der Texte und Leser sind die Folgen. »Overfamiliar« nennt man im Englischen ein Verhältnis, in dem übergroße Vertrautheit eine wirkliche Begegnung nicht mehr aufkommen lässt. Das allzu Bekannte erkennen wir nicht mehr. Wir können Bibeltexte scheinbar als erledigt abhaken und zufrieden zur Seite legen. Gerade der Überfluss an Bibel kann zum Wirkungsverlust führen.

Schwerwiegender noch ist die Benutzung der biblischen Tradition zum privat-erbaulichen Zweck. Ein folgenloses, alltagsloses, bloß rituelles Wiederholen der überlieferten Worte verdeckt, ja verfehlt ihre Botschaft. Denn von Anfang an stand die biblische Botschaft im Widerspruch zu den Gesetzen dieser Welt. In diesem Sinn hat der Schweizer Bibeltheologe Theophil Vogt die These formuliert: Biblische Texte sind immer auch Gegen-Texte zu unseren gewohnten Erfahrungen; sie stellen unseren selbstverständlich akzeptierten Sichtweisen und Verhaltensmustern Gegen-Welten in den Weg, die kritisch in Frage stellen und befreien. Diese revolutionäre Dimension ist weithin verlorengegangen, die Bibel ist ins Reservat binnenkirchlicher Praxis und wohltuender Bürgerlichkeit geraten.

Nur ein Beispiel: Müsste nicht beim Beten des Psalm-Verses »Du sättigst alles, was lebt, mit Wohlgefallen« ein Aufschrei durch die Gemeinde gehen: »Und die Flüchtlinge in aller Welt? Die verhungernden Kinder?? ...« Solche Aussagen der Bibel sind uns wohl nur noch in Verbindung mit Protest, Reue und Engagement gestattet.

2.3 Bibelleser werden bevormundet

Ohne Zweifel erleben heutige Bibelleser, dass mehr als ein Vormund beansprucht, ihnen seine Sicht auf die Überlieferung als allein maßgebliche sozusagen vorzuschreiben, d.h. seine Sicht zwischen die Leserin, den Hörer und die Bibel zu stellen. Zwei sind zunächst zu nennen:

Bevormundung durch die »Theologie für die Gemeinde«

Diese – bereits im Vorwort kurz skizzierte – Bezeichnung meint ein Ensemble geprägter Vorstellungen, wie sie wohl in den meisten christlichen Gemeinden wirksam ist. Dabei ist der Ausdruck »Theologie« fast ein wenig missverständlich. Ich denke an ein Geflecht von Überzeugungen und Haltungen, die wohl kaum als Ausdruck einer durchdachten, geplanten Beeinflussung zu verstehen ist. Vielmehr erkenne ich ein Konglomerat dessen, was schon immer als zentraler »Glaubensinhalt«, als leitender Maßstab des Christseins gegolten hat.

Inhaltlich-dogmatisch ist als Basis wohl noch immer die stark von Luther geprägte »Rechtfertigungslehre« leitend. Sie ist die Basis fast aller *traditionellen* Kirchenlieder, der *vorgegebenen* Liturgie, der *überlieferten* Bekenntnisse. Einige zusammenfassende Stichworte zur Erinnerung (vgl. Kapitel 1, Abschnitt 2.1): Das *Gottesbild* geht von dem Allmächtigen aus, der Gehorsam fordert. Die Menschen lösen die Forderung nicht ein; ja, sie können es nicht einmal. Denn das *Menschenbild* ist entscheidend geprägt von der Erbsünde. Um die Strafe Gottes abzuwenden, ist der stellvertretende Opfertod Jesu als Sühne notwendig; er rechtfertigt die Menschen vor Gott. – Das *christliche Leben* ist bestimmt durch gehorsame Nachfolge ... »glauben recht und leben rein« wird in einem Kirchenlied als Maßstab formuliert. Die so verstandene »Rechtfertigungslehre« gilt faktisch als die »Mitte der Schrift«, wie Luther postulierte; sie richtet das Verständnis der biblischen Überlieferung aus.

Eine spezifische Form der Beeinflussung – und damit auch eben der Bevormundung – zeigt sich mir in der **Liturgie**. Ein Beispiel: Die meisten Lieder für die Weihnachts- und Passionszeit transportieren die angesprochene Sühnetheologie – oft noch hoch emotional (»Ich bins, ich sollte büßen, an Händen und an Füßen gebunden in der Höll ...«). Ich denke auch an die Rezitation der Psalmen im Gottesdienst. Jedem Gottesdiensttermin im Kirchenjahr ist ein bestimmter Psalm zugeordnet. Beispiele: Der Beter ist ein zerknirschter Sünder (z.B. Ps 25; 32; 51; 130). Er hat Angst vor der Strafe Gottes (z.B. Ps

6; 38). Er dankt für Rettung aus Todesgefahr (z.B. Ps 18). Er spricht von seinem tiefen Vertrauen auf Gott (z.B. Ps 31; 73; 91). Es geht um Angst und Trauer (z.B. Ps 42; 69). Der Sänger lobt und dankt (z.B. Ps 92; 96; 98; 104). Wird das gottesdienstliche Psalmgebet ernst genommen, dann ist der Beter aufgefordert, den Text mit zu beten – als Kranker, als Vertrauender, als Sünder, als Lobender ...

Er wird aber schwerlich jedes Mal gerade in *der* Lage sein, die ihm zugedacht wird. Wenn er/sie sich Gedanken macht, wird er/sie sich genötigt sehen, sich als gerettet, angsterfüllt, sündig zu fühlen. Wird der Beter sich dem beugen ... und sich damit einer schizophrenen Anmutung aussetzen? Oder wird er sich wehren ... und damit das Psalmbeten in dieser Situation als unverbindliches Ritual abwerten? Hier ist nachzudenken!

Noch eine Anmerkung: Auch die in vielen Bibelübersetzungen gebräuchlichen Überschriften haben oft eine eng geführte Lenkungsfunktion.

Grundsätzlich ist im Blick auf die gottesdienstlichen Lesungen zu fragen: Werden gerade die erzählenden Texte bei vielen Hörern die hinderliche »Faktengläubigkeit« befördern, die ich in Kapitel 1 kritisch besprochen habe? Dies alles verstärkt sich noch, weil der Gottesdienst ein klassisches Beispiel ist für die Form, die als »One Way Communication« (Einweg-Kommunikation) bezeichnet wird. Das bedeutet: Der Informationsfluss bewegt sich nur in *einer* Richtung – genau genommen, findet gar keine Kommunikation statt. Das System Gottesdienst sieht eine eigene Sicht und Sprache der Teilnehmer/innen nicht vor. Hier wird die Sender-Adressaten-Situation auf Dauer festgelegt und damit eine schier unübersteigbare Hürde zwischen dem Bibelleser mit seinem Wunsch nach Mündigkeit und den biblischen Texten aufgetürmt.

Zur »Theologie für die Gemeinde« gehört auch die Auffassung, dass die real existierende **Kirche** die einzig denkbare Einrichtung, Größe, Gemeinschaft sei, die den Glauben bewahrt und tradiert. Nach protestantischem Verständnis ist die Kirche »die Versammlung aller Gläubigen [...], bei denen das Evangelium rein gepredigt und die heiligen Sakramente laut dem Evangelium gereicht werden« (CA VII).

Die römisch-katholische Kirche beruft sich auf vier grundlegende Merkmale:
- Apostolische Sukzession
- Betonung der Sakramente
- Anerkennung der kirchlichen Überlieferung (Tradition) neben der Heiligen Schrift als Offenbarungsquelle (beispielsweise die Apostolischen Väter)
- Anerkenntnis der Ergebnisse der allgemein anerkannten Ökumenischen Konzilien.

Mit dem Kirchenverständnis verbindet sich letztlich der Anspruch, dass die Kirchen über die »Richtigkeit« der Lehre, d.h. des Schriftverständnisses und über die Maßstäbe des Christseins zu befinden haben. Damit aber wird ein eigener Weg zum Wort am Ende als Irrweg gelten, wenn er die geordneten Bahnen kirchlicher Lehre verlässt. Insgesamt verhält es sich wohl so, dass nicht hinterfragte Gewöhnung ein starkes Beharrungsvermögen erzeugt. Um es noch deutlicher zu formulieren: Es sind eigentlich nicht Personen, sondern Strukturen, die den Weg zum eigensinnigen Bibelverständnis blockieren.

In diesem Kontext sind es die Pfarrer und – im Protestantismus – die Pfarrerinnen, die mit der Übermittlung der biblischen Überlieferung betraut sind. Ihre Aufgaben im Blick auf die biblische Überlieferung sind:

- Die Ergebnisse der Auslegung möglichst genau übermitteln.
- Die überkommenen Texte als »Wort Gottes« der Gemeinde zusprechen.

Diese Aufgaben sind sehr anspruchsvoll! Gleichzeitig führen sie vielfach eine außerordentliche Erwartungshaltung auf Seiten der Gemeindemitglieder herauf: Der Pfarrer ist letztlich der Einzige, der die Schrift in der heutigen Situation auslegen und zusprechen kann. – Hier zeigt sich eine eigenartige Spannung:

Die wissenschaftliche Exegese erlernten praktisch alle, die Theologie studierten. Allerdings – etwas fehlt! Das zeigt sich unter anderem daran, dass die meisten Theologen nach meiner Wahrnehmung bei der Konzeption und Ausarbeitung ihrer praktischen Arbeit (Sonntagspredigt; Bibelstunde; »Amtshandlungen« wie Trauung, Bestattung ...) kaum Gebrauch von der Historisch-Kritischen Forschung machen (und sie möglicherweise inzwischen aus den Augen verloren haben). Der Theologe Walter Hollenweger notiert ein wenig spitz, dass die kritische Auslegung offensichtlich das »bestgehütete Geheimnis der Kirchen« sei (Hollenweger, 2000). Augenscheinlich ist der Wert der Methode für die pastorale Arbeit nicht plausibel. Mir wurde zunehmend klar, dass der Interpret bei der Historisch-Kritischen Exegese eine Art »Zuschauerrolle« einnehmen muss, dass er nicht deutlich genug als Subjekt des Verstehens beteiligt ist – und darum auch andere nur schwer erreichen kann.

Jedenfalls sind die Vermittler der Bibel in den Kirchengemeinden durchweg die kirchlichen Amtsträger. Zwar gilt ein unterschiedliches Amtsverständnis: die katholischen Geistlichen sind geweiht, die evangelischen ordiniert. Aber im Blick auf die Übermittlung der Bibel wird das keine große Rolle spielen.

Man muss davon ausgehen, dass das Amt der Priester bzw. Pfarrer/innen sich als Bevormundung der Gemeindemitglieder auswirkt, auch wenn die Amtsträger dies nicht beabsichtigen.

Bevormundung durch die Experten

In der Theologie gibt es, wie in jeder Wissenschaft, Experten. Für unsere Themen sind das die Bibelwissenschaftler. Sie sind nötig zum Verständnis der biblischen Überlieferung. Ihre Tätigkeit wird als »Exegese« (Auslegung) bezeichnet. Grundlegend für die exegetische Forschung ist die so genannte Historisch-Kritische Exegese. Im Vorgriff auf die etwas ausführlichere Darstellung in Kapitel 5 halte ich hier schon einmal einige Grundzüge der Intention und der Methoden fest:

Die Intention der Historisch-Kritischen Exegese ist es, einen Text so zu untersuchen, dass seine ursprüngliche Gestalt und Absicht sichtbar wird. Dabei muss alles beiseite gelassen werden, was diesen Prozess der objektiven Urteilsbildung beeinflussen könnte, in erster Linie natürlich die Subjektivität des Exegeten. Es gilt herauszuarbeiten, wie ein Text entstanden ist, welche Stufen der Bearbeitung bereits im innerbiblischen Überlieferungsprozess zu erkennen sind. Die Absicht ist, zu unterscheiden, welche Teile eines Textes »alt und authentisch sind...die literaturgeschichtlich späteren Passagen werden leicht als theologisch minderwertig abqualifiziert (oder umgekehrt)« (Oeming, 2007, 43f). Diese kurzen Hinweise deuten schon an, dass die vorgebliche Objektivität dieser Auslegungsmethode durchaus fragwürdig sein kann.

Ich meine, dem entschlossenen Beharren auf der Historisch-Kritischen Forschung als **allein** maßgeblicher Interpretationsmethode liegt in meiner Sicht ein Denken zugrunde, das Wahrheit für herstellbar, eindeutig bestimmbar und somit auch für verfügbar hält. Als ich versuchte, dieses Denken einmal wissenssoziologisch einzuordnen, kam ich auf die typischen Merkmale und Verhaltensweisen einer bestimmten Gesellschaftsschicht: Es sind Männer, und zwar **w**eiße, **e**uropäische **M**änner der **M**ittelklasse; die meisten gehen traditionell von der Machbarkeit der Dinge aus, die dann auch verfügbar sind, sie halten Eindeutigkeit und Rationalität für die einzig verlässlichen Erkenntnis- und Handlungskriterien. Man könnte von einer WEMM-Theologie sprechen! Dieses Bedürfnis, mittels vorgeblich »eindeutiger« Sichtweisen über die biblische Überlieferung zu verfügen, kommt allerdings nicht nur hier vor.

Ich beobachte, dass neuere Interpretationsansätze wie etwa feministisch orientierte (z.B. Elga Sorge) oder tiefenpsychologisch interessierte (z.B. Eugen Drewermann) durchaus die Tendenz erkennen lassen, ihr Konzept als allein maßgeblich darzustellen. Auch in solchen Fällen ist die Gefahr der Eindeutigkeit und damit der scheinbaren Verfügbarkeit gegeben.

Jedenfalls kann sich auch der Vorrang der wissenschaftlichen Auslegung auf Luther berufen! Er zeigt, dass zum Verständnis der Bibel die eigene Sicht des »einfachen Lesers« augenscheinlich nicht ausreicht: Durch seine Kommentare zur Bibel (Psalmen; Römerbrief ...) macht er deutlich, dass das Expertenwissen nach wie vor zum Verständnis der biblischen Überlieferung nötig ist.

Bisher ist es – jedenfalls im Protestantismus – so, dass die wissenschaftliche Auslegung das erste und letzte Wort im Verstehensprozess hat: Sie gibt die Fragestellungen und Methoden vor. An ihren Ergebnissen müssen sich andere Erkenntnisse und Konzepte messen lassen. Es wird zu klären sein, welcher Stellenwert und welche Funktion der Historisch-Kritischen Methode zukommen sollten.

Geht es hier um eine Bevormundung – oder um einen notwendigen Schutz der biblischen Überlieferung vor Subjektivismus und Willkür, wie manche ihrer Vertreter argumentieren? Insbesondere das Verhältnis von »Experte« und »Laie« bedarf dringend der Klärung (vgl. dazu den Exkurs »Die Kompetenz der ›Laien‹« in Kapitel 3)! Auf jeden Fall muss die gewohnte Einschüchterung der »Laien« durch die »Experten« erkannt und abgebaut werden!

Das Ende des Abschnitts »Barrieren« ist erreicht. Wenn ich bei der eingangs gewählten Metapher bleibe, stellen sich denen, die sich auf einen eigenen Weg zum »Wort auf dem Zion« machen möchten, nicht wenige Hindernisse in den Weg. Mängel zeigten sich und auch lähmender Überfluss. Und schließlich die »Vormünder«. Dazu gehören auch die

»Vermittler«, also die Pfarrerinnen und Pfarrer. Ich unterstreiche noch einmal, dass sie durchweg nicht bewusst die Rolle des Vormunds für sich in Anspruch nehmen, um den ›eigen-sinnigen‹ Umgang der Gemeindemitglieder mit der biblischen Überlieferung zu behindern. Aber in der Praxis läuft es weitgehend darauf hinaus. Es verhält sich wohl so, dass viele »Vermittler« das System einer »Theologie für die Gemeinde« mit allen seinen Problemen selten kritisch reflektieren, sondern eher damit und darin ihre Arbeit tun.

3. Welche Chancen für einen mündigen Bibelleser zeigen sich?

Welche Fragen kommen nach dieser Problemskizze auf? Welche Aufgaben zeigen sich? Ich gehe die drei bisherigen Abschnitte unter diesen Aspekten noch einmal durch.

3.1. Zum Thema »Verluste«

Hier soll vor allem das Problem des **Sprachverfalls** bedacht werden. Es geht *einmal* um die abnehmende Fähigkeit, komplexe Sprachstrukturen aufzunehmen, wie sie auch in der biblischen Rede vorkommen. Hier wäre an die Idee der »Leichten Sprache« zu denken (mehr dazu in einem Exkurs in Kapitel 11).

Doch das Problem geht tiefer: Nicht nur die oft komplexe Sprache der Bibel stellt Barrieren auf; auch zentrale Begriffe wie Glauben, Gnade, Sünde, Vergebung sind für viele Zeitgenossen unzugänglich geworden.

Aber ist beispielsweise mit dem Verschwinden des Sündenbewusstseins auch die entsprechende Existenzerfahrung zerfallen? Wer heute von ständigen Bedrohungen durch ausuferndem Straßenverkehr, Umweltverschmutzung und scheinbar ausweglose Zwänge bedrängt ist, fragt sich vielleicht: »Wie kann es dazu kommen, dass das Leben mir auch nur ansatzweise gelingt?«

Vielleicht sollten wir uns auf den Hinweis von Paul Tillich besinnen, der erklärt, dass nicht die Wahrheit der biblischen Sprache verloren gegangen sei, wohl aber ihre Fähigkeit, die Wahrheit auszudrücken. Tillich greift in diesem Zusammenhang den bekannten historischen Vorwurf auf, die christliche Mission habe oftmals behauptet, die Bibel zu den »Heiden« zu bringen – tatsächlich aber sei es um »Kattun« gegangen (dieser Stoff steht als Symbol für kommerzielle Interessen in den damaligen »Kolonien«). Tillich: »Früher hat man ›Bibel‹ gesagt und meinte ›Kattun‹ vielleicht müssen wir heute öfter ›Kattun‹ sagen, wenn wir ›Bibel‹ meinen!« Soll heißen: Eine neue unverbrauchte Sprache ist nötig, damit das Angebot des Glaubens sichtbar und zugänglich wird. Tillich selbst hat unermüdlich daran gearbeitet, wenn er etwa den traditionellen Begriff der Sünde mit Entfremdung oder Seinsverfehlung umschreibt. Vielleicht könnte (und sollte) der

Prozess weiter gehen: »Sünde« meint ja auch, »etwas schuldig bleiben«, anderen, aber auch sich selbst. Martin Buber formuliert in diesem Zusammenhang: »Du sollst dich nicht vorenthalten.«

Eine Erneuerung der religiösen Sprache wird nicht in erster Linie am Schreibtisch von Experten oder in amtlich eingesetzten Kommissionen gelingen, sondern in einem offenen kommunikativen Suchprozess. Wenn glaubhaft bekundet wird, dass die christliche Sprache nicht unverrückbar festgestellt ist, könnten solche offenen Experimente vielleicht das Interesse so genannter Fern-Stehender wecken.

Dass es hier nicht um unverbindliche Experimente geht, zeigt exemplarisch der »konziliare Ratschlag«, der vom 17.–19. Oktober 2014 in Frankfurt stattfand. Thema: gott.macht.sprache. Eine Vorbereitungsgruppe aus Engagierten (Wir sind Kirche, Arbeitsgemeinschaft der Priester- und Solidaritätsgruppen, Befreiungstheologisches Netzwerk, Leserinitiative Publik-Forum, Institut für Theologie und Politik u.a.) bereitete das Treffen vor. In einem ersten Bericht heißt es: »*Wer die Schlüsselworte für die großen Sehnsüchte der Zeit besetzen kann, der wird auch dort, wo die alltäglichen Konflikte ausgetragen werden, gehört werden. Wie und von welchem Gott wir reden können, soll aus den verschiedenen Orten unserer Leben das Thema sein.*« Kuno Füssel und Michael Ramminger sagten in ihrem Eröffnungsvortrag: ›*Wir brauchen keine neue Sprache, wenn wir nichts zu sagen haben und wir haben nichts zu sagen, wenn wir keine Erfahrungen weiterzugeben haben, die auch für andere hilfreich sind*‹.« (Aus dem Internet: gott.macht.sprache) Hier wird deutlich, dass das Sprachproblem viel tiefer reicht: Es geht um lebensrelevante Erfahrungen, die wir nur dann weitergeben können, wenn wir selbst Erfahrungen mit Bibel, Glauben und Leben machen. Die bereits in Kapitel 1 angesprochene erfahrungsbezogene Auslegung der Bibel stellt sich hier mit erhöhter Dringlichkeit!

3.2 Zum Thema »Überfluss«

Als zweites Problem zeigte sich der »**Überfluss**« – die manchmal einschläfernde Fülle von Bibeltexten im kirchlichen-christlichen Gebrauch. Wie gehen wir mit dem Überfluss um? – jener Übervertrautheit, die die Neugier tötet, die Lust auf das Evangelium eintrocknen lässt? Wir müssen dringend arbeiten, damit die Bibel wieder frag-würdig wird. In der Alltagserfahrung gibt es den Rat, Überfluss – etwa an Ernährung, Fernsehkonsum ... – durch Einschränkung zu begrenzen, eine Diät also.

Aber: Ist es denkbar, dass eine Kirchengemeinde beschließt, für eine gewisse Zeit in ihren Gottesdiensten keine Schriftlesung anzubieten (mit Begründung!)? Wird die Gemeinde eine solche Bibeldiät akzeptieren?

Ein Aspekt der Overfamiliarity (übermäßige Vertrautheit) ist es ja auch, dass die Widerständigkeit vieler Bibeltexte aus dem Blick gerät. Wie kann dieser Charakter biblischer Überlieferung als »Gegenwelt« wieder entdeckt werden? Eine starke Methode ist die Verfremdung. Ich werde sie in einem eigenen Kapitel vorstellen (Kapitel 11). Hier nur eine Kostprobe:

»Kapital unser,
das du bist im Westen,
amortisiert werde deine Investition,
dein Profit komme,
deine Kurse steigen – wie in Wallstreet,
also auch in Europa ...«

Die Verfremdungen sind so angelegt, dass sie zur Sprache bringen, was heute als »normal« gilt. Vor dieser dunklen Folie kann dann die kritische Gegenwelt der Bibel aufleuchten.

Es wäre schon hilfreich, wenn die Glättungen in den gottesdienstlich verwendeten Texten aufhörten: Was »anstößig« sein könnte, wird weggelassen. Ich habe beispielsweise in keinem Gesangbuch im Rahmen der Psalmgebete die Stellen gefunden, in denen die verzweifelte Klage zur Anklage Gottes wird: »Wach auf, warum schläfst du«, schreit der Beter (Ps 44,24). Oder sogar: »Nimm deine Rechte aus dem Gewand und mache ein Ende!« (Ps 74,11). In salopper Gegenwartssprache könnte man sagen: »Nimm endlich die Hand aus der Tasche und tu was!« – Solche ungeschminkten Aussagen könnten biblische Texte heutigen Hörern oder Lesern näher bringen. Aber nicht, weil sie provozieren, sondern weil sie zeigen, dass auch Zweifel, Klage, Anklage ... zum Glauben gehören. – An solchen biblischen Aussagen herrscht allerdings in der kirchlichen Auswahl kein Überfluss, sondern akuter Mangel!

3.3 Zum Thema: Bevormundungen

Zu: Bevormundung durch die »Theologie für die Gemeinde«

An diesem Ensemble von traditionellen, durch Gewohnheiten zäh gewordenen Einflussfaktoren ist es wohl besonders schwer, etwas zu verändern.

Vielleicht ist es nützlich, einmal ganz »untheologisch« zu beginnen. Ich muss an dieser Stelle an das wunderbare Märchen »Des Kaisers neue Kleider« denken. Zur Erinnerung: Ein Kaiser lässt von zwei Betrügern neue Kleider aus kostbaren Stoffen anfertigen. Sie erzählen dem Kaiser, dass nur kluge Menschen die wertvollen Stoffe sehen können. Der Kaiser, seine Berater und auch das Volk trauen sich nicht zu erzählen, dass sie die Stoffe nicht sehen können, im Gegenteil alle tun so, als wären sie hingerissen von den wundervollen Stoffen. Ein Kind macht dem Schwindel ein Ende und ruft laut aus, dass der Kaiser keine Kleider an hat.

Das Kind – es lässt sich nicht beeinflussen von dem, was alle erkennen, sondern besteht auf seinem eigenen Blick. »Wenn ihr nicht werdet wie die Kinder ...!« sagte einst Jesus ... und meinte unter anderem: Das Kind ist noch nicht unter die Erfahrungen und Normen der Erwachsenen gebeugt. Es ermutigt die Erwachsenen, ihren eigenen Augen zu trauen, einen eigenen Blick zu finden und zu üben ... ein anstiftendes Beispiel für alle, die sich kritisch mit der »Theologie für die Gemeinde« auseinandersetzen?

Dabei wird sich herausstellen, dass diese Theologie ein von Menschen gemachtes und durch unreflektierten Gebrauch verfestigtes Konstrukt ist. (Ergibt sich womöglich auch ein ideologiekritischer Ansatz, befeuert durch die Frage: Wem nützt eine solche »Theologie für die Gemeinde«?) Wie finde ich ein neues Verhältnis zu der »Theologie für die Gemeinde« – neugierig und unbefangen wie das Kind im Märchen?

Zunächst komme ich noch einmal zurück auf die schon formulierten Gedanken zum **Wort Gottes«**. Wird dies nicht reflektiert, muss es zu einem blinden Biblizismus kommen, der den heutigen Leser gedanken- und sprachlos macht. Die Begegnung mit der biblischen Überlieferung soll nicht länger nur von ehrfurchtsvoller Scheu vor dem »heiligen Buch« geprägt sein, sondern auch von rückhaltlos ehrlichem Aussprechen der Vorbehalte, von Kritik und Abwehr, wie sie aus der Konfrontation der Alltagserfahrungen mit dem Text aufspringen. Nur wer seine mitgebrachten Erfahrungen ohne Scheu und Vorbehalte ins Spiel bringt, wird offen für neue Erfahrungen ... eben auch für die Erfahrung, dass die Schrift für sie, für ihn zur Anrede werden kann.

Nun zum Zentrum: Der Behauptung, die Sühnetheologie (»Rechtfertigungslehre«) sei die »Mitte der Schrift«, weil sie nach Luther das sei, »was Christum treibet«. Ist diese These selbstverständlich?

Ich habe in Kapitel 1 einen anderen »Kron-Satz« dagegen gesetzt: *»Gott ist die Liebe; und wer in der Liebe bleibt, der bleibt in Gott und Gott in ihm.«* (1. Joh 4,16)

Gehe ich mit diesem Bekenntnis als »**Mitte der Schrift**« einmal an die Elemente der »Theologie für die Gemeinde« heran, dann zeigt sich bald, wie viel davon einem »Macht- und Herrschaftsgott« huldigt, der Gehorsam und Unterwerfung fordert, der Angst auslöst.

Schließlich ist auch nachzudenken über das dominante Selbstverständnis, das in den **Kirchen** anzutreffen ist. In der Tat lassen sich Reformansätze beobachten. Aber es ist zu bezweifeln, ob alle heute diskutierten »Reformansätze« einlösen, was sie versprechen. Als Beispiel nenne ich die so genannten Sinus-Studien. Als ein Instrument der Marktwirtschaft identifizieren sie unterschiedliche gesellschaftliche Gruppen mit der Absicht, der Werbung »zielgruppenspezifische« Mittel zur Verfügung zu stellen. So kann die Wirksamkeit der Werbung erheblich gesteigert werden. Die Kirchen greifen diese Studien teilweise auf – oft mit nicht unerheblichem Aufwand. Kritische Fragen lauten: Ist »Evangeliumsmarketing« wirklich Aufgabe der Kirchen? Soll es ihnen darum gehen, zielgruppenspezifisch Aufmerksamkeit zu erregen? ... Aufmerksamkeit wofür?? Verstellen diese Aktionen, diese Reparaturen am kirchlichen Image womöglich den Blick auf notwendige Reformen?

Dass auch andere Sichtweisen möglich (und notwendig!) sind, zeigt mir exemplarisch der Bericht des Landesbischofs auf der Frühjahrstagung der Badischen Landessynode 2015. Er führte aus: »Glaube bleibt lebendig, wenn Menschen ihn teilen wie das Brot und den Wein beim Abendmahl, wenn sie den Glauben miteinander erproben und leben.«

Wie könnte denn ein solches »Miteinander« im Blick auf den Weg zur biblischen Überlieferung aussehen? Hier einige Vorschläge:

1. Eine Kirchengemeinde ist in meiner Sicht gut beraten, wenn sie Gruppen mit eigenen Ideen, mit eigenen Wegen Raum gibt. Oder sie unterstützt – wohl wissend, dass die

Gefahr der Beeinflussung und »Eingemeindung« in die »Theologie für die Gemeinde« besteht. – Aber stellt ein solcher Rat nicht das überkommene und akzeptierte Bild in Frage, nach der die Kirche (allein) den wahren Glauben repräsentiert und sichert? Sind eigenständige Gruppen als »Kirche« in der »Kirche« zu betrachten? Das wäre in der Tat die Konsequenz und sollte Diskussionen anstoßen.

2. Aber: Bleiben Gruppen, die sich um den eigen-sinnigen Weg zum Wort kümmern, vielleicht in der Enge nur kognitiver Arbeit stecken? Dazu drei Überlegungen:

- Eine solche Gruppe versteht sich in aller Regel nicht als unverbindliche Diskussionsrunde, sondern als Zusammensein von Menschen, die über Glauben und Leben nachdenken. Das ist nur in einem Raum gegenseitigen Vertrauens möglich ... weit über kognitive Magerkeit hinaus.
- Die Gemeinden sollten die Dynamik und Innovationsbereitschaft solcher Gruppen aufnehmen, indem sie ihnen beispielsweise eigenständig gestaltete Gottesdienste anbieten.
- Auch die Mitarbeit in Gottesdiensten ohne lehrhafte Akzente hat sich bewährt, z.B. in Taizé-Gottesdiensten, die ohne Predigt auskommen.

(Einige Gedanken zum Verhältnis von selbstständigen Gruppen und Kirchengemeinde werde ich in Kapitel 15 zur Diskussion stellen)

Und die »Vermittler«?

Das sind in der Regel die Pfarrerinnen und Pfarrer in den Gemeinden. In aller Regel stellen sie sich nicht bewusst als »Barrieren« auf; aber die beschriebene »Theologie für die Gemeinde« fördert dies offensichtlich.

Darum müsste ein Veränderungsprozess wohl damit beginnen, dass die »Vermittler« ihre Rolle und ihr Selbstverständnis kritisch bedenken: Können sie sich dem Ziel einer »mündigen Gemeinde« aufschließen – einer Gemeinde also, in der auch Bibelleserinnen und -leser selbstständig auf dem Weg sind?

Zunächst einmal sollten Pfarrerinnen und Pfarrer sehr sensibel werden im Blick auf mögliche Missverständnisse. Sie (also: wir! Denn ich gehöre auch zu denen, die ab und zu einen Gottesdienst halten) können nicht genug Bedenken haben in Richtung auf die besprochene »Faktengläubigkeit«: Fördere ich durch Liturgie, Predigt, »Bibelstunde« diese falsche Sichtweise? – Aber das ist nicht alles!

Pfarrerinnen und Pfarrer könnten sich als Zuträger verstehen, die solchen eigensinnigen Gruppierungen ihr Wissen zur Verfügung stellen. Was bietet sich an?

- Angebot eines Kurses, der das »Handwerkszeug der Interpretation« so weit wie möglich vermittelt (Techniken, Literatur ...);
- Teilnahme an einer Gruppierung. Dabei ist es zwingend erforderlich, dass der »Experte« das »einfache Fragen« erlernt. Natürlich ist und bleibt er sachverständig im Blick auf das »Handwerkszeug«. Aber wenn es um das wirkliche Verstehen geht, also die Erschließung für Glauben und Leben, ist der »Anfängergeist« in der gemeinsamen Arbeit gefragt. Dieser dem ZEN entnommene Begriff regt an, einmal das Vorwissen über einen Text und die eingeführten Verstehenswege beiseite

zu legen; in die gleiche Richtung zielt die Forderung des Einfachen Fragens und Lesens. Der Vorschlag plädiert dafür, Texte nicht besserwisserisch zu »bearbeiten«, sondern sich ihnen in einer Haltung dessen zu nähern, der einem Gesprächspartner aufmerksam zuhört.

Zu: Die Bevormundung durch die Experten
Es besteht kein Zweifel, dass eine solide, methodisch gründliche und wissenschaftlich überprüfbare Interpretation zum Verständnis der Bibel nötig ist. Doch muss sie – darf sie (!) – das erste und das letzte Wort im Verstehensprozess haben, wie schon mehrfach angesprochen? Bisher verläuft der Prozess meistens so, dass die Exegese den »ursprünglichen Sinn« eines Textes feststellt und in der Regel in Aussagesätzen formuliert. Dieser soll dann in die Gegenwart transportiert werden, angeleitet durch die Frage: »Was will der Text uns heute sagen?« ... kein Wunder, wenn hierbei heutige Lebensfragen und gegenwärtige Erfahrungen kaum in den Blick kommen.

Dem gegenüber hatte ich schon einmal im Vorwort die These formuliert, dass »Verstehen« bedeutet: Heutige Bibelleser befragen im Kontext ihrer Zeit und über den Kontext hinaus die Erfahrungen der Vergangenheit. Konsequenzen:
- Die Exegese gewinnt ihre Fragestellungen nicht einfach aus sich selbst heraus bzw. aus dem Repertoire der beteiligten Wissenschaften, sondern übernimmt den Auftrag, mit ihren Methoden die Texte in ihrer Ursprungssituation erfahrungsbezogen zu befragen.
- Für eine erfahrungsbezogene Auslegung ist die Kompetenz der so genannten **Laien** – der Bibelleser ohne professionelle Ausbildung und ohne Amt – unabdingbar. Sie bedienen sich u.a. der wissenschaftlichen Exegese, ohne ihr dienstbar zu werden! Wie das Verhältnis im Einzelnen zu bestimmen ist, muss noch weiter geklärt werden (vgl. Kapitel 3, Exkurs).

3.4 Auch die auf dem Weg sind, verändern und entwickeln sich

Ich greife zum Schluss dieses Kapitels noch einmal die Metapher vom Zion auf: Da wohnt – nach dem Bild Jesajas – das Wort und ist bereit für seine Hörerinnen und Leser. Ihnen steht der »Zion« leuchtend vor Augen: Dorthin führt der Weg. Er kann nur ans Ziel kommen, wenn es der eigene ist, am besten in einer Gruppe von Menschen, die das Gleiche im Sinn haben.
Von Barrieren in den unterschiedlichsten Ausprägungen war in diesem Kapitel die Rede; sie behindern den eigenen Weg. Es war auch davon die Rede, wie diese Hindernisse überwunden werden könnten – in manchen Fällen ist vielleicht auch nur die Umgehung möglich. Aber auch mit denen, die auf dem Weg sind, will und muss etwas geschehen. Folgende Aspekte sind mir aufgefallen:

Der Ziel-Weg-Konflikt

Mit diesem Problem habe ich in meiner beruflichen Arbeit zu tun gehabt und daran gelernt. Ich erlebte, wie gerade die Studentinnen und Studenten, deren Erziehungsideale und Entwicklungsziele am hellsten leuchteten, in der Praxis bald resignierten und – in Folge dessen – zu Zynikern (landläufig: »Paukern«) wurden. Wie kommen solche bedauerlichen Prozesse zu Stande? Die Beteiligten wollen offensichtlich ihre Ziele in einem Sturmlauf der Innovationen so schnell wie möglich erreichen. Aber dabei überschätzen sie sich selbst und unterschätzen die beharrende Macht der Strukturen.

Besonders eindrücklich machte ich diese Erfahrungen im Feld eines reformpädagogischen Konzepts, der Montessori-Pädagogik. Dort war ich viele Jahre als Ausbilder für Theorie in den Diplom-Lehrgängen tätig. In der Montessori-Pädagogik geht es vor allem darum, dass Kinder auf ihren eigenen Wegen ihr SELBST finden.

Ich lernte aus diesen Erfahrungen:

Die Utopie in ihrer Eigenart und ihrer Bedeutung verstehen
Die Utopie – sei es ein erhofftes Ergebnis von Erziehung oder einer anderen Aufgabe, sei es die erwünschte Fähigkeit, dem Wort auf dem eigenen Weg nahe zu kommen – ist ein Hoffnungsbild. Es beschreibt nicht zuerst ein Ziel, das über kurz oder lang zu erreichen ist, sondern es stellt vor Augen, was erwünscht wäre, und es lässt ahnen, was möglich wäre. Das Hoffnungsbild gibt die Richtung an – für die notwendigen Schritte. Damit kommt schon die zweite Erfahrung in den Blick:

Die kleinen Schritte
Um der Versuchung des »Sturmlaufs« und der Gefahr der Überforderung zu entgehen, ist es nötig, Veränderungsprozesse in kurzen, gut bedachten Schritten anzugehen, in der Praxis bedeutet das, kleine überschaubare Innovationen im Nahbereich ins Auge zu fassen und zu erproben, bis der nächste Schritt sich anbietet.

Erfolge und Misserfolge positiv wahrnehmen
Die Wahrnehmung des eigenen Weges zur biblischen Überlieferung in kleinen Schritten soll begleitet sein von der Entdeckung von Fortschritten. Gerade die Gruppe bietet dafür einen ausgezeichneten Erfahrungsraum. Im Gespräch wird sich zeigen, ob der eine oder andere Schritt gelungen ist. Und auch das Misslingen findet seinen Platz, weil es Anlass zu weiter führenden Überlegungen bietet. (Maria Montessori bezeichnet den Fehler als ihren Freund, weil er zu lernen gibt!)

Natürlich ist mit diesen Hinweisen nicht eine ständige Selbstbeobachtung und Dauerreflexion gefordert; Anlässe werden sich immer wieder einmal von selbst ergeben.

Exkurs: Die Entwicklung der Bibel als Wachstum wahrnehmen

Die Metapher des Wachsens ist nach meiner Erfahrung besonders fruchtbar, um Entwicklungsprozesse zu verstehen. Das gilt für die Beziehung zu Kindern (»Erziehung«) im Besonderen, bietet sich aber auch im Blick auf Veränderungen und Entwicklungen an, wenn es um den eigenen Weg zur biblischen Überlieferung geht.

Es ist interessant, dass Jesus das Wort, den Zugang zu ihm und das Leben mit ihm immer wieder in der Symbolik des Wachsens beschreibt. Das bedeutet: Wachsen ist etwas Lebendiges; hier gibt es nicht die Rechnung »richtig« oder »falsch«, eine »reine Lehre« oder die »Abspaltung« von dieser (= »Ketzerei«). Was »Kraut« ist, was »Unkraut«, unterscheiden nicht wir, sondern »der Herr der Ernte«.

Wachsen bedeutet auch absterben; Wachsen ist nie fertig! Auch der jahrhundertealte Ölbaum hört nicht auf zu wachsen; und was abgestorben ist, gibt dem Neuen Lebenskraft.

Niemand muss im Stillstand erstarren. Wachsen – dazu gehört zunehmend die Fähigkeit, auch kleine, unscheinbare Veränderungen als Wachstum wahrzunehmen. Es bedeutet auch, das, was wie Verwachsungen oder Wildwuchs aussieht, zu akzeptieren, das Unerwartete, vielleicht Störende als Gedeihen anzuerkennen. Und schließlich: Wachsen bringt den Gedanken hervor, dass auch Vergänglichkeit dazu gehört, dass man gelassen annehmen und auch loslassen kann.

Wachsen bedeutet auch: Absage an die scheinbare Planbarkeit von Allem; Wachsen ist ein Plädoyer für Spontaneität.

Wichtig dabei ist diese Differenzierung:
- »Natürliches, organisches Wachsen«, das sich an der Natur orientiert. Dies Wachsen braucht Zeit und Eigendynamik. Es bringt »Frucht«, das meint nachhaltige Wirkung. Davon zu unterscheiden ist:
- Hergestelltes Wachstum. Es handelt sich um technisches Wachsen; das deutlichste Beispiel ist das so genannte Wirtschaftswachstum. Dies kann man angeblich organisieren und methodisch optimieren, z.B. in einem »Wachstumsbeschleunigungsgesetz«. Das meint den herstellbaren (und präzise messbaren) Fortschritt von wirtschaftlicher Produktion und monetärem Wohlstand. Dieses »Wachstum« bringt keine »Frucht«, sondern Gewinn; es ist nicht nachhaltig, sondern muss immer wieder befeuert werden. Dabei ist die Zeit optimal zu nutzen, denn: »time is money«!

Diese zweite Sicht scheint heute zu dominieren, doch wächst das Unbehagen. Es ist in diesem Zusammenhang von Interesse, dass Alternativen beschrieben (und teilweise praktiziert) werden, z.B. als Fortschritt von Glück ... Ein Beispiel aus jüngster Zeit ist der christliche Alternativkreis »Anders wachsen« (www.anders-wachsen.de).

4. »Glücklich die Armen« – sind wir die richtige Adresse für das Evangelium?

Ein letzter Gedanke – ich habe ihn bis zum Schluss vor mir hergeschoben, weil ich ihm gern aus dem Weg gehe.

Es geht um die Frage: Ist das Evangelium bei uns an der richtigen Adresse? Diese Frage zielt ins Zentrum der kritischen Fragen an den Bibelgebrauch in unserem Lebensbereich. Sie ist im Zusammenhang mit der Erneuerung der Bibellektüre in den Gemeinden der sogenannten Dritten Welt aufgekommen. Dort beginnt die biblische Überlieferung neu zu sprechen, weil ihre Leser eben die Armen und Entrechteten sind, an die die Heilsbotschaft der Befreiung und des Neuen Lebens gerichtet ist; sie sind offensichtlich die Adressaten des Evangeliums, wie es im Ersten und Neuen Testament überliefert ist. Und wer sind wir?

Die Auseinandersetzung um diese Frage ist noch ganz am Anfang. Ebenso unmissverständlich wie radikal hat der Theologe Ottmar Fuchs seine Antwort formuliert (Fuchs 1983, 413ff): »Wir sind ... innerhalb dieser so genannten Ersten Welt die Reichen, Mächtigen und die Ausbeuter im globalen strukturellen Vergleich mit den meisten und größten Völkern der Erde. Wir brauchen uns ... nicht einzubilden, wir seien alle ›irgendwie‹ auch arm: psychisch ... und geistig ... Wer in der Villa sitzt ist niemals arm, auch wenn er noch so viele Neurosen hat.« (Fuchs 1983, 420) Damit ist es den europäischen Bibellesern verboten, sich ohne weiteres als Empfänger der Frohen Botschaft anzusehen; sie trifft sie vielmehr als prophetische Kritik und als Ruf zur radikalen realen Umkehr aus ungerechten Lebensverhältnissen.

Auch wer die Frage nach den Adressaten der biblischen Botschaft so radikal nicht beantworten mag, wird ihr nicht ausweichen können. Wo sie verdrängt wird, bleibt die Bibel stumm – vielleicht sind wir hier auf den tiefsten Grund der Bibelkrise gestoßen: Wenn sie bei uns, den immer wieder gedankenlosen und damit unbußfertigen Reichen, nicht als Bußruf gehört wird, ist sie an der falschen Adresse: Ihre Botschaft ist unzustellbar geworden.

Kapitel 3
Das Wort auf dem Weg

1. Die biblische Sprache: Sprache der Zuwendung

In Kapitel 2 war die Rede von Hemmnissen und Barrieren, die den eigenständigen Weg zur biblischen Überlieferung verstellen ... und von den Möglichkeiten, den Weg frei zu bekommen.

Nun ist zu fragen, wie ich mich einem Text so nähern kann, dass er sich erschließt. Ich kann ihn »neutral« als historisches Dokument interpretieren. Dann wird er fern bleiben. Ich kann ihn respektvoll restaurieren, konservieren und kommentieren. Dann wird er stumm bleiben. Ich kann mich seiner auch mit dem Anspruch bemächtigen, ihn durch geeignete Methoden vollständig zu »erklären« und damit verfügbar zu machen.

Sinnvoller ist es, die biblischen Texte nach ihren eigenen Aussageabsichten zu befragen. Denn: Verstehen bedeutet, die Aussageabsichten des Gegenstands zu berücksichtigen. In meiner Sicht werden diese treffend mit dem Stichwort »performativ« erfasst. – Was ist damit gemeint?

Ich nähere mich dem Thema durch eine kleine Anekdote über das Gespräch eines Paares: Er: »Ich liebe Dich!« Sie: »Ich nehme das zur Kenntnis«. (Das Beispiel verdanke ich Gerhard Lohfink [Lohfink, 1993, 36f].) Was ist passiert? Hier zeigt sich die Vermischung von zwei Sprechformen, die der englische Philosoph John L. Austin so differenzierte:

- Konstatierende Rede: Sie stellt Sachverhalte fest: Heute ist Samstag, 21.9.
- Performative Rede: Sie ist immer auf Beziehungen bezogen, spricht dem anderen etwas zu, schafft Wirklichkeit: »Ich liebe Dich«. In der performativen Sprache sagt der Sprecher immer auch etwas über sich selbst, sie ist die Sprache der Zuwendung – und in dem Beispiel auch die Sprache des Bekenntnisses.

Die Komik in der Anekdote kommt dadurch zustande, dass beide Ebenen sich vermischen. Es gibt Inhalte, die man nicht in konstatierende Sprache fassen kann, eben alles, was mit persönlichen Erfahrungen und Gefühlen zu tun hat. Hier ist die performative Sprache nötig; ihre Formen sind das Symbol, das Bekenntnis, die Erzählung, die Dichtung.

Es ist leicht zu sehen, dass die Bibel von dieser performativen, beziehungsgesättigten Sprache geprägt ist. Sie versteht sich als betreffende Rede. Immer ist sie darauf aus, den Hörer/Leser in seiner jeweiligen Zeit und Lebenssituation anzusprechen. Gelegentlich wird das explizit ausgesprochen: »Heute« schließt JHWH mit Israel den Sinai-Bund – erklärt das Deuteronomium, das im 7. Jahrhundert v.Chr. entstand (Dtn 26,16ff) – oder

Jesus bezeugt in seiner »Antrittspredigt«, dass »heute« die Schrift erfüllt sei (Lk 4,21). Die sprachliche Ausformulierung der biblischen Überlieferung als An-Rede begegnet auf Schritt und Tritt. Aber auch da, wo solche Merkmale fehlen, ist die Bibel als Zuspruch und Anspruch zu verstehen: Die Erzählungen verwickeln den Leser/Hörer in das Geschehen; die Psalmen geben ihm Sprache zum Bedenken von Leben und Glauben vor Gott; die Propheten und die Reden Jesu stoßen kritische Reflexion und Veränderung an. Die biblischen Texte sind immer schon auf dem Weg zum Menschen. Wenn wir bei der in Kapitel 2 gewählten Symbolik bleiben: **Die Bibel kommt denen, die nach ihr suchen, immer schon entgegen.**

Übrigens: Hier zeigt sich noch einmal deutlich die Unsinnigkeit des Wunsches, die Bibel als ein Buch voller »wahrer« Tatsachenberichte zu verstehen – also als »konstatierende Rede« –, wie es in evangelikalen Kreisen geschieht.

Die biblische Rede verschmilzt Vergangenheit, Gegenwart und Zukunft. Das zeigt sich besonders gut in der Sprache des Ersten Testaments, der Hebräischen Bibel. Dort sind die Zeitformen der Verben nicht so eindeutig festgelegt wie im Deutschen. So kann man beispielsweise den berühmten Psalm 126 übersetzen: »Als der Herr die Gefangenen Israels erlöste …« oder »Wenn der Herr die Gefangenen Israels erlösen wird …«

Hier wird die Erinnerung zum starken Grund der Hoffnung. Oder die Pessachfeier: Jeder soll so dabei sein, als sei er selbst in Ägypten dabei gewesen; aber auch: »Jetzt noch in der Sklaverei, aber nächstes Jahr in Jerusalem …«

2. Die Überlieferung ist unterwegs – Vier Wege der Überlieferung in die Welt

Die biblische Überlieferung ist schon immer auf dem Weg – mit ihrer Sprache der Zuwendung. An vier Aspekten will ich zeigen, wie ich den Kurs der biblischen Überlieferung in die Gegenwart ausmache. Ich teile ihn in vier **Wege** auf. Gleichzeitig ist zu fragen: Sind die, die sich heute um ein eigen-sinniges Verständnis der Überlieferung kümmern, zum **Empfang** bereit? Es versteht sich fast von selbst, dass hier an erster Stelle nicht nach Interpretationsmethoden zu suchen ist … diese sind auch nötig. Aber zunächst ist zu bedenken, in welchem Geist wir die biblische Überlieferung erwarten. Erst dann können die **Methoden** zum Zug kommen.

Die vier folgenden Abschnitte sind daher so aufgebaut: Der Beschreibung des biblischen Wegs (1) folgt jeweils die Reflexion der adäquaten Einstellung (2). Am Schluss eines jeden Abschnitts nenne ich kurz die Erschließungsmethoden, die passen könnten. Dabei ist die Verbindung selten eindeutig; bestimmte Methoden werden den biblischen Wegen daher mehrfach zugeordnet (3). Die Methoden werde ich hier nur benennen. Im nächsten Kapitel werde ich sie näher beschreiben und anhand des Textes Gen 3 konkretisieren.

2.1 Der erste Weg: Die Bibel bringt ihre Sache in einer Sprache auf den Weg, die die »Grenzen eindimensionalen Denkens« überschreitet

2.1.1 Der Weg

Diese Formulierung von Hans Stock (Stock, 1981, 27) unterstreicht die besondere Eigenart der biblischen Sprache. Sie schwingt in mehreren Dimensionen der Wirklichkeit und spricht die Erfahrung des Lesers/Hörers auf verschiedenen Ebenen elementar und ganzheitlich an. Damit befähigt sie zu einer tieferen und intensiveren Wahrnehmung der eigenen Existenz. Hier zeigt sich wieder, dass alle Versuche, die biblische Überlieferung in Begriffen und Lehrsätzen zu fixieren, ihrem Selbstverständnis und ihrer sprachlichen Eigenart nicht gerecht werden können.

Ich will die Kraft der biblischen Sprache an drei Beispielen charakterisieren:

- *Die lebhafte, erfahrungsgesättigte Sprache der Psalmen*

  Die Psalmsänger, die Beter breiten ihr Leben, ihre Freude, ihre Ängste vor Gott und der Gemeinde aus. Sie jubeln, sie danken, sie schreien und klagen ... und manchmal klagen sie auch Gott an: *»Nimm deine Rechte aus dem Gewand und mach ein Ende!«* (Ps 74,10f) heißt es; salopp in heutiger Sprache: *»Nimm endlich die Hand aus der Hosentasche und tu was!«* Darf man so über Gott, so mit Gott reden?

  Tu es einfach, sagen die Psalmsänger ... es gehört für mich zum Faszinierendsten an den Psalmen, dass sie ohne Bedenken die gewohnten Grenzen der dogmatischen Gotteslehre, ja, der Ergebenheit leidenschaftlich einreißen.

  Diese Leidenschaft spricht den heutigen Hörer oder die Leserin unmittelbar an. Sie gibt den Gefühlen Sprache. Dies ist besonders wichtig in einer Zeit, in der das Übermaß des Leidens die Menschen stumpf und stumm macht.

- *Die Wirkungskraft der Symbole*

  Die biblische Sprache ist gesättigt von Symbolen: Die Erschaffung des Menschen aus Erde – der Baum des Lebens – die reißenden Tiere (Ps 22) – der gute Hirte (Ps 23; Lk 15; Joh 10) – das Brot – das Wasser des Lebens ... diese Bilder müssen in ihrer Tiefenstruktur aufgenommen werden, in die nicht-kognitiven Schichten der Person einsickern, sagen, was rational nicht zu fassen ist.

  Besonders hervorzuheben sind die symbolischen Handlungen. Jeremia kauft einen Krug und zerschlägt ihn öffentlich: So wird JHWH Israel zerschlagen (Jer 19); oder er läuft mit einem Ochsenjoch auf dem Nacken herum, damit jeder sehen kann: So kommt Israel unter das Joch der Babylonier (Jer 28). Oder Hosea heiratet eine Prostituierte, damit öffentlich wird: Israel hat sich von fremden Herren kaufen lassen und ist JHWH untreu geworden (Hos 1). – Auch die Gastmähler Jesu mit den Deklassierten sind wohl als Symbolhandlungen zu sehen: So werden die Übersehenen und Ausgegrenzten am eschatologischen Freudenmahl des Messias teilnehmen.

  Um noch einmal die Psalmen zu nennen: Sie sind ja nichts anderes als Inszenierungen sinnenhaften Glaubens: Der Beter klagt, schreit, liegt am Boden. Er feiert das Dankopfer mit seinen Freunden, es wird gegessen, getrunken, gesungen, getanzt. Auch Jesus spricht oft in Symbolen. Ich erinnere nur an die großartige Symbolwelt des Wachsens, mit der er den Zugang zu ihm und seiner Sache beschreibt (→ Exkurs »Wachstum« in Kapitel 2).

Diese Symbole sind nicht beliebig gewählt und austauschbar, sondern sie sind Ur-Bilder, die typische Grunderfahrungen ins Bild setzen und formen. Wie erschließen sich diese Bilder?

Sicher ist die rationale Erklärung oder historische Einordnung kaum geeignet, um einen Zugang zu den Grunderfahrungen zu finden. Sie sprechen in der Tiefenschicht der Gefühle an und kommen dort zur Wirkung. Um bei dem besprochenen Beispiel zu bleiben: »Wachstum« ist etwas anderes als »Fortschritt«: Wer wächst, kann eine Kraft in sich spüren, die die eigenen – oft begrenzten – Kräfte und Fähigkeiten übersteigt.

- *Die christliche Gemeinde ist eine Erzählgemeinschaft*
Die Bibel ist zwar im Ganzen keine Erzählung, aber die wichtigsten Überlieferungen werden erzählt; darum spricht man auch von einer »narrativen« (= erzählenden) Grundstruktur der biblischen Überlieferung. Die christliche Gemeinde lebt von dem, was im Ersten und im Neuen Testament erzählt wird. Man könnte – mit dem Philosophen Wilhelm Schapp – sagen: Sie schwimmt »in einem Meer von Geschichten«; denn sie zeigen sich als Ergebnis immer neuer Erfahrungen. Wie von selbst wird der Leser/Hörer in dieses faszinierende Spiel hinein »verstrickt« (Schapp), wird eingeladen, die Erfahrungswelt der biblischen Erzähler in sich aufzunehmen und weiterzuführen (Schapp, 2012).

2.1.2 Der Empfang

Wie können heutige Leserinnen, heutige Hörer dieser Eigenart der biblischen Überlieferung in ihrer elementaren, ganzheitlichen Sprache gerecht werden?

Hier ist noch einmal der »Anfängergeist« zu nennen. Es kommt darauf an, sich einem biblischen Text in der Haltung dessen zu nähern, der einem Gesprächspartner aufmerksam zuhört. Diese Haltung kann u.a. unterstützt werden durch:

- *Verlangsamung.* Nicht die heute monopolhaft propagierte Beschleunigung ist produktiv, sondern die Verlangsamung ... im Sinne der geduldigen, aufmerksamen Annäherung. Dies wird heute im Blick auf den Umgang mit Literatur und Kunst, aber auch im Blick auf schulische Lernprozesse gefordert. Langsames Lesen in einer Gruppe – mit Atem- und Denkpausen – kann die Annäherung vertiefen.
- *Lebensgeschichtliche Ortung.* Ein wichtiger Grundsatz der erfahrungsbezogenen Auslegung biblischer Tradition ist, Texte nicht als Objekte zu betrachten, die man »bearbeiten« kann, sondern als Partner in einem Dialog. Es wird vorgeschlagen, sich einen Text ganz real als eine Person vorzustellen, die mir gegenüber sitzt, die ich ansprechen kann, z.B.:
  - »Du machst mir Angst, weil ...«
  - »du tröstest mich, weil ...«
  - »du langweilst mich, weil ...«
  - »du bist mir schon einmal begegnet, als ...«
  - »ich hätte dich gebraucht, als ...«
  - »ich hätte dich überhaupt nicht brauchen können, als ...«

Leichte Sprache. Das Projekt »Leichte Sprache« entstand aus der Notwendigkeit, Menschen mit Lernschwierigkeiten komplizierte Texte zugänglich zu machen, z.B. amtliche Verlautbarungen (www.bmas.de/DE/Leichte-Sprache). Die »leichte Sprache« wird seit einigen Jahren auch im Blick auf die Wiedergabe von Bibeltexten eingesetzt. Näheres in Kapitel 11. Gerade die Lektüre eines Textes in Leichter Sprache kann den »Anfängergeist« beleben; der Vergleich mit einer der bekannten Übersetzungen wird Fragen und Gespräche auslösen.

- *Gute Erzählbücher lesen.* Ähnliche Anregungen kann man sich von der Lektüre einer biblischen Erzählung in einem guten Erzählbuch versprechen.
Ich nenne exemplarisch: Eykmann/Boumann, Die Bibel erzählt. Und: Geschichten zur Bibel. – Diese Erzählungen zeichnen sich u.a. dadurch aus, dass sie den Bibeltexten ihr Geheimnis lassen und vordergründige begriffliche und lehrhafte Fokussierungen vermeiden. – Auch hier kann der Vergleich mit einer Übersetzung gewohnte Sichtweisen in Frage stellen und neue Zugänge eröffnen.

Elementare Verstehensweisen, Leichte Sprache, Anfängergeist ... das sind Stichworte, die die Frage nach der Kompetenz derer aufwerfen, die sich um das eigen-sinnige Verständnis der Bibel bemühen. Ich bespreche sie unter dem Stichwort »Kompetenz des Laien«.

Exkurs: Zur Kompetenz der »Laien«

Schon im Vorwort hatte ich darauf hingewiesen, dass theologisch-akademisch nicht vorgebildete Leserinnen und Hörer der Bibel oft als »Laien« bezeichnet werden. Sie gelten als »Adressaten« oder »Empfänger« des Evangeliums ... oder müsste es heißen: Konsumenten? Interpretation der biblischen Überlieferung und Verkündigung sind Sache der Amtsträger bzw. Experten. Sie bestimmen die Sichtweisen auf die Bibel. Da sind zunächst die **Amtsträger** – auch geprägt durch vorgegebene dogmatische und/oder kirchliche Setzungen. Die **Experten** vertreten die wissenschaftliche Auslegung der biblischen Überlieferung. Die Bibelwissenschaft vesucht, mit immer differenzierteren Methoden den Abstand zwischen Vergangenheit und Gegenwart zu überbrücken, indem sie sich bemüht, den »historischen Sinn« eines Textes zu ermitteln. Durch »Sinnentnahme« könne dann die Bedeutung des Textes für heutige Leser sichtbar werden. – Dieses Auslegungskonzept bezeichnet man als »Historisch-Kritische Forschung«. Was bringt sie in den Verstehensprozess ein? Sie bemüht sich, einen Text sachlich und sprachlich stimmig zu erklären. Das ist notwendig. Aber die wissenschaftliche Exegese hat in meiner Sicht nicht mehr, wie bisher selbstverständlich, das erste und das letzte Wort im Prozess des Verstehens. Sie stellt inhaltliche Informationen bereit und achtet darauf, dass der Text nicht vorschnell in Anspruch genommen wird, sondern seine Eigenständigkeit bewahrt ... aber das muss noch einmal genauer besprochen werden (vgl. Kapitel 5: »Historisch-Kritische Auslegung«).
Diese und andere »Barrieren« habe ich in Kapitel 2 vorgestellt und kritisch analysiert. Ich gehe davon aus, dass alle, die heute bereit sind, biblischen Texten erfahrungsbezogen zu begegnen, nicht länger Objekte der Unterweisung, sondern Subjekte der Interpretation sind. Damit wird die »Schreibtischhermeneutik« der Experten nicht überflüssig; sie ist durch eine »Erfahrungs-

hermeneutik« zu ergänzen und erhält einen anderen Stellenwert. Wie ist nun ihr Verhältnis zu bestimmen? Was bringt der Laie in die Auslegung ein?

Er kann die Fachkompetenz des Theologen nicht ersetzen; aber »in der theologischen Sache ..., die heute zu eruieren und zu befragen ist, verfügt er über eine ihm eigene und durch den Theologen nicht zu ersetzende Fachkompetenz« ... nämlich im Blick auf Glauben und Erfahrung. So der Schweizer Bibeltheologe Theophil Vogt (1985, 23). Diese Kompetenz betrifft *einmal* die Tüchtigkeit, das eigene Leben kritisch zu reflektieren und Erfahrungen zu verarbeiten. Sie betrifft *aber auch* die Bereitschaft und die Fähigkeit, die Überlieferung auf ihren Erfahrungsgehalt hin zu befragen. Bei der erfahrungsbezogenen Auslegung der Texte und bei der Transformation ihrer Wahrheit in die Gegenwart ist diese Kompetenz unentbehrlich.

Die Laien bringen den »Anfängergeist« produktiv in die Auslegung ein – sofern sie sich nicht durch die Experten und Amtsträger einschüchtern lassen. Und sie stehen für rückhaltloses Aussprechen von Kritik und Vorbehalten im Blick auf biblische Texte – sofern sie sich nicht durch die kirchlich festgeschriebene unantastbare »Heiligkeit« der Schrift entmutigen lassen. Insgesamt komme ich zu der Einschätzung: Die historisch-kritische Exegese hat die Funktion einer Hilfswissenschaft für das elementare Auslegungsgespräch. Übrigens: Gerade auch Bibelleser, die professionell mit der Überlieferung umgehen wie Exegeten, Pfarrer, Lehrer können vom »Anfängergeist« profitieren. Er lässt den gewohnten Umgang mit dem Text als »Gegenstand« nicht mehr zu, sondern stellt ihn als Gegenüber vor, das unbequeme Fragen aufwirft, ein Ausweichen in gewohnte Denkmuster versperrt und alle Sinne anspricht.

2.1.3 Zugeordnete Auslegungsmethoden

Interaktionale Auslegung (S. 143ff)
Lateinamerikanische Auslegung (S. 192ff)
Auslegung durch Verfremdung (S. 156ff)

2.2 Der zweite Weg:
Die Bibel bringt ihre Sache geschichtlich-konkret zur Sprache

2.2.1 Der Weg

Die Überlieferungen des Ersten und Neuen Testaments künden keine übergeschichtlichen Wahrheiten in abstrakten Sätzen, sondern sprechen immer in konkrete Situationen. Das führt einerseits zu einer historischen Bedingtheit der Texte: Sie sind aus dem Kontext ihrer jeweiligen Geschichte heraus zu verstehen. Es kommt zu unterschiedlichen, ja widersprüchlichen Sichtweisen auf die gleichen Gegenstände, wie Texte aus dem Pentateuch (1. – 5. Mose) oder den synoptischen Evangelien aufs deutlichste belegen. Sie sperren sich gegen eine Harmonisierung oder Systematisierung, was bei Bibellesern immer wieder Verunsicherung und Abwehr auslöst. – Andererseits bewirkt die Geschichtlichkeit der Überlieferung eine starke Lebensbeziehung und Verbindlichkeit. Das gilt nicht nur für die historische Situation der Textproduktion, sondern auch für die heutige

Rezeption. Erst geschichtlich situierte, »konkrete Wahrheit« macht betroffen, kann heute wieder verbindlich zur Sprache kommen.

Es ist vor allem wichtig, dass Erfahrung nicht erst ins Spiel kommt, wenn die (Historisch-Kritische) Exegese abgeschlossen ist. Erfahrung muss schon im Blick auf die Entstehung eines Textes bedacht werden ... dieser Grundgedanke kam schon mehrfach zur Sprache.

Es geht darum, die geschichtliche Situation, in der ein Text entstanden ist (Ursprungssituation), möglichst deutlich zu erfassen und als Bedingung für seine Produktion zu verstehen. Dabei ist vorausgesetzt, dass nicht die Geistes- oder Glaubensgeschichte allein oder in erster Linie maßgebend ist, sondern dass die realen Lebensverhältnisse die Entstehung und Gestaltung grundlegend beeinflusst haben. Anders formuliert: Es geht darum, die Erfahrungen, die in einer »Sprechsituation« wichtig waren und zu einer Auseinandersetzung drängten, zu rekonstruieren und die damals entstandenen Texte als Antworten auf diese Erfahrungen, Probleme und Konflikte hin zu interpretieren. Die Frage nach der Erfahrung wird also zunächst einmal deutlich vom heutigen Hörer/Leser weg in den Text bzw. seine Umwelt verlagert. Der Verstehensprozess lebt von der Grundannahme, dass die Erfahrungen in der Ursprungssituation des Textes und in der heutigen Rezeptionssituation gleiche Strukturen aufweisen und damit auch vergleichbar sind. Die für die Beschreibung einer geschichtlichen Ursprungssituation nötigen Informationen sind in der Regel den Texten nicht direkt zu entnehmen, sondern müssen aus verschiedenen historischen Quellen erschlossen werden. Charakteristisch für das methodische Vorgehen ist, dass die Untersuchung nicht beim Einzeltext einsetzt, sondern in einem *ersten Schritt* nach Anlässen in der Geschichte Israels und des Urchristentums fragt, in denen besonders kräftige Aktivitäten der Textproduktion zu beobachten sind (z.B. das babylonische Exil als Sprechzeit für die »Priesterschrift«; das 8./9. Jahrzehnt n.Chr. als Entstehungszeit der synoptischen Evangelien). – In einem *zweiten Schritt* erschließt der Exeget Sprechzeiten als »ursprungsgeschichtliche Felder«. Er untersucht, welche Zustände, Entwicklungen oder Konflikte einen Autor in seinen Lebensverhältnissen zur Textproduktion angeregt, welche Ziele ihn geleitet haben könnten. – Erst in einem *dritten Schritt* geht es dann um die ursprungsgeschichtliche Untersuchung eines Bibeltextes, d.h. die Analyse seiner Funktion als »Antworttext«, als Auseinandersetzung mit der »Provokation der Situation« (H.J. Kraus – Nähere Informationen zu dieser Ursprungsgeschichtlichen Auslegung in Kapitel 14).

Bisher ging es um die Erschließung historischer Situationen als Sprechanlässe. Aber die lebensgeschichtliche Situation von Einzelnen oder Gruppen ist in der biblischen Überlieferung ebenfalls als Anlass zum Sprechen deutlich erkennbar. Auch der Einzelne lebt in diesen intensiven Erinnerungen an die Zuwendungen Gottes. Und er erfährt schmerzhaft, dass ihm diese brutal verweigert und geraubt werden. Die Psalmen, vor allem die Klagelieder, sind bewegende Beispiele, wie ein Mensch seine Not weinend und protestierend herausschreit und nach Erlösung sucht.

Auch in den Evangelien wird immer wieder von Situationen berichtet, in denen Jesus zum Sprechen provoziert wurde. Ich denke an die so genannten Rahmengeschichten zu den Gleichnissen, z.B. die so genannten »Verlorenen-Gleichnisse« als Antwort auf die Vorwürfe seiner Gegner, er lasse sich mit »Gesindel« ein (Lk 15). An diesem Beispiel lässt sich ein Aspekt zeigen, der in der Auslegung zu berücksichtigen ist: Der heutige Leser hat keinen direkten Zugang zu der Zeit, über die berichtet wird; ich nenne sie »erzählte Zeit«. Er ist auf den Erzähler, den Autor angewiesen, der sich in seiner Zeit, in seiner (lebens-)geschichtlichen Situation äußert; ich bezeichne sie als Produktionssituation. Diese Zeit des Erzählers, des Autors ist im biblischen Bereich meistens nicht identisch mit der »erzählten Zeit«. Im Fall der Jesus-Überlieferung beispielsweise liegen zwischen erzähler Zeit (Praxis und Geschichte Jesu) und dem ältesten Evangelium (Markus) etwa 40 Jahre. – Im Blick auf den Kontext I haben wir es mit der Zeit des Erzählers (Autors) zu tun, also mit der Produktionssituation.

So gibt das kontextorientierte Verständnis der biblischen Überlieferung der heutigen Leserin, dem heutigen Hörer ein wirksames Instrument zum erfahrungsbezogenen Verstehen an die Hand; denn es geht der Spur nach, die das Wort auf seinem Weg zu uns vorzeichnet.

Exkurs: Der Kontext

Besonders ergiebig scheinen in diesem Zusammenhang Überlegungen zu sein, die der französische Theologe Georges Casalis vorgelegt hat. Er unterscheidet:

- die konzeptuelle Theologie; sie geht von »ewigen Wahrheiten« aus und arbeitet deduktiv, d.h. sie leitet aus diesen dogmatischen Sätzen einzelne Gedanken und Anweisungen ab;
- die kontextuelle Theologie; sie geht von der Analyse konkreter Situationen aus und arbeitet induktiv, d.h. sie versucht, aus Erfahrungen zu übergreifenden Einsichten zu gelangen. Diese Analyse ist kein theoretischer, abstrakt-akademischer Prozess, sondern erfolgt aus der Situation leidender Betroffenheit und solidarischer Teilnahme mit dem Interesse grundlegender Veränderung inhumaner und damit gottloser Verhältnisse (Casalis, 1980, 41ff).

Ich versuche, dies im Blick auf die Entstehung und die Weitergabe biblischer Texte zu konkretisieren. In der Produktionssituation (Ursprungssituation) eines biblischen Textes sind drei Größen wirksam:

- *Zeuge*: damit ist die Person gemeint, die eine Glaubenserfahrung in ihrer Zeit zur Sprache bringt;
- *Situation*: die sozialgeschichtliche oder lebensgeschichtliche Konstellation zur Zeit des Zeugen;
- geschriebenes Wort: *Text*.

Was ist zu dem »**Zeugen**« zu sagen, also dem »**Autor**«?

Der Zeuge ist Gott und seiner Sache *intensiv verbunden*, ganz gleich, ob sich dies in einer besonderen Berufungserfahrung spiegelt oder nicht.

Die »Sache Gottes« ist ihm in der *Erinnerung* an den Gott gegenwärtig, der seine Menschen beschenkt, der sich ihnen zuwendet. Ich habe versucht, diese Zuwendungen in den »Grundbescheiden« zu benennen:

- Schöpfung, Leben
- Gemeinschaft, Kommunität
- Leiden und Leidenschaft

- Freiheit
- Geist
- Gottesherrschaft, Schalom.

Dies sind die Grundlagen des Lebens, das Gott den Menschen zugedacht und zugeeignet hat; man könnte auch sagen: es sind die Merkmale der Gott-Ebenbildlichkeit. Die Zuwendungen Gottes gelten grundsätzlich **allen Menschen**.

Die intensive Ausrichtung an der Erinnerung führt dazu, dass der Zeuge seine **Situation** unter einer kritischen Perspektive gleichsam mit den Augen Gottes wahrnimmt: Er »sieht« – wie es von Gott selbst erzählt wird – das Elend derer, denen die Befreiung vorenthalten wird; er »hört« – wie die Bibel von Gott selbst bezeugt – aus dem Mund der Ausgegrenzten den Schrei nach Gemeinschaft. Er erkennt: In der täglichen Lebenspraxis stehen die Lebensgrundlagen des Lebens auf dem Spiel, das Gott allen Menschen zugeeignet hat.

So zeigen sich für den Zeugen im Licht der Erinnerung an die Zuwendungen Gottes (vgl. die »Grundbescheide«) in seiner Situation »*Dringlichkeiten*«, die ihn jetzt zum Sprechen nötigen. Ein **Text** entsteht. Die Entstehungssituation nenne ich »Kontext I«.

In diesen Prozessen ist deutlich erkennbar, dass »verstehen« viel mehr meint als ein unbeteiligtes Zur-Kenntnis-Nehmen oder eine distanzierte kognitive Analyse. »Verstehen« bedeutet: Den Text wirken lassen; vielleicht auch: Den Text »erkennen« (in der biblischen Sprache zeigt »erkennen« auch eine Liebesbeziehung an!).

Viele Texte haben innerhalb der biblischen Überlieferung weitere Aktualisierungen und Umformungen erfahren (z.B. Texte aus den Büchern Exodus bis Numeri wurden im Deuteronomium in einer veränderten »Ursprungssituation« neu verarbeitet; oder die ersten drei (»synoptischen«) Evangelien spiegeln vielschichtige Überlieferungen in unterschiedlichen Kontexten wider.

Und auch außerhalb der Bibel sind ihre Texte im Lauf der Jahrhunderte immer wieder in veränderten »Verwendungssituationen« interpretiert und in Literatur, Musik und Bildender Kunst neu gefasst worden. Diese Prozesse werden als »Wirkungsgeschichte« bezeichnet (Kapitel 6).

Schließlich kommt der Text in der Gegenwart an. Auch beim heutigen Rezeptionsprozess ist davon auszugehen, dass eine bestimmte »Provokation der Situation« die Überlieferung zum Sprechen bringt. Dies kann als »Kontext II« verstanden werden. Daraus ergibt sich: **Auslegung ist letztlich Kontextverschmelzung.**

2.2.2 Der Empfang

Das kontextorientierte Verständnis der biblischen Überlieferung gibt der heutigen Leserin, dem heutigen Hörer ein wirksames Instrument zum erfahrungsbezogenen Verstehen an die Hand; denn es geht der Spur nach, die das Wort auf seinem Weg zu uns vorzeichnet.

Allerdings ist nicht gemeint, dass nun fertige Lösungen für alle Schwierigkeiten unserer Zeit bereit liegen. Vielmehr kommt es darauf an, im Licht der Überlieferung die heutige Situation zu betrachten. Das kann im sozialen Kontext bedeuten:

- Wo wird heute der gute Lebensraum **für alle** gefährdet oder zerstört? (Oder muss man radikaler fragen: Wo wird er nicht zerstört?)
- Wo wird die Gabe des guten Lebens **für alle** in Frage gestellt und verletzt? Ich denke an die Flüchtlinge.

- Wo verleugnet der Mensch seine Aufgaben als Geschöpf (»bebauen und bewahren«) und maßt sich die Rolle des Schöpfers an? (z.B. in der grenzenlosen Machbarkeitsideologie der Genmanipulation …)

So verhält es sich auch mit den anderen Zuwendungen Gottes, wie ich sie exemplarisch in den »Grundbescheiden« benannt habe.

Wer ist heute »**Zeuge**« oder »**Zeugin**«? Es sind Einzelne oder auch Gruppen, die das Wort »verstehen«, es in seiner Absicht wirken lassen. Sie werden im Licht des Worts die persönliche und die gesellschaftliche Situation (»Kontext«) beleuchten und »Dringlichkeiten« erkennen, wo die Zuwendungen Gottes für alle Menschen eingeschränkt oder verletzt werden. – Sänger und Poeten, Maler und Schriftsteller, Prediger und Interpreten, bewusst für andere Lebende und engagierte Gruppen … sie alle können heute »Zeugen« sein, die die Überlieferung wirkungsgerecht neu zur Sprache bringen. Wer heute die biblische Überlieferung als »Zeuge« entdecken will, wird die Gaben Gottes im Auge haben (im Sinne der »Grundbescheide«) und die Aufgaben wahrnehmen, die daran haften (vgl. die Ausführungen zu »Gift and Call in Kapitel 1, Abschnitt 4.4, S. 36ff).

2.2.3 Zugeordnete Auslegungsmethoden

Ursprungsgeschichtliche Auslegung (S. 188ff)
Wirkungsgeschichtliche Auslegung (S. 101ff)
Materialistische Auslegung (S. 190ff)
Feministische Auslegung (S. 114ff)
Lateinamerikanische Auslegung (S. 192ff)
Auslegung durch Verfremdung (S. 156ff)

2.3 Der dritte Weg: Die Bibel bringt ihre Sache als förderliche Deutung lebensgeschichtlicher Erfahrungen zur Sprache

2.3.1 Der Weg

Dieser Weg geht davon aus, dass Texten eine zweite, tiefere Schicht eigen ist. Diese hat in Bildern und Symbolen grundlegende Erfahrungen und Lebensvollzüge aufbewahrt, die auch heute als Kräfte zur Selbstfindung und zur Heilung von psychischen Defiziten und Beschädigungen entdeckt und freigesetzt werden können. Die Auslegung verfolgt das Interesse, biblische Überlieferung so zu erschließen, dass sie den heutigen Leser in seiner Existenz betrifft.

Ein **erster Ansatz** basiert auf der Annahme, dass die Texte des Ersten und Neuen Testaments die gleichen menschlichen Grund-Fragen thematisieren, die auch den heutigen Leser bewegen: Glück – Sorge – Angst … Rudolf Bultmann (1884–1976), einer der Hauptvertreter dieses Konzepts, bezeichnet solche Grund-Fragen als Existentialien.

Diese sind in der biblischen Überlieferung in religiösen Vorstellungen und Sprachformen verschlüsselt, wie »Himmel«, »Hölle«, »Engel«, »Sohn Gottes« … (Bultmann: »Mythen«). Damit ihr Existenzsinn sichtbar wird, ist die biblische Tradition zu »entmythologisieren«, d.h. dass die Texte nicht nach objektiv feststellbaren Vorgängen befragt werden, sondern nach ihrem Existenzverständnis und damit letztlich nach den Erfahrungen, die zur Entstehung dieser Texte führten. Dieser Ansatz wird als existentiale Interpretation bezeichnet.

Oft verbindet sich mit dem Ansatz Bultmanns das Vorurteil, er wolle alle Elemente der Bibel, die er als »Mythen« erkennt, aus den Texten entfernen. Das ist aber nicht der Fall: Bultmann will, so sagt er, die »Mythen« interpretieren, nicht eliminieren! (vgl. Kapitel 13)

Ein Beispiel: Es wird erzählt, dass Israel am Sinai ein Stierbild anbetet (»Das goldene Kalb« Ex 32). Der Stier symbolisiert den kanaanäischen Hauptgott Baal, eine Gottheit, mit der sich die Vorstellung machtvoller Stärke und Gewalt verbindet. In ihrer Tiefenschicht, also »existential interpretiert«, handelt diese Erzählung von der »Anbetung der Macht«, die zu allen Zeiten Glauben und Leben gefährdet.

Ein **zweiter Ansatz** geht ebenfalls davon aus, dass in Texten heilvolle Erfahrungen mit ganzheitlichem, integriertem Leben verschlossen sind. Diese entstanden vor allem in der Frühgeschichte der Menschheit, als die Menschen sich noch nicht in Geist und Seele gespalten hatten, und haben sich im »kollektiven Unbewussten« versammelt. Sie formieren sich in »Archetypen«, symbolischen Bildern, Mythen und auch biblischen Texten. – Dieser Schatz ist für ein heute gelingendes Leben unentbehrlich; jeder hat die Möglichkeit des Zugangs über das kollektive Unbewusste, so wie ein Tiefbrunnen unzugängliche Quellen erschließt.

Letztlich geht es um die Grunderwartung, dass das Leben dem Menschen glückt, wenn er im Gleichgewicht seiner vitalen, geistigen und seelischen Kräfte lebt und alle psychischen Strebungen in seine Person »integriert«, statt sie zu verdrängen.

Die Methoden basieren letztlich auf tiefenpsychologisch geprägten Sichtweisen. Sie orientieren sich vor allem am Denken von C.G. Jung; der bekannteste Vertreter ist wohl Eugen Drewermann. Sie gehen von der folgenden hermeneutischen Differenzierung aus: Texte geben nicht nur äußere Ereignisse (»Objektstufe«) wieder, sondern spiegeln auch Vorgänge innerhalb der Psyche (»Subjektstufe«). Beispiel: Kain und Abel sind auf der Subjektstufe nicht zwei Personen, sondern widerstrebende Persönlichkeits-Aspekte innerhalb einer Person (vgl. Kapitel 9).

2.3.2 Der Empfang

Wer die biblische Überlieferung auf diesem Weg kennen lernen will, wird an der Beschäftigung mit psychischen Fragen interessiert sein und sich etwas von der Beschäftigung mit seinen eigenen Gefühlen versprechen. Und sie/er wird davon ausgehen, dass die Zuwendungen Gottes eben auch auf diesem Feld zu finden sind: Gelingendes Leben – Befreiung – Kommunikation … haben ja viel mit psychischen Erfahrungen zu tun – mit Beschädigungen und Heilungen, Verstrickungen und Lösungen. Und wenn »glauben« zuallererst »vertrauen« meint, ist der ganze Mensch gemeint.

Man wird bei denen, die nach selbstständigen Zugängen zur Bibel suchen, meist keine spezifischen Kenntnisse auf diesem Feld voraussetzen. Es empfiehlt sich die Lektüre einer Publikation auf diesem Gebiet (etwa: Bultmann, Jesus; oder: Drewermann, Wir glauben, weil wir lieben).

Aber auch ohne ausgedehnte psychologische Vorkenntnisse kann man biblische Texte auf der Objekt- und Subjektstufe bedenken. Wo beispielsweise bei der Erzählung von der Heilung eines Gelähmten (Mk 2,1–12) nicht länger nur die vergangene Wundertat thematisiert, sondern der Text zum Gesprächsanlass darüber wird, was in uns selbst gelähmt ist und der Heilung bedarf, kommt es zu einer lebhaften Auseinandersetzung mit der Überlieferung.

Solche Übungen erheben selbstverständlich nicht den Anspruch, Methoden der wissenschaftlichen Tiefenpsychologie zu verwenden, aber sie können wichtige Anregungen und Impulse aus dieser Denkschule aufnehmen.

Ich möchte unterstreichen, dass dieser Auslegungsansatz nicht darauf zielt, Exegese durch Psychologie zu ersetzen, Glaube in intrapsychische Prozesse aufzulösen. Aber der Glaube ist darauf angewiesen, die biblische Befreiungszusage »in konkreten psychischen und politischen Wirkungen auf(zu)suchen und dar(zu)stellen. Der protestantische Theologe Jürgen Moltmann merkt an: »Psychologische Hermeneutik ist eine Interpretation, keine Reduktion« (Moltmann, Der gekreuzigte Gott, 1972, 269).

2.3.3 Zugeordnete Auslegungsmethoden

Existentiale Auslegung (S. 178ff)
Tiefenpsychologische Auslegung (S. 132ff)

2.4 Der vierte Weg: Die Bibel bringt ihre Sache gemeinschaftsbezogen zur Sprache

2.4.1 Der Weg

Die Texte des Ersten und Neuen Testaments sprechen eigentlich nie den Einzelnen an, sondern wenden sich immer an eine Gemeinschaft. Die Gemeinde ist primär der Adressat des Zuspruchs und der Ort der Antwort auf die Botschaft. Sie weist in die Gemeinschaft der vom Wort Betroffenen ein und durchstößt damit die »Grenzen selbstbezogenen Kreisens« (H. Stock). Die Gemeinde ist prinzipiell Hör- und Solidargemeinschaft, in der der Einzelne sich über den Sinn und die Tragweite der biblischen Anrede austauschen kann, in der er gegenseitige Unterstützung, Tröstung, Ermahnung und Orientierung erfährt.

Tatsächlich begegnet man in der biblischen Überlieferung der Gemeinde auf Schritt und Tritt. Einige Beispiele: Schon in der vorliterarischen Überlieferung der ersttestamentlichen Erzählstoffe ist die Familie oder Sippe als Erzähl- und Hörgemeinschaft der Geschichten von Gott anzunehmen. – Spätestens seit der vorexilischen Schriftprophetie ist die Gemeinde Adressat der Botschaft. – Und in den Psalmen ist es die im Gottesdienst versammelte Gemeinde, die klagt, lobt, die Klagen ihrer Mitglieder hört – und erhört! – mit ihnen das Dankopfer-Fest feiert ...

Nicht anders sind die Beobachtungen im Neuen Testament: Ganz selten nur redet Jesus einzelne Menschen an, meistens ist es eine Gruppe, die angesprochen wird, Zeuge von Taten Jesu ist, mit ihm ins Gespräch kommt ...

2.4.2 Der Empfang

Seit einigen Jahren ist die Gemeinde als Subjekt der Arbeit mit der Bibel neu ins Bewusstsein getreten. Die wichtigsten Anstöße kamen aus der lateinamerikanischen Relectura und der Interaktionalen Auslegung. Der in diesen Konzepten angesprochene Gemeindebezug zielt aber nicht auf eine institutionelle Bevormundung der Interpretation, sondern auf den kommunikativen Charakter des Verstehensprozesses.

Der Schweizer Bibeltheologe Theophil Vogt notiert: »Die Bibel fordert dialogisches Verstehen ... Die Gruppe stellt zeitgemäße und adäquate Gefäße zur Verfügung, in denen Erfahrungen des Glaubens, ähnlich jenen in den Texten gemachten und ausgesprochenen, neu formuliert, somit Folgerungen für den Glauben heute neu ausgehandelt und am aktuellen Lebenskontext überprüft werden können ... Die Texte können auch heute und aktuell nicht anders verstanden werden, es sei denn, dass auch sie wiederum Anlass bieten zum Erzählen, Dichten, Diskutieren und Weiterreichen heutiger Erfahrung« (Vogt, 1985, 23).

Die Gruppe versteht sich nicht als unverbindlicher Gesprächskreis; die Teilnehmer/innen können sich über den Sinn und die Tragweite der biblischen Anrede austauschen und erleben in der Interaktion gegenseitige Unterstützung, Beratung, Ermutigung.

Der Moderator der Gruppe ist nicht der Experte, der alle Antworten schon weiß, sondern er ist eher der Vor-Frager der Gruppe; jede Frage ist gleich wichtig und wird ernstgenommen. Natürlich geht es für den Leiter nicht darum, den Dummen zu spielen; aber er könnte differenzieren lernen: Bei Informationsfragen wird er nach wie vor der sachverständige Informant sein, der für Auskünfte, Beratungen und Anleitungen zur Verfügung steht. Bei existentiellen Problemen könnte er mit den Teilnehmer/innen gemeinsam immer wieder »von Anfang an« (im Sinne des »Anfängergeistes«) fragen und nach Wachstumschancen suchen. Ich selbst bin in der Ravensburger Gruppe, die ich in der Einleitung nannte, gemeinsam mit meiner Frau, die ebenfalls Theologin ist, einen Lernweg gegangen, der mich weiter führte, als jedes Theoriestudium. (Zur Bedeutung der Kommunikation und der Gesprächsgruppe vgl. auch Kapitel 2, Abschnitt 2.3. und Kapitel 16)

Ein Ansatz, der die Mündigkeit des heutigen Lesers (in der Gruppe) ernstnimmt, schließt aber auch ein, dass darauf verzichtet wird, ein einziges Verständnis eines Bibeltextes als allein maßgeblich und gültig festzustellen; die Suche nach der Botschaft eines Textes bleibt prinzipiell unabschließbar. Darüber reflektiert der Abschnitt »Keine Angst vor der Vieldeutigkeit«.

2.4.3 Zugeordnete Auslegungsmethoden

Interaktionale Auslegung (S. 143ff)
Lateinamerikanische Auslegung (S. 192f)
Linguistische Auslegung (S. 169ff)
Jüdische Auslegung (S. 128ff)

3. Keine Angst vor der Vieldeutigkeit

Das alles wird kaum gelingen, wenn Einzelne daran arbeiten – es braucht eine Gruppe Gleichgesinnter, die miteinander arbeiten, diskutieren, eigene Standpunkte finden. Dabei kommt es gewiss zu Mehrdeutigkeit und Vielsinnigkeit. Das muss nicht erschrecken. Es gehört zum Reichtum der Bibel-Arbeit, dass die Texte sich nicht in Begriffen festmachen, nicht in Eindeutigkeiten einfangen lassen. Das Bedürfnis nach Eindeutigkeit ist ja immer auch von dem Wunsch geleitet, über die Wahrheit zu verfügen, sie zu einem »Schatz« zu formen, den man weitergeben kann. Aber: Ausgehaltene Vieldeutigkeit ist nichts anderes als Respekt vor der Unverfügbarkeit des Wortes.

Die Bibel lässt sich nicht in Dienst nehmen. Besonders treffend bringt das ein Satz zum Ausdruck, den der Prophet Jeremia als einen Spruch Gottes aufgeschrieben hat:
»Ist nicht mein Wort wie Feuer und wie ein Hammer, der den Felsen zerschmettert?« (Jer 23,29)

Am besten gefällt mir der Satz im Zusammenhang mit einer Interpretation aus dem Talmud: Da heißt es: »Was geschieht, wenn der Hammer auf den Felsen aufprallt? Funken sprühen! Ein jeder Funke ist das Ergebnis des Hammerschlages auf den Felsen, aber kein Funke ist das einzige Ergebnis. So kann auch ein einziger Schriftvers viele verschiedene Lehren vermitteln« (b. Sanhedrin 34a).

Gershom Sholem bemerkt zur jüdischen Tora-Interpretation: »Es ist gerade der Reichtum an Widerspruch, der lautwerdenden Meinungen, der von der Tradition umfasst und in unbefangener Weise bejaht wird. Der Möglichkeiten, die Tora zu interpretieren, waren viele, und der Anspruch der Tradition war es gerade, alle auszuschöpfen. Sie bewahrt die widersprüchlichen Meinungen mit einem Ernst und einer Unerschrockenheit, die erstaunlich ist« (Scholem, 1970, 102).

Eindrucksvoll ist die dabei gezeigte Offenheit und Toleranz – ein Bild, von dem sich der oft lautstark geführte Disput christlicher Exegeten wunderlich kontrastierend abhebt. Die Ursache ist in der Überzeugung zu suchen, dass kein Mensch die Wahrheit für sich beanspruchen kann.

Jede Auslegung hat die Aufgabe, sich der Kraft der Überlieferung auszusetzen und – wenn möglich – ein wenig davon spürbar zu machen. Jede Annäherung an das Wort hat damit zu rechnen, dass sie keine unumstößlichen Glaubensgewissheiten proklamieren darf. Bestenfalls kann sie »Funken« aufleuchten lassen – mehr ist uns nicht zugänglich.

In diesem Zusammenhang ist auch zu bedenken, dass die Sicht auf die biblische Überlieferung sich auch im Lauf der Lebensgeschichte der Bibelleser/innen verändern kann – jedenfalls für solche, die nicht aufhören, zu fragen. Bibelleser, die eine strikte religiöse Erziehung erfahren haben, können dabei immer wieder von der Angst bedrängt werden, dass sie die »rechte Lehre« in Frage stellen. Das Gespräch in der Gruppe kann dabei unterstützen, mit solchen Ängsten umzugehen. Wird die Bibel damit nicht schutzlos gegenüber Willkür? Aber eigentlich war sie noch nie gefeit vor Missbrauch. Immer wieder haben einzelne und Gruppen die Möglichkeit gesucht und gefunden, sich für ihr Tun scheinbar legitimierende Aussagen aus der Bibel zu besorgen: Zügellose Kreuzfahrer ebenso wie fanatische Dogmatiker, exzentrische Gurus wie saure Moralisten.

Aber so extrem muss es nicht einmal zugehen: Öffnet nicht das freie Gespräch in der Gruppe dem willkürlichen Verständnis Tor und Tür? Ich denke, dass sich durchaus Kriterien benennen lassen, an denen jede Interpretation Maß nehmen muss:

- Man müsste sich darauf einigen, dass eine Historisch-Kritische Auslegung durchaus in der Lage ist, eine (historische) Sinnbestimmung eines Textes vorzunehmen. Andere Interpretationen müssten zeigen können, dass ihre Sicht dieser Sinnbestimmung inhaltlich nicht widerspricht.
- Ein Regulativ ist auch das erfahrungsbezogene Gespräch in der Gruppe; ein solches Gespräch lässt sich ja von der Grundvoraussetzung leiten, dass es nicht darum gehen soll, unverbindlich spielerisch Interpretations-Alternativen auszuprobieren, sondern um die Bedeutung eines Textes für die eigene Existenz. Die Teilnehmer/innen sprechen darüber, welcher Aspekt des Textes ihre Lebensfragen weiterführt, welche Sichtweise neue Wege zeigt. Im Zusammenhang dieses Prozesses wird sich dann vielleicht die eine oder andere Interpretation als zu einseitig oder auch zu unverbindlich herausstellen.
- Schließlich ist auch nach der Bedeutung eines Interpretationsansatzes für die Einlösung der Zuwendungen Gottes an seine Menschen zu fragen, wie sie exemplarisch in den Grundbescheiden zur Sprache kommen: Legt er diese Zuwendungen frei und fördert sie, indem er kritisch und produktiv heutige Lebensverhältnisse und Denkmuster ins Licht dieser Traditionen rückt? Oder verdeckt er sie und stellt sie ruhig, indem er einen Text nur als Erbauung der privaten Innerlichkeit auslegt?

Bei dieser Reflexion kann die Beschäftigung mit der »Relectura« unterstützen. Der Begriff Relectura fasst die Zugänge zur biblischen Überlieferung in lateinamerikanischen Gemeinden zusammen, die die Texte konsequent im Kontext sozialer und politischer Erfahrung befragt (Näheres dazu in Kapitel 14). Aber auch solche Kriterien führen nicht zur Eindeutigkeit – das Wort wahrt sein Geheimnis und bleibt unverfügbar, unsere Erkenntnis muss Fragment bleiben.

4. Resümee: »Gegenwelten«

Als Resümee der bisherigen Überlegungen halte ich fest: Die Bibel erzählt von Gott mit der Absicht, die Menschen und die Welt so zu verändern, dass ein den guten Gaben Gottes gemäßes Leben möglich ist. Diese Dynamik gilt nicht nur für Überlieferungszusammenhänge, bei denen die kritisch-verändernde Stoßrichtung auf der Hand liegt, wie beispielsweise bei prophetischen Texten, sondern auch für Erzählungen. Dabei ist zu beachten, dass diese Impulse nicht als ethische Appelle zur eigenen Anstrengung zu verstehen sind; sie stellen die von Gott gewollte Wirklichkeit als Beispiele oder Anfänge gelebten neuen Lebens, als »Verlockungsmodelle« (D. Sölle) vor und weisen in sie ein. Der Schweizer Bibeltheologe Theophil Vogt spricht in diesem Zusammenhang von »Gegenwelten«, die die Bibel in diesen Erfahrungen vor Augen stellt, Modelle gelungenen Lebens, die unsere eigenen Erfahrungen kritisch beleuchten und Neuanfänge anstoßen (Ich sprach dies bereits in der Einleitung und in Kapitel 2 kurz an). So konfrontiert die gelassene Friedensbereitschaft Abrahams im Konflikt um die Weideplätze (Gen 13,1–13) mit der Frage nach den bei uns als üblich akzeptierten Normen.

Eine solche Gegenwelt zeigt sich beispielsweise auch in der grundlegenden Heilstradition Israels, der Erinnerung an den Exodus. Sie durchkreuzt die allgemein anerkannte Erfahrung, dass der Stärkere sich durchsetzt, und erzählt von einem »Gott der kleinen Leute«, der für die Seinen eintritt und ihr Recht durchsetzt. Oder Jesus ignoriert mit seiner Zuwendung zu den Ausgegrenzten (Kinder; Frauen; Zolleinnehmer; »Sünder«; Kranke ...) die geltenden Ordnungen und bringt damit das »Reich Gottes« oder »den Himmel auf Erden« ein Stück weit zum Vorschein und setzt sie in Kraft.

Diese Gegenwelten haben Menschen über Jahrtausende getröstet, ermutigt und zu Veränderungen beflügelt. Sie sind wohl darum so mächtig, weil sie an die Lebenschancen, die den Menschen zugedacht sind, erinnern.

Ermutigende Erinnerung an die eigene Herkunft und Bestimmung ist die eine Seite der Gegenwelten. Dazu kommt noch eine »Kehrseite«: Gegenerfahrungen schließen immer die radikale Kritik an den Erfahrungen ein, die allgemein als »normal« akzeptiert sind. Gegenwelten beleuchten immer gleichzeitig kritisch Lebensverhältnisse, die die von Gott gegebenen Chancen verfehlen oder egoistisch nur für eine Gruppe beanspruchen. Dieser Gedanke wirft ein starkes Licht auf das biblische Verständnis von »Sünde«: Der »Sünder«, die »Sünderin« verfehlt nicht in erster Linie bestimmte Gebote und Verbote, sondern er/sie verfehlt die Lebensmöglichkeiten, die Gott allen Menschen zugedacht und zugeeignet hat ... mit verhängnisvollen Folgen für sich selbst und die Welt. Der Sünder ist zuallererst der Dummkopf (z.B. Lk 12,20!).

Es ist dem heutigen Leser oder Hörer des Ersten und Neuen Testaments allerdings wenig damit gedient, wenn ihm biblische »Gegenwelten« als Ideen oder Forderungen gegenübertreten; es ist wichtig, dass sie als Beispiele oder Anfänge erfahrenen, gelebten neuen Lebens erscheinen, die die gewohnten Perspektiven, die verhärtete Lebenspraxis in Frage stellen und damit erst neue Erfahrungen ermöglichen.

Man wird nach Bibeltexten suchen, denen »die Kraft zum Aufsprengen verfestigter Situationen innewohnt«. Allerdings ist diese Kraft oft außer Sicht gekommen, nicht zuletzt durch die »Barrieren«, von denen in Kapitel 2 die Rede war (vgl. 2.3.2). Verfremdungen beispielsweise können dazu beitragen, die subversive Energie der biblischen Überlieferung wieder freizulegen (vgl. Kapitel 11).

Teil II

Die Paradiesgeschichte

Auslegungskonzepte zur Bibel
Beispiel: Genesis 3

Kapitel 4
Einführung

1. Eine kurze Zwischenbilanz

Bevor die Arbeit weitergeht, empfiehlt sich eine kurze Zwischenbilanz. Ich greife dabei teilweise auf Formulierungen der bisherigen Kapitel zurück. Ausgangspunkt war die These: *Die Zukunft des Glaubens wird davon abhängen, ob Christen eigen-sinnige Bibelleser werden. Menschen also, die in eigener Verantwortung die biblischen Überlieferungen aufschließen und sie – gemeinsam mit anderen – als Kraftquellen für Glauben und Leben zur Geltung kommen lassen.*

Diese Arbeit ist sicher für viele reizvoll, aber relativ ungewohnt. Darum bietet dieses Buch denen, die sich auf den Weg machen wollen, Unterstützung an. Zunächst einmal steht eine hohe Barriere im Weg: Die »Buchstabengläubigkeit«, die die biblische Überlieferung als Bericht von Tatsachen festlegt, die ein Christ glauben müsse. Dieses – immer noch verbreitete – Urteil verkennt den Charakter der Bibel als Bekenntnis von Menschen in ihrer geschichtlichen Situation und verstellt damit den Blick auf die Chance, an den Glaubens- und Lebenserfahrungen dieser Menschen teilzunehmen (Kapitel 2).

Denn die Bibel erschließt sich der heutigen Leserin, dem heutigen Hörer nur, wenn sie erfahrungsbezogen verstanden wird:
- Die Frage nach Glauben und Leben der Menschen, die sich in der Welt der Bibel zeigen (»Kontext I«), muss die Interpretation leiten; und:
- Die Frage nach Glauben und Leben der heutigen Empfänger (»Kontext II«) muss die Rezeption bestimmen.

Auslegung bedeutet nichts anderes, als dass diese »Kontexte« zusammenkommen; das Verbindende ist die Erfahrung der damals und heute Lebenden. Fest steht: In dem Augenblick, in dem der heutige Leser im Kontext seiner Erfahrungen die Erfahrungen der Vergangenheit befragt, ist er nicht länger Adressat von exegetischen Ergebnissen, sondern am Prozess des Verstehens aktiv beteiligt; er wird Subjekt des Verstehens.

Dem stehen aber, wie sich zeigte, weitere Barrieren im Weg. Ich habe sie als Vermittler und Experten bezeichnet. Letztlich geht es um Strukturen, die den Bibelleser gewissermaßen unter Aufsicht stellen: Um Strukturen der Übersendung, in denen Vermittler (in der Regel Pfarrerinnen und Pfarrer) dafür sorgen, dass die biblische Überlieferung die heutigen »Adressaten« als vermeintlich eindeutige »Botschaft« erreicht. – Und um Strukturen des Verstehens, in denen die Sachverständigen das erste und letzte Wort beanspruchen. Es kommt darauf an, diese Strukturen als Barrieren vor einer eigenständigen Bibellektüre zu erkennen. Sie bauen sich vor den interessierten Bibeller/innen

Kapitel 4: Einführung

auf und bieten nur einen engen Durchlass auf vorgegebene Sichtweisen. Darum sind Möglichkeiten zur Überwindung zu bedenken. Das versuchte ich in Kapitel 2, dessen Resümee es war: Experten und Vermittler sind nicht zu bekämpfen, aber ihr Stellenwert im Verstehensprozess ist neu zu suchen.

Damit wäre der Weg frei zum eigen-sinnigen Verstehen der biblischen Überlieferung. Als erstes gilt es zu entdecken, dass die Bibel kein geschlossener Komplex in sich fest gefügter Texte ist, sondern immer schon in Bewegung ist – aus ihrer Welt (»Kontext I«) hin zur Welt der in der jeweiligen Gegenwart Lesenden und Hörenden (»Kontext II«). Ich habe diese Bewegung in »Vier Wege der Überlieferung in die Welt« ausdifferenziert (Kapitel 3):

- *Der erste Weg*: Die Bibel bringt ihre Sache in einer Sprache auf den Weg, die die »Grenzen eindimensionalen Denkens« überschreitet.
- *Der zweite Weg*: Die Bibel bringt ihre Sache geschichtlich-konkret zur Sprache.
- *Der dritte Weg*: Die Bibel bringt ihre Sache als förderliche Deutung lebensgeschichtlicher Erfahrungen zur Sprache.
- *Der vierte Weg*: Die Bibel bringt ihre Sache gemeinschaftsbezogen zur Sprache.

Verstehen ist also Kontextverschmelzung. Sie wird unterstützt durch unterschiedliche Auslegungskonzepte. Was lässt sich von diesen Konzepten erwarten? Prinzipiell habe ich diese Erwartungen ausgesprochen, indem ich sie den »Vier Wegen« zugeordnet habe (Kapitel 3.2).

Ein Beispiel: Wenn ich die »Wirkungsgeschichtliche Auslegung« mit dem zweiten Weg verbunden habe, erwarte ich von ihr, dass sie die konkret-geschichtliche Verortung sichtbar macht. Bei diesem Konzept ist besonders zu untersuchen, welche Interpretationen und Verwendungen des Texts sich in der Geschichte zeigen. Leitende Fragestellungen: Wird die jeweilige Verwendung dem Bibeltext gerecht? – Ergeben sich aus der Wirkungsgeschichte neue Sichtweisen auf den Text, die bisher übersehen wurden?

Was die einzelnen Konzepte leisten könnten, werde ich jeweils als »Gewinn-Erwartungen« formulieren; in der Zusammenfassung am Schluss ist dann zu fragen, ob und wie weit sich diese eingelöst haben (»Ertrag«). Die Vielfalt der Methoden versteht sich als Ausdruck des Respekts vor der biblischen Überlieferung; sie ist eben nicht in eindeutige Ergebnisse zu fassen (vgl. Kapitel 3: Vieldeutigkeit ist nicht Beliebigkeit), sie muss Maß nehmen am Text. Dann aber kann sie den fast unerschöpflichen Reichtum des Texts ein Stück weit aufschließen.

Die Konzepte stellen Werkzeuge für die Interpretation sowie für das Gespräch in der Gruppe zur Verfügung. Auch kann die methodische Klarheit dazu beitragen, die Texte vor ungeduldiger »Erklärung« und Willkür zu schützen. Welche Vorschläge bieten sich an?

In den letzten Jahrzehnten ist eine größere Anzahl von Auslegungskonzepten zur Bibel entwickelt worden, die das Monopol der Historisch-Kritischen Auslegung beendet haben. Einige Veröffentlichungen haben diese zusammengestellt und kritisch im Blick auf das Gesamtverständnis der biblischen Überlieferung und im Blick auf ihre Ergiebigkeit kritisch geprüft; ich nenne exemplarisch: Oeming (2007); den Anfang machte, wenn ich recht sehe, meine eigene Arbeit »Ein Wort wie Feuer« (1991; 4. Aufl. 2001).

Im folgenden Teil werde ich eine Reihe dieser Konzepte vorstellen und am Beispiel der »Paradieserzählung« (Gen 3) verdeutlichen. Bei der Auswahl der Konzepte, die ich erläutern will, habe ich mich an folgenden Überlegungen orientiert:
(1) Steht das Konzept Leser/innen offen, die nicht fachlich ausgebildet sind?
(2) Liegen gut zugängliche Quellen für diese Methode vor?
(3) Eignet sich das Konzept zur einleuchtenden Erschließung der »Paradieserzählung«?

Unter diesen Kriterien bieten sich an:
- Historisch-Kritische Auslegung
- Wirkungsgeschichtliche Auslegung
- Feministische Auslegung
- Jüdische Auslegung
- Tiefenpsychologische Auslegung
- Interaktionale Auslegung
- Auslegung durch Verfremdung
- Linguistische Auslegung
- Existentiale Auslegung.

Einige Konzepte, die in meiner Sicht einem oder mehreren dieser Kriterien nicht gerecht werden, die aber doch für neugierige Leser/innen interessant sein könnten, werde ich beschreiben und – wenn sinnvoll – Hinweise auf ihre Ergiebigkeit für andere Bibeltexte anbieten (Kapitel 14). Unter diesem Aspekt kommen in Frage:
- Ursprungsgeschichtliche Auslegung
- Materialistische Auslegung
- Lateinamerikanische Auslegung (»Relectura«)
- Intertextuelle Auslegung.

2. Zur Wahl des Bibeltextes

Als Bibeltext, an dem ich exemplarisch den Charakter, die Methoden und die Reichweite unterschiedlicher Auslegungswege zeigen möchte, habe ich die Erzählung vom »Anfang der Menschheit« in Gen 3 gewählt (den gewohnten Begriff »Sündenfall« vermeide ich. Zur Begründung s.u.). Der Text ist sehr komplex und erfordert teils ausführliche Erklärungen – was die Lesbarkeit vielleicht etwas beeinträchtigt. Dennoch habe ich mich für diesen Text entschieden, weil gleich zwei der »Barrieren« sich vor ihm auftürmen:

Kapitel 4: Einführung

Einmal sind gerade die Texte der so genannten Urgeschichte (Gen 1–11) für das evangelikal geprägte Verständnis der biblischen Überlieferung unabänderliche »Tatsachen« – vor allem die beiden Anfangskapitel des Ersten Testaments (Schöpfung). Ein besonders extremes Beispiel zeigt sich in manchen Bundesstaaten der USA, wo die Schulen gesetzlich verpflichtet sind, die Entstehung der Erde als »Schöpfung« nach Gen 1 und 2 zu erklären. Die Entwicklungstheorie gilt als »Irrlehre«, deren Vermittlung untersagt ist. Selbst wenn hierzulande andere Verhältnisse herrschen, ist doch gerade bei den evangelikalen Gruppierungen die Urgeschichte ein bevorzugtes Feld des »Faktenglaubens«.

Die **zweite Barriere** ist die dogmatisch-normative Lesart. Sie zeigt sich besonders nachdrücklich bei der Erzählung vom so genannten Sündenfall. Sie wird als Grundlage des Erbsündendogmas in Anspruch genommen.

In Kapitel 1 habe ich dieses Dogma erläutert und kritisch besprochen. Die Authentizität der Berufung auf Gen 3 sowie die Auswirkungen des Dogmas auf das Verständnis wird in den folgenden Kapiteln immer wieder aufgenommen und sorgfältig geprüft.

Exkurs: Die »Urgeschichte«

Die »Urgeschichte« beschäftigt sich mit der Frage Israels nach der Entstehung der Welt und der Menschheit, mit der Bedeutung des Menschen und seinen Aufgaben in der Welt. Ein großer Teil der Texte ist augenscheinlich im Zusammenhang mit dem babylonischen Exil (587–538 v.Chr.) entstanden (Näheres dazu s.u.). Man kann sich gut vorstellen, wie diese Fragen gerade in der Auseinandersetzung mit der babylonischen Religion und ihren machtvollen Schöpfungsmythen dringend wurden und nach Antworten suchten.

In ihrer jetzigen Textgestalt lässt sich die Urgeschichte so gliedern (Schüle):

1–11	Urgeschichte		
	1,1–6,4	Kosmogonie und Anthropogonie	
		1,1–2,3	Schöpfungsgeschichte
		2,4–4,16	Edenerzählungen
			2+3 — Adam und Eva
			4,1–16 — Kain und Abel
		4,17–5,32	Genealogien der Menschheit vor der Flut
		6,1–4	Die »Engelehen«
	6,5–9,29	Sintfluterzählung	
	9,18–11,32	Völkergeschichte	
		9,18–27	Verfluchung Kanaans
		10,1–32	Völkertafel (V. 22–31 1. Semitenliste)
		11,1–9	Turmbau zu Babel
		11,10–32	2. Semitenliste (von Sem zu Terach)

Ein sachgemäßes Verständnis wird sich dann öffnen, wenn man begreift, dass die Urgeschichten nicht berichten wollen, was einmal war, sondern erzählend reflektieren, was immer wieder geschieht. Sie wollen grundlegende Einsichten und Erfahrungen deuten, darum trifft die Bezeichnung »grundlegende Geschichten« (oder abgekürzt: »Grundgeschichten«) sie vielleicht deutlicher als der Ausdruck »Urgeschichten«; trotz der möglichen Missverständnisse bleibe ich aber beim gewohnten Begriff.

In der Forschung zum Ersten Testament ist dieser Ansatz weitgehend akzeptiert und Grundlage der exegetischen Arbeit. Auf dieser Basis formuliere ich meine Sicht auf die Urgeschichten in fünf kurzen Thesen: Die Urgeschichten

- sind keine informativen, sondern »performative« Texte, d.h. sie verstehen sich als absichtsvoll gestaltete An-Rede an die Hörer/Leser ihrer Entstehungszeiten;
- nehmen indirekt zu Erfahrungen und Konflikten ihrer Zeitgenossen Stellung;
- thematisieren aber auch (darüber hinaus) Grunderfahrungen und setzen sich im Glauben mit ihnen auseinander;
- das geschieht, indem sie ihre Einsichten über die Herkunft und Bestimmung der Menschen mit Hilfe mythischer Vorstellungen und bildhafter Sprache bekunden;
- als anthropologische Basis-Aussage formulieren sie: Die Menschen sind Gottes Geschöpfe; Gott vertraut ihnen den guten Lebensraum an. Sie nehmen aber die Heilstaten JHWHs nicht nur mit Vertrauen und Dank wahr, sondern sagen sich auch immer wieder von Gott los, übertreten die gesetzten Grenzen und wollen eigenmächtig selbst die Herren sein. Die Texte zeigen, wie Unrecht immer wieder dem Unheil Tür und Tor öffnet. Insofern lassen sich in den Urgeschichten so etwas wie Diagnose und Therapie erkennen, man kann sie als kritisch-prophetische Mahnreden verstehen.

Die Texte der Urgeschichte lassen auch den heutigen Leser, die gegenwärtige Hörerin teilhaben an grundlegenden Erfahrungen der Menschen mit sich, mit der Welt und mit Gott, die auch heute neue Erfahrungen stimulieren wollen. Diese nur stichwortartig notierten Grundzüge sollen bei der Besprechung der Erzählung vom »Anfang der Menschheit« noch etwas entfaltet werden.

Jetzt sind noch einige Hinweise zur **Literargeschichte** von Gen 1–11 nötig. In der klassischen Quellenforschung im Blick auf das Erste Testament galt gerade die Urgeschichte als ein besonders einleuchtendes Beispiel. Man unterschied zwei Quellen: Eine frühe, Jahwist (J) genannt. Sie wurde in der frühen Königszeit verortet. Als spätere Quelle galt die Priesterschrift (P), im Kontext des babylonischen Exils entstanden.

Dem Jahwisten wurden zugeschrieben:
- Gen 2,4b–25: Die Schöpfung;
- Gen 3,1–24: Fall und Vertreibung aus dem Paradies;
- Gen 4,1–26: Kain und Abel; Stammbaum der Kainiten;
- Gen 6,1–4: Die Engelehen;
- Gen 6,5–8: Prolog vor der Sintflut;

- Gen *7; 8: Die Sintflut;
- Gen 9,18–29: Noahs Fluch und Segen;
- Gen 10: Die Völkertafel;
- Gen 11,1–9: Der Turmbau zu Babel;

Der Priesterschrift wird zugerechnet:
- Gen 1,1–2,4a: Die Schöpfung;
- Gen 5,1–32: Der Stammbaum der Ur-Väter bis Noah;
- Gen 6–8: Die Sintflut;
- Gen 9,1–17: Der Bund Gottes mit Noah;
- Gen 10: Die Völkertafel;
- Gen 11,10ff: Der Stammbaum der Ur-Väter von Sem bis Abraham.

Inzwischen hat die Forschung am Ersten Testament die traditionelle Quellen-Theorie gründlich revidiert: Als in sich relativ geschlossen wird die Priesterschrift (P) angenommen. Die bisher dem Jahwisten zugeschriebenen Texte werden nun als spätere Einschreibungen in das priesterschriftliche Werk aufgefasst – also eine Umkehrung der bisherigen Sicht (vgl. z.B. Schüle, Urgeschichte).
(Davon sind auch meine eigenen Arbeiten betroffen. In dem Band »Ein Wort wie Feuer« (1. Auflage 1991) ging ich noch von der »alten« Quellentheorie aus – die ich in diesem Buch nun revidiere; ich bezeichne die bisher dem »Jahwisten« zugeschriebenen Texte als »nicht-priesterschriftlich« [NP].)

Ich habe in Kapitel 3 den Vier Wegen jeweils einige Auslegungskonzepte zugeordnet. Diese Konzepte will ich nun am Beispiel der Paradiesgeschichte erläutern. Dabei werde ich die einzelnen methodischen Schritte der Konzepte nur soweit ausführlich berücksichtigen, wie sie zum Zweck dieses Buches und zum Verständnis des Textes notwendig sind.

Kapitel 5
Historisch-Kritische Auslegung

Der Text (Gen 2,16.17; 3,1–24)

2,16 Dann gebot JHWH Gott dem Menschen: Von allen Bäumen des Gartens darfst du essen,
17 doch vom Baum der Erkenntnis von Gutem und Schlechtem darfst du nicht essen; denn sobald du davon isst, wirst du sterben.
3.1 Die Schlange war listiger als alle Tiere des Feldes, die JHWH Gott gemacht hatte. Sie sagte zu der Frau: Hat Gott wirklich gesagt: Ihr dürft von keinem Baum des Gartens essen?
2 Die Frau antwortete der Schlange: Von den Früchten der Bäume im Garten dürfen wir essen;
3 nur von den Früchten des Baumes, der in der Mitte des Gartens steht, hat Gott gesagt: Davon dürft ihr nicht nicht essen und daran dürft ihr nicht rühren, sonst werdet ihr sterben.
4 Und die Schlange sagte zur Frau: Nein, ihr werdet nicht sterben.
5 Gott weiß vielmehr: Sobald ihr davon esst, gehen euch die Augen auf; ihr werdet wie Gott, wissend, was gut und schlecht ist.
6 Da sah die Frau, dass von dem Baum gut zu essen wäre, dass der Baum reizvoll anzusehen war und dazu verlockte, klug zu werden. Sie nahm von seiner Frucht und aß; sie gab auch ihrem Mann, der bei ihr war, und er aß.
7 Da gingen beiden die Augen auf und sie erkannten, dass sie nackt waren. Sie hefteten Feigenblätter zusammen und machten sich Schurze.
8 Als sie JHWH Gott im Garten im Tagwind einherschreiten hörten, versteckten sich Adam und seine Frau vor JHWH Gott zwischen den Bäumen des Gartens.
9 JHWH Gott rief Adam und sprach: Wo bist du?
10 Er antwortete: Ich habe dich im Garten kommen hören; ich hatte Angst, weil ich nackt bin, und versteckte mich.
11 Darauf fragte er: Wer hat dir gesagt, dass du nackt bist? Hast du von dem Baum gegessen, von dem zu essen ich dir verboten habe?
12 Adam antwortete: Die Frau, die du mir beigesellt hast, sie hat mir von dem Baum gegeben. Da habe ich gegessen.
13 JHWH Gott sprach zu der Frau: Was hast du da getan? Die Frau antwortete: Die Schlange hat mich zum Essen verleitet.
14 Da sprach JHWH Gott zur Schlange: Weil du das getan hast, verflucht bist du unter allem Vieh und allen Tieren des Feldes. Auf dem Bauch sollst du kriechen und Staub fressen alle Tage deines Lebens.

Kapitel 5: Historisch-Kritische Auslegung

> **15** Feindschaft setze ich zwischen dir und der Frau, zwischen deinem Nachwuchs und ihrem Nachwuchs. Er zertritt dir den Kopf und du triffst ihn an der Ferse.
> **16** Zur Frau sprach er: Ich bereite dir viel Beschwerlichkeiten, wenn du schwanger wirst. Unter Schmerzen gebierst du Kinder. Du hast Sehnsucht nach deinem Mann; er aber wird dein Herr sein.
> **17** Zu Adam sprach er: Weil du auf deine Frau gehört und von dem Baum gegessen hast, von dem zu essen ich dir verboten hatte: Verflucht ist der Ackerboden deinetwegen. Unter Mühsal wirst du von ihm essen alle Tage deines Lebens.
> **18** Dornen und Disteln wird er dir wachsen lassen und das Kraut des Feldes musst du essen.
> **19** Im Schweiße deines Angesichts wirst du dein Brot essen, bis du zurückkehrst zum Acker; von ihm bist du genommen. Denn Staub bist du, zum Staub musst du wieder werden.
> **20** Adam nannte seine Frau Eva (Leben), denn sie wurde die Mutter aller Lebenden.
> **21** JHWH Gott machte Adam und seiner Frau Röcke von Fellen und bekleidete sie damit.
> **22** Dann sprach Gott, der Herr: Seht, der Mensch ist geworden wie wir; er erkennt, was gut ist und schlecht. Dass er jetzt nur nicht die Hand ausstreckt, auch vom Baum des Lebens nimmt, davon isst und ewig lebt.
> **23** JHWH Gott schickte ihn aus dem Garten von Eden weg, damit er den Ackerboden bestellte, von dem er genommen war.
> **24** Er vertrieb den Menschen und ließ östlich des Gartens von Eden die Keruben sich lagern mit dem züngelnden Flammenschwert, um den Weg zum Baum des Lebens zu bewachen.

Anmerkung 1: Im Hebräischen ist die Doppelbezeichnung JHWH Elohim äußerst selten. In den meisten Übersetzungen wird sie mit »Gott, der Herr« wiedergegeben. Da sie eigentlich unübersetzbar ist (so z.B. der Kommentar von Westermann), gebe ich sie wie Westermann mit »JHWH Gott« wieder. Dabei habe ich bei JHWH auf die Vokalisierung verzichtet – aus Respekt vor der jüdischen Tradition, die dies nicht zulässt.

Anmerkung 2: Viele Ausleger erklären, die Verse Gen 2,16 und 17 seien ursprünglich ein Teil der »Paradiesgeschichte« gewesen; dem schließe ich mich an. Ich werde der Einfachheit halber aber von »Gen 3« sprechen, wenn dieser ganze Zusammenhang gemeint ist.

1. Allgemeine Charakteristik

Die so genannte Historisch-Kritische Methode gilt als grundlegendes Verfahren zur Interpretation biblischer Texte. Hauptmerkmale sind:

1. Die Historisch-Kritische Auslegung setzt sich zum Ziel, einen Bibeltext geschichtlich zu verstehen. Sie untersucht:
   - die historische Stimmigkeit der berichteten Ereignisse;
   - die historischen Bedingungen der Entstehung des Textes;
   - die historischen Entwicklungen, die ein Text durchlaufen haben könnte;
   - die Bedeutung, die der Text in der geschichtlichen Situation hatte.
2. Die Historisch-Kritische Auslegung stützt sich auf kritische Prinzipien und Methoden.
   - Sie versucht, den Auslegungsprozess von Vor-Urteilen und dogmatischen Voraus-Setzungen freizuhalten;
   - sie wendet die Erklärungsmethoden an, die sich auch in nicht-theologischen historischen und philologischen Wissenschaften bewährt haben;
   - sie erhebt nicht den Anspruch, aus einem Text eine Wahrheit herauszulesen; sie geht vielmehr davon aus, dass historische Erkenntnisse nicht endgültig, sondern prinzipiell durch neue historische Erkenntnisse revidierbar sind.

(*Anmerkung*: In den folgenden Abschnitten wird häufig von »Kritik« die Rede sein: Textkritik, Literarkritik, Redaktionskritik usw. Dieser Sprachgebrauch geht auf das griechische Verb ›*krinein*‹ [»unterscheiden«] zurück und deutet an, dass es bei den folgenden Arbeitsgängen der Auslegung darum geht, durch geeignete Methoden verschiedene Versionen von Texten herauszuarbeiten und zu erklären.)

2. Gewinn-Erwartung

Zu erwarten ist eine möglichst objektive Untersuchung des Bibeltexts in seiner geschichtlichen Situation. Doch ist noch einmal der Aspekt der Kontexte anzusprechen; ich habe ihn vor allem in Kapitel 3 von Teil I vorgestellt und in der Einführung zu Teil II zusammengefasst. Es geht darum, dass bei der Auslegung immer zwei Kontexte im Spiel sind: *Kontext I* meint die geschichtliche Situation, in der ein Text (vermutlich) entstand; man kann ihn auch als Produktionssituation bezeichnen. *Kontext II* betrifft die (lebens-)geschichtliche Situation derer, die heute versuchen, den Text zu verstehen; sie könnte auch Empfangs- oder Rezeptionssituation genannt werden. Die Historisch-Kritische Exegese richtet ihre Aufmerksamkeit vorwiegend auf die Produktionssituation, die sie mit historischen Methoden zu klären versucht. Das macht die Lektüre einer solchen Exegese nicht leicht. Dafür sind wohl drei Gründe verantwortlich:

(a) Der Leser kommt mit seinen Fragen, Interessen und Ideen kaum in den Blick. Das ist auch nötig, um erst einmal genau auf die eigene Intention des Textes (Kontext I) zu achten, soweit dieser ermittelt werden kann.
Aber: die meisten anderen Auslegungskonzepte, die noch vorgestellt werden, beziehen die heutige Situation (Kontext II) deutlich mit ein.
(b) Die Sprache der exegetischen Wissenschaft ist nicht leicht zugänglich. Aber: die Sprache der wissenschaftlichen Interpretation ist für die Analysearbeit bei *diesem* Konzept unentbehrlich und kann dem Leser nicht erspart bleiben.
(c) Eine solche Exegese kann entmutigen; denn manche werden sich fragen, ob sie selbst diese Arbeit leisten können.

Darum werde ich in Kapitel 15 u.a. verlässliche, allgemein verständliche Kommentare vorstellen, die die eigene Arbeit unterstützen. Die Historisch-Kritische Exegese ist vor allem als sachliche Basis anderer Auslegungskonzepte wichtig. Ich spreche mich entschieden für eine Pluralität der Verstehenswege und Sichtweisen aus (s.o. I, Kapitel 3.3: »Keine Angst vor der Vieldeutigkeit«). Aber Konzepte und Gesprächsimpulse sind vor Beliebigkeit zu schützen. Dafür habe ich in dem genannten Abschnitt drei Kriterien formuliert, u.a. auch, dass sie der historischen Sinnbestimmung des Texts nicht widersprechen. Allerdings ist auch ein *Vorbehalt* zu formulieren:
Eine so lange gewachsene Methode, die immer wieder reflektiert und immer weiter ausdifferenziert wurde, unterliegt leicht der Gefahr, sich selbst für den einzigen Zugang zu ihrem Gegenstand zu halten, sich damit gegen Neuentwicklungen abzuschließen und nur noch im Binnenraum weiterer Methodenverfeinerung zu agieren. Dabei erliegt sie zu leicht der Gefahr unbefragter Selbstreproduktion; der Theologe selbst wird nicht befragt, »es sei denn von seinen Kollegen aus der Theologenzunft«, notiert Wink (1976, 9).
Mit anderen Worten: Die Historisch-Kritische Exegese kann bei der Arbeit an einem Text durchaus das erste Wort haben, aber nicht das letzte! Sonst kommt es zu der in Teil I besprochenen Bevormundung durch die Experten. Die Historisch-Kritische Exegese hat eine notwendige, aber begrenzte Funktion im Verstehensprozess: Sie kann zur genauen Beachtung der Texte anleiten – aber der unentbehrliche Erfahrungsbezug gehört nicht zu ihren Aufgaben. Der wird eine wichtige Rolle in den weiteren Auslegungskonzepten haben, die noch vorzustellen sind. Ich habe die Historisch-Kritische Auslegung dem zweiten der Wege zugeordnet, auf denen die biblische Überlieferung ihren Leserinnen und Hörern »entgegen kommt« (vgl. Kapitel 3.2): Der zweite Weg: »Die Bibel bringt ihre Sache geschichtlich-konkret zur Sprache.«
Jetzt werde ich nacheinander die Arbeitsschritte der Historisch-Kritischen Methode vorstellen und auf den Beispieltext anwenden – soweit es sinnvoll erscheint. Darauf folgen dann die Anwendungen auf Gen 3.

3. Methoden

3.1. Textkritik

Wie lässt sich eine Fassung des (hebräischen bzw. griechischen) Textes feststellen, die dem Ur-Text möglichst nahe kommt? – Dieser erste Schritt der Historisch-Kritischen Analyse ist ausschließlich Aufgabe der Spezialisten. Im Blick auf die selbstständige Lektüre kommt es darauf an, sich auf eine Übersetzung zu stützen, die eine möglichst genaue Wiedergabe des Urtexts beabsichtigt. Dies ist in der Regel in den Kommentaren der Fall; ich wähle auch gern die Zürcher Bibel oder die Basisbibel.

3.2 Entstehungsgeschichte des Textes

Die meisten Texte der Bibel sind nicht als Werk eines Autors sozusagen in einem Arbeitsgang geschrieben worden; in der Regel wird man davon ausgehen müssen, dass biblische Texte in einem mehr oder weniger langen Prozess entstanden sind, an dem mehrere »Autoren« beteiligt waren. Viele Texte schließen also in sich eine geschichtliche Entwicklung ein. Ihre Untersuchung erfordert mehrere Arbeitsgänge:

3.2.1 Literarkritik
Sie untersucht einen Text auf Einheitlichkeit und Stimmigkeit. Im praktischen Arbeitsgang der Exegese geht die Literarkritik heute zwei Fragen nach:

3.2.1.1 Kontextkritik
Wie kann eine Texteinheit abgegrenzt werden? (Beginn und Ende eines Textes). Nach dem abschließenden Votum der priesterschriftlichen Schöpfungserzählung in Gen 2,4a setzt nun der nicht-priesterschriftliche Text (NP) ein.

Offensichtlich bilden die Kapitel Gen 2 (ab V. 4b) bis 4 eine gewisse inhaltliche Einheit: Sie haben mit den »Ur-Menschen« Adam und Eva sowie ihren Kindern zu tun. Am Beginn beschreibt NP die Erschaffung des Ur-Menschen; er kommt zum gelungenen Menschsein durch die Gemeinschaft mit Eva. Kapitel 3 erzählt die Übertretung des Gebots und die Vertreibung aus dem Paradies. In Kapitel 4 folgt die Erzählung von Kain und Abel, die mit der Ausweisung Kains aus dem Kulturland endet.

In seinem grundlegenden Kommentar zur Genesis entwickelt Claus Westermann die These, dass NP zwei ursprünglich selbstständige Erzählungen vorlagen: Die Erschaffung des Menschen – und: Die Vertreibung aus dem Paradies. Die Verknüpfung machte es notwendig, Verbindungselemente zu schaffen; das wichtigste ist das Verbot, vom Baum der »Erkenntnis von Gut und Schlecht« zu essen (2,16f). Ich schließe mich dieser These an und grenze den zu besprechenden Text entsprechend ab (s.o.).

3.2.1.2 Kohärenzkritik

Hier geht es um die Frage: Ist der Text eine Einheit? Zunächst die Gliederung des Texts:
1. Szene: Vorbereitung: Das Verbot: 2,16f
2. Szene: Vorgeschichte der Übertretung: Das Gespräch mit der Schlange: 3,1–5
3. Szene: Die Übertretung des Gebots: 3,6–7
4. Szene: Entdeckung und Verhör: 3,8–13
5. Szene: Verdikt: 3,14–19
6. Szene: Namensgebung für Eva: 3,20
7. Szene: Bekleidung für Adam und Eva
8. Vertreibung aus dem Paradies: 3,21–24

Anmerkungen: Es zeigt sich, dass sich der Text nicht ganz »aus einem Guss« darstellt: Die 6. und 7. Szene scheinen dem Fluss der geschilderten Ereignisse ein wenig im Weg zu sein. – Zwischen Szene 3 und 4 ist ein Überschneidungsfeld zu erkennen. Er schildert die Folgen der Übertretung: Die selbstverständliche, unbefangene Harmonie wird empfindlich gestört: Zwischen die beiden Menschen tritt so etwas wie Befangenheit und Schamgefühl, zwischen die Menschen und Gott stellt sich Angst. Die Beteiligten sind einander fremd geworden.

In den Kommentaren und Abhandlungen zu Gen 2 und 3 finden sich zahlreiche Beobachtungen, Erklärungsversuche und Thesen zur Kohärenzkritik. Nach meiner Einschätzung tragen sie nicht viel zum Verständnis der Texte in ihrer Endform bei und bleiben hier unberücksichtigt.

3.2.2 Überlieferungskritik

Ist ein vor-schriftliches Stadium des Textes wahrscheinlich? Lässt sich eine vor-schriftliche Version (in Umrissen) rekonstruieren?

3.2.3 Quellen- und Redaktionskritik

Lässt sich eine Entwicklung des Textes nach seiner Verschriftlichung erkennen? Wie ist die Komposition des Zusammenhangs zu verstehen, in dem er steht?

Auch diese Fragen sind eher Sache der Spezialisten. Im Rahmen dieser Exegese will ich ihnen darum nicht weiter nachgehen.

3.3 Zum formalen und inhaltlichen Vorgaben-Repertoire

Die bisher vorgestellten Untersuchungen zur Entstehungsgeschichte eines Bibeltextes haben gezeigt, dass der Text in seiner Endgestalt unter Umständen aus einer langen Reihe verschiedener mündlicher und schriftlicher Vorstufen hervorging.

Im Blick auf die biblische Überlieferung ist aber noch mit einer ganz anderen Art von Vorgaben zu rechnen, die dem einzelnen Tradenten oder Verfasser eines Textes nicht als vorformulierte »Quellen« zur Hand waren, sondern die letztlich jedem biblischen Autor als vorgeformte Sprachmuster oder als inhaltliche Muster wie beispielsweise immer wiederkehrende Erzählmotive vorlagen. Man kann davon ausgehen, dass die Texte des Ersten und Neuen Testaments nicht einfach Ausdruck des spontanen Gestaltungswillens des jeweiligen Textproduzenten sind, sondern unter dem Einfluss von Gestaltungsmitteln entstanden, die jedem einzelnen Verfasser vorgegeben waren. Diese Vorgaben zeigen sich, wie gesagt, als **geprägte Sprache** und als **geprägte Inhalte**; ihre Erforschung wird durch die **Form- und Gattungskritik** (geprägte Sprache) bzw. die **Traditionskritik** (geprägte Inhalte) geleistet.

3.3.1 Gattungskritik
Geprägte Formen (Gattungen; Textsorten) sind auch in der Gegenwartssprache unentbehrliche Mittel der Verständigung: So weist beispielsweise die Gattung »Liebesbrief« unverwechselbare sprachliche Formen auf, ebenso die Gattung der geschäftlichen Mahnung, des Wetterberichts, des Kinderlieds ... Neben den sprachlichen Eigentümlichkeiten ist für die Gattung charakteristisch, dass sie im privaten und öffentlichen Leben einen spezifischen Ort, eine typische Funktion hat, wie sich an den genannten Beispielen unschwer demonstrieren lässt. In der Interpretation biblischer Texte (Exegese) wird dies traditionell als »Sitz im Leben« bezeichnet. In der biblischen Überlieferung unterscheidet die Forschung diese Gattungen:

Für das Erste Testament:
- Erzählende Texte (Sage ...);
- Gattungen der Gesetzesüberlieferung (Dekalog ...);
- Dichterische Gattungen (Psalmen ...);
- Prophetische Gattungen (»Botenspruchformel« ...).

Für das Neue Testament:
- Erzählungen: Wundergeschichten; legendarische (»biographische«) Erzählungen;
- Lehre: Normierende Lehre (allgemeingültig); kerygmatische Lehre (Verkündigung einer singulären Botschaft).

Allerdings muss man davon ausgehen, dass viele Gattungen des Ersten und Neuen Testaments sich längst aus ihrem ursprünglichen »Sitz im Leben« gelöst haben und von den biblischen Autoren als literarische Gestaltungsmittel verwendet werden.

In Gen 3 haben wir es mit der Gattung »Sage« zu tun; einige charakteristische Merkmale:
- Konzentration auf ganz wenige Personen, oft nur 2–3;
- Einlinigkeit: Beschränkung auf einen durchgehenden Erzählstrang;
- Lokalisierung der erzählten Ereignisse auf einen eng begrenzten Lebensraum, in der Regel die Familie.

Nun ist zu beachten, dass »Sage« als Gattungsbegriff noch zu unscharf ist und weiterer Differenzierung bedarf; meistens werden unterschieden:
- *Familiensagen*;
- *ätiologische Sagen* (bemerkenswerte Erscheinungen der Gegenwart werden mit Ereignissen der Vergangenheit erklärt); Beispiel: Warum gibt es am Toten Meer so merkwürdige Säulen? Weil – so die ätiologische Sage – Lots Frau so neugierig war und darum zur »Salzsäule« erstarrte (Gen 19,26);
- *ethnologische Sagen* (z.B. Israel in Bezug zu anderen Völkern);
- *Menschheitssagen* (handeln von der Gesamtheit der Menschen und verdichten grundlegende Erfahrungen in Einzelpersonen und ihrem Schicksal);
- *Heiligtums- und Ortssagen*;
- *Prophetensagen*.

Das Hauptinteresse der Sage gilt nicht der Dokumentation der Vergangenheit, sondern sie ist darauf aus, den zur Gegenwart des Erzählers in der Gemeinschaft Lebenden Orientierung zu ermöglichen, indem sie Vergewisserung über ihre Herkunft und Bestimmung anbietet: Erzähler und Zuhörer finden sich im Schicksal und Verhalten ihrer Vorfahren selbst wieder. Wenn Gott in den Erzählungen an den Voreltern handelt, geschieht eben das auch ihnen. So schließen die Sagen die sozialen und religiösen Erfahrungen von Generationen ein und reichen sie weiter.

In Gen 3 allerdings ist die Ebene der »volkstümlichen Erzählung« längst verlassen; ganz offensichtlich hat der Verfasser die ihm vorliegende Erzählung planvoll unter theologischem Aspekt als Teil seiner Urgeschichte gestaltet. Das beweist vor allem der mit dem folgenden Kapitel Gen 4 analoge Aufbau. Westermann hat sehr einleuchtend gezeigt (Westermann, 1964, 51ff), das es in der NP-Urgeschichte insgesamt fünf solcher Erzählungen gibt, die alle nach der gleichen Struktur gebaut sind (Gen 2 und 3; Gen 4,1–16; Gen 6,1–4; Gen 6–9; Gen 11,1–9). Er bezeichnet sie als »Schuld-Strafe-Erzählungen«, die wohl insgesamt so zu verstehen sind, dass sie Antworten auf die Fragen nach dem Grund von Mängeln oder auch von Katastrophen im Leben und der Geschichte der Menschheit geben wollen ... das ist ihr ätiologisches Interesse. Man könte Gen 3 auch als »Antworttext« verstehen. (Zum Begriff »Schuld-Strafe-Erzählungen« werde ich mich später in einem Exkurs äußern.)

3.3.2 Traditionskritik (geprägte Inhalte)

Zweifellos lagen NP zu Gen 3 viele mündliche und auch schriftliche Überlieferungen vor, die sich erzählend mit der Erschaffung des Menschen auseinandersetzten – darüber besteht Konsens in der Forschung. Sie verbindet, dass sie »es alle ... mit den Grundfragen des Menschseins in seiner Begrenztheit zu tun haben« (Westermann, 260). Eine zweite Gruppe von mündlichen und schriftlichen Traditionen reflektiert erzählend die Erschaffung der Welt ... In der Überlieferung finden sich also die beiden Themenbereiche, die NP dann offensichtlich zu *einer* Erzählung verwoben hat.

3.4 Bestimmung des historischen Orts

In diesem Schritt der Exegese geht es darum, den Text (oder auch einzelne seiner Wachstumsstufen) einer bestimmten historischen Situation zuzuordnen. Das ist gut möglich und sinnvoll bei Texten, die entweder historisch verortet sind wie beispielsweise prophetische Reden und Handlungen. Oder bei Schriften, die sich plausibel einordnen lassen wie beispielsweise bei den Evangelien des Neuen Testaments.

Im Blick auf die Quellenschrift NP ist jedoch die Abgrenzung und Zuordnung so wenig geklärt, dass dieses Vorhaben im Blick auf Gen 3 nicht sinnvoll erscheint. So kann gleich der nächste Schritt in Arbeit genommen werden.

3.5 Klärung von Einzelaspekten

Vorbemerkung: An dieser Stelle ist noch einmal nachdrücklich darauf hinzuweisen, dass Gen 3 kein »Tatsachenbericht« über den Anfang der Welt und der Menschheit ist. Der Autor verarbeitet vielmehr traditionelle Symbole und Mythen zu einer fiktiven Erzählung, die seine Fragen und Glaubenseinsichten zur Sprache bringt: Die Herkunft und Bestimmung des Menschen ist sein Thema und die Frage, ob er dieser Bestimmung gerecht wird.

Der Garten
Der (»Paradies«-)Garten ist der Ort, wo Gott und die Urmenschen miteinander wohnen. Gott hat ihn für Adam und Eva »gepflanzt« (Gen 2,8ff). Das Motiv des Gartens ist religionsgeschichtlich weit verbreitet; es spielt eine zentrale Rolle in vielen Schöpfungserzählungen. In Gen 2 handelt es sich offensichtlich um einen fruchtbaren Lebensraum inmitten der unwirtlichen Umwelt – klingen hier Erinnerungen an die Zeit des Nomadenlebens an, in der die Oase als Schutz vor der lebensfeindlichen Wüste oder Steppe unentbehrlich war?

Der erste Schöpfungstext (Gen 1,1–2,4a) folgt einer ähnlichen Grundstruktur: Hier schafft Gott den beschützten Raum für die Menschen inmitten der bedrohlichen Chaosfluten. Es geht also nicht um die »Schöpfung aus dem Nichts«, wie die spätere dogmatische Spekulation betonte. Gott schafft den guten Raum zum Leben für seine Menschen – so war es nach Überzeugung der ersttestamentlichen Erzähler von Anfang an – bis hin zur Übergabe des »gelobten Landes«.

Die Bäume – Gutes und Schlechts erkennen
In Gen 2 ist von zwei Bäumen die Rede:
> JHWH Gott ließ aus dem Ackerboden allerlei Bäume wachsen, verlockend anzusehen und mit köstlichen Früchten, in der Mitte des Gartens aber den Baum des Lebens und den Baum der Erkenntnis des Guten und Schlechten. (Gen 2,9)

Die beiden Bäume »haben nicht nur viele schöne Früchte, sondern auch eine Menge von Literatur hervorgebracht« (Westermann, 288).

Vom »*Baum des Lebens*« ist nur hier und im Schluss der Vertreibung in Gen 3,22–24 die Rede. Der Lebensbaum ist in vielen Kulturen ein zentrales Symbol für anhaltende Jugend und ewiges Leben. So auch im Alten Orient, der Umwelt des Ersten Testaments. Diese Anschauungen sind in Gen 2 und 3 erkennbar. Im Ersten Testament kommen sie vor allem in der Weisheitsliteratur vor: »Die Frucht des rechten Tuns ist ein Baum des Lebens« heißt es z.B. in Spr 11,30.

Daneben wird der »*Baum der Erkenntnis des Guten und Schlechten*« genannt. Die meisten Übersetzungen geben die Wendung mit »Erkenntnis von gut und böse« wieder. Das Erste Testament kennt jedoch keine abstrakten Wertvorstellungen; gemeint ist: Gut ist, was dem Leben dient – schlecht ist, was ihm schadet. Darum wähle ich die Übersetzung »gut und schlecht«. Dabei ist zu beachten, dass sich diese Wertungen immer auf das Leben in der Gemeinschaft beziehen: Was das gerechte und vertrauensvolle Zusammenleben fördert, ist »gut«.

Ganz offensichtlich ist der Baum, der in den Versen Gen 2,2.3.5.11.12 erwähnt wird, der Baum der Erkenntnis; auf ihn bezieht sich ja das Verbot in Gen 2,16f.

»Gutes und Schlechtes erkennen« ist so etwas wie ein »Leitsatz«; viermal kommt er vor (2,9; 2,17; 3,5; 3,22). Folgerichtig hat er die Arbeit (und Fantasie) der Exegeten ausgiebig beschäftigt und eine Vielzahl von Interpretationen hervorgebracht. Sie beziehen alle mehr oder weniger deutlich die außerbiblische Vorgeschichte der Wendung in Kultur und Religion des Alten Orients mit ein. Hier ist häufig die Rede davon, dass Urmenschen sich unbefugt göttliche Weisheit aneignen. Auf diesem Hintergrund wird dann das »Wissen um gut und schlecht« als »eine auf das höchste gesteigerte Befähigung zur Bewältigung des Daseins« verstanden« (Westermann, 337).

In diesem Zusammenhang kommt auch der Begriff »erkennen« ins Spiel. In der biblischen Überlieferung bezeichnet er keineswegs ein nur kognitives Zur-Kenntnis-Nehmen von Inhalten. Vielmehr ist immer eine tiefgehende personale Beziehung dabei. Am intensivsten kommt dies vielleicht in der Bedeutung des Verbs als sexuelle Beziehung zum Ausdruck: »Adam erkannte Eva, seine Frau, und sie wurde schwanger« (u.a. Gen 4,1). Aber die Bedeutung geht weit über die Sexualität hinaus; vor allem der Prophet Hosea benutzt den Ausdruck, um die intime, liebevolle Beziehung zwischen Gott und seinem Volk auszudrücken. »Erkennen …« da schwingen Zuwendung, Lust, Liebe, Freude mit …, Lust auf Klugheit, wie sie auch in der Reaktion Evas auf die Rede der Schlange zur Sprache kommt (V. 6). »Gut« und »schlecht« ist sicher auch weiter zu fassen; letztlich geht es wohl darum, dass es für den Menschen geradezu charakteristisch ist, »selbst das Förderliche ihres Lebens bestimmen zu wollen und scheinbar auch zu können.« (Steck, 1982, 107)

Solch leidenschaftliches Verlangen nach Erkenntnis findet sich in der Weisheitsliteratur des Ersten Testaments, also vor allem in den Sprichwörtern. Aber es gibt noch andere Fundstellen. Da ist die Rede von Lust und Freude (Ps 2,2; 119,97); von Sehnsucht (Ps 119,20.81); von vollkommenem Geschmack, »süßer als Honig« (Ps 19,11; 119; 103); von

Schmuck, »kostbarer als Gold« (Ps 19,11). Diese Beispiele sind drei Psalmen entnommen (1; 19b und 119), die auch als Tora-Psalmen bezeichnet werden. Die Tora – so übersetzt Martin Buber treffend – ist »Weisung« zum Leben; die übliche Wiedergabe als »Gesetz« überführt die Tora in den Bereich juristischen Denkens und Handelns und lässt sie damit verkümmern! Die Tora ist Geschenk Gottes; sie lässt das Leben gedeihen (Ps 1,3; 19,8; 119,165); wer sich an ihr ausrichtet, wird nicht beengt – im Gegenteil: seine Füße können in freier Bahn ausschreiten (Ps 119,45).

Nicht nur in den genannten drei Psalmen wird die Tora als Weisung erfahren, die das Leben blühen lässt, nach der Menschen sich sehnen, sondern überall in der biblischen Überlieferung; ihren konzentriertesten Ausdruck hat sie wohl in den »Dekalogen« gefunden, die als unveräußerlicher Teil der Befreiung gelten (Ex 20,2!). Und in Ps 119,73 heißt es:

»Deine Hände haben mich gemacht und geformt.
Gib mir Einsicht, damit ich deine Gebote lerne.«

Hier sind wir ganz nah an Gen 2 und 3. In der »Erkenntnis des Guten und Schlechten« schwingt sicher auch die Ausrichtung an der Tora mit – im Konflikt um die Erkenntnis geht es auch um den Konflikt im Blick auf die Tora. Dieser Frage werde ich im Exkurs »Erkenntnis und Tora« nachgehen.

Das Verbot
Welches Motiv hat Gott wohl für das harte, strafbewehrte Verbot? Frühere Interpretationen haben hier oft das religionsgeschichtlich bekannte Motiv des Götterneids benannt (Beispiele bei Westermann, 371ff): Die Gottheit betrachtet das Geschöpf letztlich als Rivalen und will verhindern, dass es sich göttliche Macht aneignet. Von dieser Rivalität ist allerdings in unserem Text nichts zu spüren. An dieser Stelle lässt der Bibeltext kein Motiv für das Verbot erkennen.

Die Schlange – das Gespräch – die Verlockung (Gen 3,1–6a)
In Kapitel 3 kommt nun die Schlange ins Spiel – der Erzähler beginnt die Paradies-Erzählung unvermittelt, ganz ohne Einführung. Die Schlange hat viele Interpretationen und Spekulationen angeregt (und wird möglicherweise auch ein wenig strapaziert). Einige Beispiele: Sie sei das Prinzip des Bösen – eine Verkleidung des Satan – sie sei, wie in vielen Religionen, ein Heilsbringer – sie stehe für den kanaanäischen Kult – sie sei eine Göttin der Fruchtbarkeit. Allerdings wird dabei oft übersehen, dass der Erzähler ausdrücklich darauf hinweist, dass die Schlange Geschöpf Gottes sei. Damit scheiden eigentlich alle dualistischen Deutungsversuche aus; denn Gott kann schwerlich das Böse, Lebensfeindliche als seinen Widerpart geschaffen haben. Auch die Bezeichnung der Schlange als Fruchtbarkeitsgöttin ist problematisch, schon weil der hebräische Begriff ein Maskulinum ist (ein Exeget übersetzt sogar konsequent »der Schlang«).

Die Schlange nimmt mit einer scheinbar fürsorglichen Frage den Kontakt mit Eva auf: Die Übertreibung (keine Früchte essen) provoziert Eva, Gott zu verteidigen. Dabei verschärft sie allerdings ihrerseits das Gebot, indem sie als angebliche Weisung Gottes hinzufügt: »Ihr dürft den Baum nicht berühren«. Dann bringt die Schlange die verlockende Aussicht ins Spiel: Wenn ihr die Frucht esst, »werdet ihr wie Gott und erkennt das Gute und das Schlechte.«

»Wie Gott sein ...« hier weist Schüngel-Straumann darauf hin, dass der Erzähler nicht, wie sonst in Gen 2 und 3 durchgehend, von JHWH Elohim spricht, sondern nur von Elohim. Dieser hebräische Begriff »ist ein Gattungsbegriff, und dazu noch im Plural; Elohim sind die Götter Kanaans.« (Schüngel-Straumann, 169)

Raffinierter Weise spielt die Schlange auch noch auf das Motiv des Götterneids an (s.o.). Ihre Rechnung geht auf – Eva ist bereit. Und da erst sieht sie, »dass es köstlich wäre, von dem Baum zu essen, dass der Baum eine Augenweide war und dazu verlockte, klug zu werden«. Worin könnte die »Verlockung« bestehen? Sicher ist der bekannte Reiz, das Verbotene zu tun, im Spiel. Dazu kommt der sinnliche Reiz (»köstlich« – »Augenweide« – »verlockend«). Aber entscheidend ist wohl doch die Neugier, der lebhafte Wunsch, »klug zu werden.«

Die Tat (Gen 3,6b)
»Sie nahm von den Früchten und aß; sie gab auch ihrem Mann, der bei ihr war, und auch er aß.«

Die Schlange – Eva – Adam ... das ist Weg der Übertretung. Auch hier kommen Fragen auf:
a) Warum spricht die Schlange mit der Frau und nicht mit dem Mann? Eine oft genannte Begründung formuliert Hermann Gunkel so: »Das Weib ist lebhafter und begehrlicher und erwacht eher als der Mann« (Schüngel-Straumann, 159).
b) Hat Eva ihren Mann zur Sünde verführt – wie viel Interpreten konstatieren?

Im Einzelnen werden diese Fragen im Kapitel »Feministische Auslegung« besprochen. An dieser Stelle kann es nur darum gehen, den Text selbst möglichst genau zu erfassen. Dabei ergibt sich:

Zu a: Der Erzähler gibt hierzu keine Erklärung – schon gar nicht eine moralisierende, auf die Sexualität bezogene. Möglicherweise greift der Erzähler auf ein Motiv zurück, das in den altorientalischen Religionen weit verbreitet war: Den engen Zusammenhang von Baum und Frau – oft ging es um Baumgöttinnen. – Vielleicht ist aber schon der Hinweis nützlich, dass es im Alten Orient selbstverständlich die Aufgabe der Frau war, die Speisen zu reichen?

Zu b: Von einer Verführung des Mannes ist nirgends die Rede. Nur von der Schlange wird gesagt, dass sie Eva »getäuscht« habe (V. 13) – salopp: Sie hat Eva hereingelegt! Adam – der ja offensichtlich bei Eva ist, macht einfach mit. Mann und Frau gehören auch in der Übertretung des Gebots eng zusammen.

Geöffnete Augen – erkennen – bedecken (Gen 3,7)

Die von der Schlange versprochene Wirkung tritt auf der Stelle ein. In aller Kürze schildert der Erzähler dies. Die Menschen sterben nicht. Und: Ihnen gehen die Augen auf. Sie erkennen, was sie vorher nicht sehen konnten: Sie bemerken, dass sie nackt sind. An ihrem Zustand hat sich nichts verändert – sie waren ja bisher auch nackt – aber an ihrer Sichtweise. Jetzt empfinden sie ihre Nacktheit als mangelhaft, als unpassend für ihre Gemeinschaft.

Hier geht es sicher nicht um die Entdeckung der Sexualität; diese ist ihnen ja durch ihre Erschaffung als Mann und Frau mit auf den Weg gegeben. Man könnte eher daran denken, dass es hier um eine Symbolik des Erwachsenwerdens geht. Auf dem Weg des Kindes zum Erwachsenensein erwacht irgendwann die Scham vor dem anderen Geschlecht – der Verlust der Unbefangenheit kann als ein Kennzeichen für den Reifungsprozess verstanden werden. Für diesen »Entwicklungsansatz« (Westermann, 342; Schüngel-Straumann, 268f; Willmes) spricht auch, dass die beiden fähig sind, dem empfundenen »Mangel« mit eigener Fähigkeit abzuhelfen: Sie stellen sich einen Schurz her.

Jedenfalls ist der Gewinn der Erkenntnis durchaus ambivalent: *Ein* Preis ist die Irritation der bisher ungetrübten Gemeinschaft zwischen Mann und Frau.

Das Gespräch (Gen 3,8–13)

Zunächst wird geschildert, wie Gott im kühlen Abendwind im Garten spazieren geht – fast eine Idylle ... salopp gesagt: Gott scheint beinahe zur Familie zu gehören. Umso drastischer zeigt sich dann der Kontrast zu dem, was folgt: Die Menschen verstecken sich vor Gott wie Kinder, die etwas angestellt haben. An die Stelle von Harmonie und Vertrauen tritt Angst. Es geht sicher nicht einfach um Nacktheit und Scham, sondern um die Angst, vor Gott bloßgestellt zu werden. Es zeigt sich die zweite problematische Begleiterscheinung des Erkenntnisgewinns: Vertrauensverlust und Angst im Verhältnis zu Gott. Aber: Die Menschen sterben nicht, wie angedroht. Eine »Inkonsequenz Gottes« (Westermann). Hier zeigt sich ein neues Verständnis des Verbots: Es geht nicht um die Beendigung des Lebens durch Vollstreckung der Todesstrafe. Sondern: Das *bisherige* Leben der Menschen in ungetrübter, »paradiesischer« Harmonie ist nun vorbei. Gott wollte warnen vor diesem Preis der Erkenntnis, der in der Tat kein geringer ist.

Die Erzählung geht nun über in ein Gespräch Gottes mit den Menschen. (Ich ziehe die Bezeichnung »Gespräch« vor; anders Westermann, der von »Vernehmung und Verteidigung« spricht. Damit verbindet sich von vornherein die Bewertung als »Strafverfahren«, die in meiner Sicht nicht selbstverständlich ist.)

In den Versen 10–13 folgt nun eine kurze Folge von Fragen Gottes und Antworten der Menschen, geprägt von Ausflüchten: Der Mann und die Frau übernehmen keine Verantwortung, sondern schieben die Schuld auf andere – ein wohlbekanntes Alltagsverhalten.

Vor der Interpretation des Abschnitts Gen 3,14–19 bietet sich eine Reflexion zum allgemeinen Verständnis dieser Texteinheit an.

Exkurs: »Strafe oder Folge?« – Zum Verständnis des Abschnitts Gen 3,14–19

In diesem Abschnitt geht es darum, was die Verfehlungen der drei Beteiligten nach sich ziehen. Sie sind als Aussprüche Gottes gefasst; im Gegensatz zum übrigen Text in Versform.

Gen 2–4 sind Texte mit **ätiologischem** Interesse. Bei der Besprechung der sprachlichen Form (Gattung) wurde bereits kurz auf den ätiologischen Charakter von Gen 3 hingewiesen. Das heißt: Der Text formuliert keine Normen oder Gebote Gottes, sondern ist von einem ätiologischen Interesse geleitet. Der Erzähler geht von bestimmten Erfahrungen seiner Zeit aus: Die Feldarbeit ist mühselig, ebenso wie Schwangerschaft und Geburt, die Harmonie zwischen den Menschen sowie Mensch und Natur ist gestört. Auch das Gottesverhältnis ist oft nicht von Vertrauen, sondern von Trotz und Angst geprägt – kurz: Die Lebenswelt ist keineswegs das Paradies, der von JHWH geschaffene Schalom-Garten. Dies beschreibt der Text: er fragt nach den Ursachen und findet als seine Deutung: Die Unordnung und Beschädigung wurzelt darin, dass die Menschen nach eigener Erkenntnis und Entscheidung darüber streben, was das Leben fördert (»gut«) oder es beschädigt (»schlecht«). Das stört die Harmonie zwischen Gott und Mensch, zwischen Mensch und Mitmensch.

Solche Erfahrungen und Fragen führen weit über die Zeit des Erzählers hinaus; es sind Grund-Erfahrungen und Grund-Fragen, die sich zu allen Zeiten stellen.

Strafen? – Folgen? In Gen 2 und 3 ist ohne Zweifel vorausgesetzt, dass Gott seinen Menschen den freien Willen mitgegeben hat. Die Erzählungen in Gen 2–4 sind so gebaut, dass ein gegen den Willen Gottes gerichtetes Tun der Menschen schwer wiegende Folgen für sie auslöst. Aber es scheint nicht besonders plausibel, sie mit dem Schuld-Strafe-Schema zu charakterisieren (so Westermann).

Dagegen spricht eine Sichtweise des ersttestamentlichen Befunds, die Gerhard von Rad besonders betont hat (von Rad, 1987, 278f – u.ö.). Im landläufigen Verständnis bezeichnet »Sünde« einen Tatbestand, der festgestellt, bewertet und geahndet wird. Gott erscheint dann als derjenige, der bestimmte Gebote bzw. Verbote erlässt. Wer dagegen verstößt, muss bestraft werden. Von Rad hebt demgegenüber hervor, dass der Mensch mit dem bösen Tun in eine »schicksalwirkende Tatsphäre« gerät. Das bedeutet: *Unrecht* (das lebensfeindliche Tun) öffnet dem *Unheil* (das lebensfeindliche Schicksal) Tor und Tür; der kleine Dialog zwischen JHWH und Kain in Gen 4 bringt das beispielsweise in der Anschauung zur Sprache, dass »die Sünde vor der Tür lauert« und wartet, dass sie den verschlingt, der ihr Raum gibt (Gen 4,7). Natürlich kann ein antiker Mensch diesen Zusammenhang nur so ausdrücken, dass er Gott als Urheber des Unheils (an-)erkennt; aber es ist sicher nicht sinnvoll, JHWH durchgehend als »Straf-Gott« auszugeben, der jede Übertretung gerichtlich ahndet.

Die Verklammerung von Schuld und Schicksal im Blick auf das Zusammenleben ist als Denkanstoß zu begreifen, nach Ursachen misslingenden oder beschädigten Lebens zu fragen und nach Wegen aus der Gefahr zu suchen.

Die biblische Vorstellung des Zusammenhangs von Schuld und Schicksal muss allerdings noch gegen mögliche Missverständnisse geschützt werden. Keineswegs ist die Verflechtung von Tun und Ergehen im Leben des einzelnen Menschen als ein Mechanismus aufzufassen, der eindeutig zu interpretieren ist. Diese Erfahrung hat Israel schon sehr früh gemacht: Die Psalmen sind voll von Klagen, dass es dem frommen Menschen nicht so gut geht, wie er es nach seinem Lebenswandel erwarten könnte (z.B. Ps 73). Und Jesus wendet sich scharf gegen das Vor-Urteil, dass ein kranker Mensch sicher auch ein sündiger sein müsse (Joh 9,2f) – ein Vorurteil, das in gewissen evangelikalen Kreisen immer noch ein Rolle spielt. Wohin zielt nun solche Rede von der Verfehlung und ihren Folgen, wie die Verfasser der Urgeschichte sie vertreten? Einen wichtigen Hinweis gibt Gen 4,7. JHWH sagt zu Kain, als die Eskalation der Aggression sich abzeichnet:

> Zur Tür hin lagert die Sünde,
> und auf dich geht ihre Gier,
> du aber sollst über sie herrschen.

Dieser Spruch hat diagnostische und therapeutische Funktion: er deckt auf, dass die Sünde »auf dem Sprung« ist, ihn zu überwältigen, und der Spruch erkennt ihm gleichzeitig die Fähigkeit zu, die Sünde (und sich selbst) zu beherrschen.
Diagnose und Therapie – dies sehe ich als Grundfunktion der Rede von der Übertretung der Gebote, von der Sünde, in den Urgeschichten an, sie ist kritisch-prophetische Mahnrede, Ruf zur Umkehr.
In diesem Zusammenhang muss das räumliche Denken in der Welt des Ersten Testaments bedacht werden (s.o. zu: Der Garten). Die Menschen können in den geschenkten Räumen »gut« leben, also für sie lebensdienlich, wenn sie sich an die Weisung Gottes (Tora) halten. Oder sie können die Tora abweisen und damit den guten Lebensraum verderben; er wird ihnen genommen werden. Sie haben die Wahl zwischen »Segen« und »Fluch«. Das hat mit großer Klarheit das Deuteronomium in den Kapiteln 28–30 festgehalten. Es wird dort erzählt, dass Mose vor dem Einzug in das versprochene Land vor die Wahl stellt:

> »Hiermit lege ich dir heute das Leben und das Glück, den Tod und das Unglück vor« Dtn 30,15.

Bei Achtung der Tora »wirst du leben und zahlreich werden und JHWH, dein Gott, wird dich in dem Land, in das du hineinziehst, um es in Besitz zu nehmen, segnen« (16). – Bei Missachtung der Tora gilt: »ihr werdet nicht lange in dem Land leben«. (18)

Und die Propheten äußern sich ebenso. In dem bekannten »Weinberglied« schildert Jesaja, wie Gott sein Volk als seinen Weinberg hegt und pflegt. Aber dann muss er enttäuscht feststellen:

> »Warum habe ich erwartet, dass er Trauben bringe, und er brachte schlechte Beeren? Nun, so will ich euch denn mitteilen, was ich mit meinem Weinberg tun werde: Seinen Zaun [will ich] entfernen, dass er abgeweidet wird, seine Mauer niederreißen, dass er zertreten wird.« Jes 5,2ff)

Das hat nichts mit magischen Vorstellungen zu tun. Die Menschen haben die Freiheit, durch ihr Verhalten selbst zu bestimmen, ob der fruchtbare Lebensraum, den Gott ihnen schenkt, für sie »gut« oder »schlecht« ist. Wenn sie ihn durch ihr Tun verderben, sozusagen »entweihen«, ist er nicht mehr lebensdienlich, sondern »verflucht«. Der Fluchspruch ist die bekräftigende Bestätigung dafür, dass etwas verdorben ist.

Die ätiologischen Sprüche (Gen 3,14–19)

Der Spruch über die **Schlange** (V. 14.15) ist zweigeteilt: Zuerst wird erklärt, dass sie durch den Fluch zu ihren jetzigen Eigenschaften gekommen ist. Das zweite ätiologische Motiv will die Feindschaft zwischen (Gift-)Schlange und Mensch herleiten. Auch hier sind in der Tradition Deutungen zu finden, die weit über den Text hinausführen. Zur messianischen (mariologischen) Sichtweise vgl. die feministische Interpretation (Kapitel 7). Eine andere traditionelle Deutung erkennt in der Schlange die dämonische Macht des Bösen, mit der der Mensch kämpft. Neuere Kommentare weisen demgegenüber zu Recht darauf hin, dass dieses Verständnis keinen Anhalt im Text hat: Die Schlange ist nichts als ein von Gott erschaffenes Tier. Warum es zur »Verführerin« wird, lässt der Erzähler offen.

Auch der Spruch über die **Frau** (V. 17) ist von ätiologischem Interesse geleitet. Der Erzähler versucht, die Stellung und Erfahrungen der Frau zu erklären, wie er sie »in seiner patriarchalen Zeit vorfindet« (Schüngel-Straumann, 179).

Es geht um zwei Aspekte. Der erste reflektiert das Verhältnis der Geschlechter: Die Frau sehnt sich nach dem Mann (»ganzheitlich«, nicht nur sexuell!) – er aber hat die Verfügungsgewalt über sie. – Der zweite spricht die Mühen, die Beschwernisse an, die sich aus Schwangerschaft und Geburt ergeben. – In der kirchlichen Tradition sind diese Aussagen häufig als Gebote aufgefasst und missbraucht worden.

Der Spruch über den **Mann** (V. 17–19) ist der ausführlichste. Als einziger greift er das Vergehen noch einmal als Begründung auf. Als »verflucht« wird nun nicht Adam bezeichnet, sondern die Adama, der Ackerboden, aus dem er stammt. In Konsequenz des Ansatzes, den der Exkurs entwickelt, ist der Ackerboden »verdorben«. Er ist nicht mehr selbstverständlich für den Menschen da; gleichsam gegen seinen Widerstand müssen ihm die Nahrungsmittel abgerungen werden. (Die Parallele zu Gen 4,12 ist unübersehbar: Hier ist der Ackerboden durch das Bruderblut verdorben, das in ihn geflossen ist.)

Der zweite Teil von V. 19 hat wieder die Auslegung und auch die dogmatische Benutzung angeregt: Ist der Tod wegen der Sünde als Strafe in die Welt gekommen? Westermann weist m.E. zu Recht darauf hin, dass dieser zweite Teil eng auf den ersten Teil bezogen ist: »Der Tod erst wird der Mühsal der Lebensarbeit ein Ende setzen« (361). Der Tod gehört ganz offensichtlich von Anfang an zum Wesen des Menschen.

Der Abschluss (Gen 3,20–24)

Der Schlussabschnitt ist uneinheitlich. Es finden sich mindestens drei Aussagen: Die Namensgebung für die Frau – die Bekleidung – die Vertreibung.

Die **Namensgebung** für die Frau. Der Vers wird von allen Exegeten als spätere Einfügung in den Text beurteilt. Aus dem hebräischen Namen *hawwa* (sprich: chawwa = Eva) wurde das hebräische Nomen *haj* (Leben) herausgehört: Eva ist die »Mutter aller Lebenden«. Im Hintergrund sind sicher noch Spuren der »Urmutter« erkennbar, in den meisten Religionen ein zentrales Symbol für den Beginn allen Lebens. Im jetzigen Kontext hat die »Namensgebung« wohl den Sinn, die Freude darüber zur Sprache zu bringen, dass bei allen Beeinträchtigungen, die erzählt werden, »die dem Menschen verliehene Segenskraft, die Kraft des Erzeugens und Weitergebens von Leben, nicht verlorengegangen ist« (Westermann, 364).

Die **Bekleidung**. Hier geht es um die Schilderung von Gottes handwerklichem Tun: Eine ordentliche Bekleidung ist das Letzte, was der Schöpfer seinen Menschen fürsorglich noch mit auf den Weg geben kann. Auch hier spiegelt sich wieder der kultur- und religionsgeschichtliche Hintergrund: Häufig findet sich dort die Auffassung, dass die zivilisatorischen und kulturellen Fähigkeiten der Menschen Gaben der Götter sind.

Es bietet sich an, noch einmal auf V. 7 Bezug zu nehmen: Da wird erzählt, dass die Beiden – offenbar durch den Genuss der Erkenntnisfrucht – die Fähigkeit erworben haben, die Schurze zur Bedeckung der Nacktheit anzufertigen. Am Schluss wird erzählt, dass Gott selbst diese Arbeit zu Ende bringen muss … ein Hinweis darauf, dass alles Tun der Menschen auf die Vollendung durch JHWH angewiesen bleibt?

Die **Vertreibung**. Die Erzählung ist hier etwas uneinheitlich. Westermann weist zu Recht darauf hin, dass sich in V. 23 der konsequente Schluss der Paradieserzählung findet: Weil Adam und Eva das ungetrübt-harmonische Leben im Paradies »entweiht« und damit verwirkt haben, ist die Vertreibung die Folge – die Parallele Gen 4,14 liegt auf der Hand.

Die Verse 22 und 24 nennen ein anderes Motiv für die Vertreibung: es muss dafür gesorgt werden, dass die Menschen nicht auch noch von den Früchten des Lebens-Baums essen und damit unsterblich werden. – Die ersten Worte von V. 22 verbinden beide Motive miteinander.

Weisheit und ewiges Leben werden in vielen Mythen als Grundeigenschaften göttlicher Wesen genannt; dies war dem Erzähler von Gen 2 und 3 sicher bekannt; er hat die mythischen Motive für seine urgeschichtlichen Reflexionen planvoll verwendet. Damit der Zugang zum Baum des Lebens auch sicher verschlossen bleibt, stellt Gott die beiden Wächter davor.

Exkurs: Erkenntnis und Tora

In den Überlegungen zur »Erkenntnis von gut und schlecht« hat sich die Frage nach der Beziehung von Erkenntnis und Tora ergeben: Wenn die Menschen die Erkenntnis gewonnen haben – warum muss Gott ihnen dann noch die Tora geben?

Zunächst etwas zur Begriffsklärung: Die griechische Übersetzung des Ersten Testaments (Septuaginta) hat das hebräische »Tora« durchgehend mit »nomos« (»Gesetz«) wiedergegeben. Dadurch kam es zu einer Verengung auf eine rechtliche Sichtweise. In der Welt des Ersten Testaments hat »Tora« aber ein breites Bedeutungsspektrum bei sich:

Zunächst einmal meint Tora einen bestimmten Teil seiner Bibel, nämlich den Pentateuch, die fünf Mosebücher. Die Schriftrollen in der Synagoge für die Lesungen enthalten eben diesen großen Textkomplex. Bemerkenswert ist, dass »Tora« eben auch die erzählte Überlieferung einschließt: Die Erinnerung an die Schöpfung, die Segenszusage an Abraham, die Befreiung Israels aus der Sklaverei … all das ist »Tora«!

Um die verengte juridische Sichtweise wieder zu weiten, hat Martin Buber »Tora« konsequent mit »Weisung« übersetzt. Diese Bedeutung lässt sich am deutlichsten am Gebrauch des Begriffs in der »Weisheit« erkennen. Der Familienvater mahnt:

> Höre, mein Sohn auf die Mahnung deines Vaters,
> die Tora deiner Mutter verachte nicht (Spr 1,8).

Tora ist hier die hilfreiche Lebens-Unterweisung, die die Heranwachsenden an den guten Erfahrungen der Generation vor ihnen beteiligt.
In den religiösen Bereich führt die Tora, die der Priester gibt; er erteilt Auskunft über (kult-)gesetzliche Vorschriften und ihre Anwendung (z.B. Lev 11,46f; Mal 2,6f). Tora ist auch hier kein festgeschriebenes Gesetz, sondern praktische Weisung. Damit kommt die dritte Bedeutungs-Ebene in den Blick: Tora meint auch das, was als »Gesetz« Gottes gilt; so heißt es von den Leviten:

> Sie lehren Jakob deine Rechte
> und Israel deine Tora (Dtn 33,10).

Die Tora ist ein Leitfaden für das ganze Leben mit all seinen differenzierten Erscheinungen und Konflikten. »Wende sie (die Tora) hin und her, denn alles ist in ihr« heißt es bei den Weisen Israels (Sprüche der Väter 5:26).
Und sie ist ja mit dem Ersten Testament nicht zum Ende gekommen. Keineswegs ist der traditionellen Sicht zuzustimmen, dass das »Alte« Testament das Buch des Gesetzes sei, abgelöst durch das »Neue«, das die Botschaft des Evangeliums verkünde. Vertreter dieser Behauptung berufen sich gern auf diesen Satz von Paulus: »Christus ist das Ende des Gesetzes« (Röm 10,4). Hier scheinen sich die eben genannten Urteile zu bestätigen. Doch Jesus selbst hat sich nach einem Satz aus der Bergpredigt ganz anders geäußert:

> »Ihr sollt nicht meinen, dass ich gekommen bin, das Gesetz oder die Propheten aufzulösen; ich bin nicht gekommen aufzulösen, sondern zu erfüllen.« (Mt 5,17)

Er versteht sich augenscheinlich als »Vollender«, nicht als »Beender« der Tora! Entsprechend hat er offenbar ganz selbstverständlich vom »Doppelgebot der Liebe« gesprochen (Mt 22,37–40); wer ihm folgt, »wird leben« (Lk 10,26). So kann Paulus einfordern:

> »Einer trage des andern Last, so werdet ihr das Gesetz Christi erfüllen.« (Gal 6,2)

Ich denke, dass die Freude an der Tora, wie sie sich vor allem in den Psalmen zeigt, dieses ganze Bedeutungsspektrum betrifft. Aber mit diesen Hinweisen ist der Zusammenhang von »Erkenntnis« und »Tora« noch nicht geklärt.
Als eine Möglichkeit des Verständnisses bietet sich an, dass zwar die Menschen grundsätzlich wissen, was dem Leben dient und was es beeinträchtigt – aber dies Wissen ist noch nicht lebenstauglich im Blick auf die Herausforderungen, Konflikte und Widersprüche der jeweiligen Realsituation, in denen es sich bewähren muss. Die Menschen sind darauf angewiesen, dass Gott ihr Lebenswissen lebenstauglich macht – eben durch die Tora.
Eine – fast ein wenig ausgefallene – Analogie könnte sich am Schluss der Paradies-Erzählung zeigen: Die Menschen sind von sich aus fähig, sich für die Lebenspraxis auszurüsten – sie ma-

chen sich Kleidung. Aber die »Schurze« sind nicht tauglich für das wirkliche Leben. Darum muss Gott sich als Schneider ans Werk machen und ihnen geeignete Kleidung herstellen.

Noch einmal zurück zur Tora. – Sie hat wohl zwei Funktionen:
- Sie erinnert die Menschen daran, dass sie die guten Gaben Gottes durch adäquates Verhalten pflegen, z.B. in Ex 20,2: die Freiheit muss bewahrt bleiben!
- Sie konkretisieren die Lebensweisung in Lebenssituationen, die sich verändern. Darum gibt es beispielsweise nicht den einen Dekalog, sondern mehrere Dekaloge (Ex 20,1–17; Dtn 5,6–21; vgl. Ex 34).

Dem entspricht, dass in jüdischer Sicht der Prozess der Erkenntnis und der konkretisierenden Auslegung der Tora grundsätzlich nicht abschließbar ist, sondern in jeder Zeit neu reflektiert und erstritten werden muss (vgl. dazu auch Teil II, Kapitel 8: Jüdische Auslegung).

4. Zusammenfassung

Gen 3 ist immer wieder als Vorlage für spezifische Lehren über den Menschen und für dogmatische Konzepte in Anspruch genommen worden. Ein gewisser Endpunkt der dogmatischen Fixierung findet sich in den oben zitierten Dokumenten aus der Augsburgischen Konfession und der Papst-Erklärung. Diese wiederum berufen sich auf Paulus und Augustinus und ihre Lehren vom »Sündenfall«. Wie ist Gen 3 auf diesen Weg gekommen? Dies versuche ich in den Kapiteln über die Wirkungsgeschichtliche und die Feministische Auslegung (Kapitel 6 und 7) zu klären.

Vorerst nur die zusammenfassende These von Claus Westermann als ein Fazit seiner Auslegung: »Abgesehen davon, wie man theologisch über diese vom Judentum über Paulus und Augustin führende Linie urteilen mag, kann man jedoch heute nicht mehr sagen, dass sie dem in der Erzählung Gen 2–3 Gemeinten entspricht« (Westermann, 375f).

Sehen wir also noch einmal auf den Text.

Die oft erkennbare Sicht auf »Adam« und »Eva« als geschichtlich handelnde Personen ist ein Missverständnis; sie sind Symbolfiguren für den Beginn der Menschheit. Das Missverständnis wurde noch dadurch befördert, dass die griechische Übersetzung des ersten Testaments, die so genannte Septuaginta (abgeschlossen wohl um 100 v.Chr.), den hebräischen Begriff 'adam nicht mehr als »Mensch« verstand, sondern ausschließlich als Eigenname gebrauchte.

Mit Nachdruck ist noch einmal darauf hinzuweisen, dass der Text eine Ätiologie ist. Er versucht eine beschreibende Antwort auf Fragen, die der Erzähler in seiner Gegenwart erkannte – und die sich immer wieder stellen: Warum ist der Mensch von Mühsal, Schmerzen und Frustration befallen und damit in seinen Lebensmöglichkeiten beschränkt? Er fand die Antwort: Weil der Mensch (nicht: die Person Adam oder Eva am Anfang der Geschichte!) immer wieder die gute Weisung Gottes missachtet, sind Störung und Verlust von Vertrauen und Harmonie die Folge – Vertrauen und Harmonie zwischen Gott und Mensch, Mensch und Mitmensch, Mensch und Natur. Die Möglichkeit, Gottes guten Willen zu missachten (»Sünde«), hat ihre Basis in der von Gott gegebenen Willensfreiheit.

Die Aussagen des Ersten Testaments zur »Sünde« sind durchaus nicht einheitlich. Es finden sich sehr grundsätzlich skeptische Aussagen (z.B. »Das Sinnen des Menschen ist böse« Gen 8,21; aber es wird auch die Überzeugung formuliert, dass der Mensch die Fähigkeit hat, der Weisung Gottes zu folgen und damit die »Sünde« (und sich!) zu beherrschen (beginnend mit Gen 4,1; vgl. auch beispielsweise Dtn 30,11; Ps 1,1).

Von der »Sünde« ist in Gen 3 nicht die Rede und auch nicht davon, dass die Sterblichkeit als Strafe für die Sünde über den Menschen kommt. Es empfiehlt sich daher, auf die Bezeichnung des Texts als »Sündenfallgeschichte« zu verzichten. In meiner Sicht ist Gen 3 eine erzählende Diagnose menschlichen Verhaltens und seiner Folgen; sie ist prophetische Mahnung und damit auch Therapie. Sie zeigt: Wenn die Menschen sich *allein* auf die vernunftgegebene Fähigkeit verlassen, Lebensförderliches und Lebensschädliches zu unterscheiden, führt das in die Irre und schmälert ihre Lebenschancen. Erst im Hören auf Gottes gute Weisung (Tora) öffnet sich ihnen das fruchtbare Leben, das Gott ihnen zugedacht hat.

5. Ertrag

Was hat die Historisch-Kritische Exegese im Blick auf die Arbeit mit biblischen Texten gebracht?

Es hat sich gezeigt, dass die exegetische Arbeit sich gegen andere Interpretationen abgrenzen muss, die sich offensichtlich von Vorurteilen leiten lassen, z.B. beim Verständnis der Schlange und ganz besonders bei der Sicht auf die Frau. Vor allem hat die Arbeit deutlich vor Augen geführt, dass sich die »Erbsündenlehre« keineswegs auf Gen 3 berufen kann. Es ist deutlich zu sehen, dass außerbiblische Quellen an der Entwicklung dieses Dogmas beteiligt waren.

Auch der Erfahrungsbezug kommt ins Spiel: Die Interpretation des Textes als Ätiologie hat gezeigt, dass der Autor versucht, Erfahrungen seiner Welt (Kontext I) durch erzählende Rückschau verständlich machen. Umso nachdrücklicher stellt sich nun die Frage, wann und auf welche Weise der Kontext II Eingang in die Auslegungsarbeit findet. Das wird in den folgenden Kapiteln versucht.

Kapitel 6
Wirkungsgeschichtliche Auslegung

Die wirkungsgeschichtliche Auslegung gehört zum zweiten der »Wege«, auf denen die biblische Überlieferung ihren Leserinnen und Hörern »entgegen kommt«: Der zweite Weg: »Die Bibel bringt ihre Sache geschichtlich-konkret zur Sprache.«

Damit richtet sich die exegetische Aufmerksamkeit auf die Geschichte von Gen 3: Welche Ausformungen hat der Text erfahren? Und: Welche geschichtlich-gesellschaftlichen Veränderungen kann er heute anstoßen?

1. Allgemeine Charakteristik

Die Wirkungsgeschichtliche Auslegung verfolgt die Spur eines Textes durch die nachbiblische Geschichte bis in die Gegenwart. Dabei soll nicht in erster Linie die theologisch-reflektierende Auseinandersetzung mit dem Text in Kommentaren usw. (»Auslegungsgeschichte«) verfolgt werden, sondern eher seine »Praxisgeschichte«. Leitfrage ist: Wer hat den Text in welcher Situation mit welcher Absicht verwendet? Diese Frage hat immer auch einen ideologiekritischen Aspekt; dann spitzt sich die Frage zu: Wozu wurden Bibeltexte benutzt bzw. missbraucht?

2. Gewinn-Erwartung

Die Ergebnisse der wirkungsgeschichtlichen Analysen intensivieren den Blick auf den Ursprungstext durch die Prüfung, ob die jeweilige Verwendung dem Text gerecht wird. Die Überprüfung sollte auch offen sein für die Überlegung, ob sich aus der Wirkungsgeschichte neue Sichtweisen auf den Text ergeben, die bisher übersehen wurden. Weiterhin zeigt die wirkungsgeschichtliche Analyse auf, dass »außertheologische« Faktoren oft die Interpretation eines Textes nachhaltig beeinflusst haben; diese Einsicht lädt zu einer stärkeren kritischen Berücksichtigung der Erfahrung im eigenen Auslegungsvorgang ein.

3. Der Ansatz in der Gegenwart

Das Problem einer wirkungsgeschichtlichen Untersuchung von Gen 3 liegt eigentlich schon klar zu Tage: Die Überlagerung des Texts mit Sichtweisen und Interpretationen, die seiner Intention fremd sind, hat schon in biblischer Zeit eingesetzt. Vor allem geht es um die Festlegung des Bibeltexts als »Sündenfall«-Erzählung; sie soll begründen, warum es (Erb-)Sünde und Tod auf der Welt gibt. – Dies wird begleitet bzw. durchsetzt von der rigorosen Abwertung der Frau; diese Abwertung wiederum ist auch als eine Entwicklung zu beobachten, die sich sachlich nicht auf Gen 3 berufen kann.

Die Traditionen vom »Sündenfall« sind längst in unserer Gegenwart angekommen und beeinflussen die Lehre und die Lebensformen der Kirchen erheblich. Dies bekommt jede zu spüren, die am kirchlichen Leben teilnimmt. Um die Erfahrungen anzusprechen, bietet es sich an, bei der wirkungsgeschichtlichen Untersuchung als Schwerpunkt den gegenwärtigen Gebrauch von Gen 3 zu wählen, auf die Beobachtung der Sichtweisen, Funktionen und – nicht zuletzt – der Folgen. Wie erfahren heutige Personen die Überlieferung vom »Sündenfall«?

Dabei will ich »Gegenwart« nicht zu eng fassen: die vergangenen Jahrzehnte sind einzubeziehen – aus zwei Gründen:

Einmal ist das »kulturelle Gedächtnis« einzubeziehen: Dieser von Jan und Aleida Assmann (Assmann, 2008) entwickelte Ansatz bezeichnet die Texte, Verhaltensmuster, Bilder ... in uns, die sich durch unablässigen Gebrauch, durch beharrliche Wiederholung verfestigt haben und – meist unbewusst – unsere Sicht auf uns selbst und die Welt beeinflussen. Das heißt: Wie unseren Vorfahren, unseren Eltern oder Großeltern die Bedeutung von Gen 3 als »Sündenfallgeschichte« vermittelt und eingeprägt wurde, ist im kulturellen Gedächtnis abgespeichert und bis heute in der persönlichen und gesellschaftlichen Praxis mit im Spiel.

Und: es bahnt sich etwa seit den 70er Jahren des vergangenen Jahrhunderts wohl auch in den Kirchen eine veränderte, kritisch unterscheidende und verantwortete Sichtweise auf die biblische Überlieferung an – die in der theologischen Reflexion schon einen langen Vorlauf hatte! Damit ist das Untersuchungsfeld eingegrenzt:

- Im Blick auf die Inhalte: Zu untersuchen sind in erster Linie Beispiele der kirchlichen Praxis, die ja weithin die Wahrnehmung beeinflusst.
- Im Blick auf den Zeitraum: Es werden Beispiele aus den letzten Jahrzehnten bis hin zur Gegenwart untersucht; historische Dokumente werden nur hinzugenommen, wenn sie für das gegenwärtige Verständnis wichtig sind.

Die Untersuchungen sind nicht als möglichst vollständige Erfassung des Materials gedacht, sondern als exemplarische Überprüfungen typischer Äußerungen, die zu eigenen Versuchen anregen wollen. Mit diesen Hinweisen können nun die methodischen Schritte beginnen.

4. Methoden

4.1 Bereitstellung und Untersuchung von Quellen

4.2 Bestimmung von Analysefragen

- Bei welchen Anlässen ist der Text verwendet worden?
- Welche Personen bzw. Gruppen haben den Text benutzt?
- Welche Interessen lassen sich erkennen?
- Welche Folgen löst dieser Gebrauch aus? (z.B. Gehorsamsbereitschaft als »christliche Tugend«).

4.3 Analyse von Rezeptionsmechanismen

- Auswahl bestimmter Texte;
- Kombination mit anderen Texten;
- Adaption (Anpassung der Texte an den gedachten Zweck);
- Bestimmung von Beobachtungs- und Analysekriterien
    - Auf das Verständnis des Textes bezogen:
    Wird die praktische Auslegung des Textes seinem Selbstverständnis gerecht? (Maßstab: »Historische Sinnbestimmung; vgl: Historisch-Kritische Auslegung in Kapitel 5).
    Wird der praktische Gebrauch des Textes den grundlegenden Impulsen der Bibel gerecht? (vgl. die »Grundbescheide« in Kapitel 1)
    - Auf die Wirkung des Textes (z.B. Erziehung) bezogen:
    Wird die angestrebte Wirkung den Grundaussagen der Bibel gerecht? (z.B. sind Angst oder Unterwerfung als »Erziehungsmaßnahmen« aus dem Ersten und Neuen Testament nicht zu begründen!)

5. Beispiele aus der Wirkungsgeschichte von Gen 3

5.1 Beispiele aus der Bibel und ihrem Umfeld

Vorbemerkung: Obwohl der Schwerpunkt in der Gegenwart liegen soll, ist der Blick auf die Quellen aus der Bibel und ihrem Umfeld unerlässlich, weil er die heute noch wirksamen Ausprägungen verständlich macht.

Kapitel 6: Wirkungsgeschichtliche Auslegung

Zunächst einmal ist interessant, dass Gen 2 und 3 im ganzen Ersten Testament nie wieder aufgenommen wurden ... es sei denn, man rechnet das Buch Sirach zum Kanon (was im Protestantismus nicht der Fall ist). Dieses Buch der Weisheit entstand im 2. Jahrhundert v.Chr. Es enthält viele Aussagen über die Frau – immer stark aus männlicher Sicht formuliert. In Kapitel 25 heißt es:

> »Von einer Frau nahm die Sünde ihren Anfang,
> ihretwegen müssen wir alle sterben.« (Sir 25,24)

Dieser Satz gehört zu den am häufigsten angeführten frauenfeindlichen Zitaten aus der griechischen Bibel (Septuaginta). Die neutestamentlichen Aussagen sind im Kontext des frühjüdischen Schrifttums zu interpretieren; darum ist eine Beschäftigung mit einigen Beispielen aus diesem Bereich angezeigt.

Im **Judentum** kommt es zu einer lebhaften Auseinandersetzung mit der Überlieferung vom »Sündenfall«. Es gibt eine Fülle von Schriften; sie werden als Apokryphen und Pseudepigraphen bezeichnet. Viele davon sind von der Apokalyptik geprägt. Sie besagt, dass die gegenwärtige Welt so verdorben ist, dass das Heil nur in einer kommenden (End-)Zeit erwartet werden kann; diese beginnt mit einer katastrophalen Vernichtung des Bestehenden. In diesem Zusammenhang ist oft vom »Fall Adams« die Rede. In einer dieser Schriften, 4. Esra genannt, findet sich diese Aussage:

> »Ach, Adam, was hast du getan!
> Als du sündigtest,
> kam dein Fall nicht nur auf dich,
> sondern auch auf uns, deine Nachkommen!« (4. Esra 8,118)

Der überlieferte Text aus Gen 3 wird nun als »Sündenfall« Adams bezeichnet, der durch ihn auf alle Menschen übertragen wird.

Aber die Tendenz geht deutlich in Richtung auf Eva als »Mutter allen Übels«. In der »Apokalypse des Mose« lässt der Verfasser Mose zu seinem Sohn Seth über die Übertretung des Gebotes sagen:

> »Als nun die Stunde kam, in der sich die Engel, die Wächter eurer Mutter, zur Anbetung des Herrn hinaufbegaben, fand sie der Feind allein und gab ihr von dem Baum zu essen; er wusste ja, dass weder ich noch heilige Engel in der Nähe waren« (ApcMos 7).

Ohne (männliche) Bewachung ist Eva also nicht in der Lage, »dem Feind« zu widerstehen. Weil sie Adam die Vertreibung aus dem Paradies angetan hat, weint sie bittere Tränen der Reue und bekennt immer wieder: »Begier ist ja der Anfang aller Sünden.« Die Rückbezüge auf Gen 3 im **Neuen Testament** sind teilweise deutlich von dieser zeitgenössischen Sichtweise beeinflusst. So heißt es beispielsweise in 2. Kor 3, wo Paulus vor dem Abfall vom rechten Christusbild warnt:

> »Ich fürchte aber, wie die Schlange einst durch ihre Falschheit Eva täuschte, könntet auch ihr in euren Gedanken von der aufrichtigen und reinen Hingabe an Christus abkommen.« (2. Kor 3,3)

Noch ein zweites Mal nimmt Paulus auf Eva Bezug (wenn auch ihr Name nicht fällt):

> »**3** Ihr sollt aber wissen, dass Christus das Haupt des Mannes ist, der Mann das Haupt der Frau und Gott das Haupt Christi. **4** Wenn ein Mann betet oder prophetisch redet und dabei sein Haupt bedeckt hat, entehrt er sein Haupt.
> **5** Eine Frau aber entehrt ihr Haupt, wenn sie betet oder prophetisch redet und dabei ihr Haupt nicht verhüllt. Sie unterscheidet sich dann in keiner Weise von einer Geschorenen. **6** Wenn eine Frau kein Kopftuch trägt, soll sie sich doch gleich die Haare abschneiden lassen. Ist es aber für eine Frau eine Schande, sich die Haare abschneiden oder sich kahl scheren zu lassen, dann soll sie sich auch verhüllen. **7** Der Mann darf sein Haupt nicht verhüllen, weil er Abbild und Abglanz Gottes ist; die Frau aber ist der Abglanz des Mannes. **8** Denn der Mann stammt nicht von der Frau, sondern die Frau vom Mann. **9** Der Mann wurde auch nicht für die Frau geschaffen, sondern die Frau für den Mann. **10** Deswegen soll die Frau mit Rücksicht auf die Engel das Zeichen ihrer Vollmacht auf dem Kopf tragen. **11** Doch im Herrn gibt es weder die Frau ohne den Mann noch den Mann ohne die Frau. **12** Denn wie die Frau vom Mann stammt, so kommt der Mann durch die Frau zur Welt; alles aber stammt von Gott.« (1. Kor 11,3–12)

Zwar geht Paulus in diesem Text davon aus, dass die Frauen im Gottesdienst öffentlich an der Verkündigung teilhaben – aber gleichzeitig spricht er wohl der Frau die volle Gottebenbildlichkeit ab. Andererseits sind »im Herrn« Mann und Frau gleich – wie in der bekannten Stelle Gal 3,28. Aber dieser ambivalente Abschnitt aus dem 1. Korintherbrief ist in der weiteren Geschichte eigentlich immer nur in seinen abwertenden Zügen aufgegriffen worden.

Eine nächste Station auf dem Weg von Gen 3 in die Gegenwart ist der berühmte Adam-Christus-Text, den Paulus im Römerbrief formuliert hat:

> »**12** Durch einen einzigen Menschen kam die Sünde in die Welt und durch die Sünde der Tod und auf diese Weise gelangte der Tod zu allen Menschen, weil alle sündigten.
> …
> **17** Ist durch die Übertretung des einen der Tod zur Herrschaft gekommen, durch diesen einen, so werden erst recht alle, denen die Gnade und die Gabe der Gerechtigkeit reichlich zuteil wurde, leben und herrschen durch den einen, Jesus Christus.« (Röm 5,12.17)

Es ist deutlich erkennbar, dass Paulus sich hier wie auch an anderen Stellen von der Sicht der jüdischen Apokalyptik leiten lässt. – Dazu kommen innerbiblische Prozesse. Beispiel: Es herrscht mittlerweile Konsens darüber, dass das bekannte Schweigegebot in 1. Kor 14,34f nicht von Paulus stammt, sondern erheblich später formuliert wurde (vgl 1. Tim 2,12f); von dort wurde es dann nachträglich in den Paulusbrief eingetragen. Eben diese späte Briefstelle (1. Tim 2,8–15) hat die Sicht auf die Frau in der Geschichte nachhaltig beeinflusst:

> »**8** Ich will, dass die Männer überall beim Gebet ihre Hände in Reinheit erheben, frei von Zorn und Streit. **9** Auch sollen die Frauen sich anständig, bescheiden und zurückhaltend

kleiden; nicht Haartracht, Gold, Perlen oder kostbare Kleider seien ihr Schmuck, **10** sondern gute Werke; so gehört es sich für Frauen, die gottesfürchtig sein wollen. **11** Eine Frau soll sich still und in aller Unterordnung belehren lassen. **12** Dass eine Frau lehrt, erlaube ich nicht, auch nicht, dass sie über ihren Mann herrscht; sie soll sich still verhalten. **13** Denn zuerst wurde Adam erschaffen, danach Eva. **14** Und nicht Adam wurde verführt, sondern die Frau ließ sich verführen und übertrat das Gebot. **15** Sie wird aber dadurch gerettet werden, dass sie Kinder zur Welt bringt, wenn sie in Glaube, Liebe und Heiligkeit ein besonnenes Leben führt.«

Helen Schüngel-Straumann merkt dazu an: »Die Frau ist in diesem Text erstklassig in der Sündenordnung, aber zweitklassig in der Schöpfungsordnung« (Schüngel-Strauman, 2014, 86).

Der Text gehört inhaltlich zu den so genannten Haustafeln im Kolosser- und Epheserbrief. Sie regeln die Sozialordnung im Haushalt und weisen der Frau eine untergeordnete Stellung zu. 1. Tim 2,8–15 wendet dies nun auf die Stellung der Frau im Gottesdienst an. Die Unterordnung (Lehrverbot) wird gleich zweifach durch einen Rückgriff auf die Überlieferung »begründet«. Aus der erzählten zeitlichen Abfolge der Erschaffung von Mann und Frau wird unter der Hand eine Wertung – ein Kunstgriff, der in der Geschichte immer wieder angewendet wurde. – Die zweite Behauptung: Nur Eva wurde verführt und übertrat das Gebot. Auch dies hat keinen Anhalt an der »Paradiesgeschichte«. Die Rettung der Frau ist möglich durch Kindergebären und ein besonnenes (zur Unterwerfung bereites?) Leben in »Glaube, Liebe und Heiligkeit«. – Über die Rettung der Männer in analoger Weise schweigt der Text.

Anmerkung: Auch heute noch wird dieser Text gern in evangelikalen Gruppierungen als Grundlage für Predigten und Bibelarbeiten herangezogen. Einige kleine Kostproben: »Gott hatte Adam das Gebot gegeben, nicht vom Baum der Erkenntnis des Guten und Bösen zu essen (1. Mose 2,15–17). Eva versäumte es, mit ihrem Mann darüber zu sprechen und liess sich über ihn hinweg von der Schlange verführen (1. Mose 3,1–6). Indem sie sich über ihn hinweg mit der Schlange einliess und später auch ihrem Mann von der Frucht gab, übernahm sie die Herrschaft und setzte sich über die Autorität ihres Mannes. Damit sich dies in der Gemeinde nicht wiederholen kann ...« (2011 Norbert Lieth)

Oder in einer anderen Predigt (2011) heißt es: Paulus weist »hier so deutlich auf die schöpfungsgemäße Ordnung und den wirklichen Hergang des Sündenfalls. Er will damit sagen, dass man nicht durch Umkehrung von Tatsachen die Ordnungen Gottes außer Kraft setzten kann.« (Quelle: Internet)

An dieser Stelle ist die kritische Beschäftigung mit der Rezeption von Gen 3 innerhalb der Bibel (und im Umfeld) abgeschlossen. Grundsätzlich lässt sich beobachten, dass der ersttestamentliche Text recht willkürlich zur Begründung spezifischer Interessen in Anspruch genommen wurde. Zwei Akzente zeigen sich:

Einmal wird die Überlieferung vom »Sündenfall« zur Begründung dualistischer Sichtweisen herangezogen: Hier wurzelt angeblich die Verderbtheit der gegenwärtigen Welt, die dringend auf Erlösung angewiesen ist. Ein Beispiel, das weitreichende Folgen nach sich zog, ist die so genannte Adam-Christus-Typologie in Röm 5. – Gerade diese weitgehend entstellende Tradierung von Gen 3 ist nachdrücklich zu kritisieren; sie schärft aber auch noch einmal den Blick auf den Bibeltext selbst.

Zweitens wird Gen 3 missdeutet als (willkommener) Beleg für die vorgebliche Überlegenheit des Mannes über die Frau: Der Mann erscheint bedeutender, charakter- und willensstärker, glaubensbewusster als die Frau. Das lässt sich am besten durch die Herabsetzung, ja Diffamierung der Frau erreichen … bis hin zum Tiefpunkt, dass der Frau letztlich die Gottebenbildlichkeit abgesprochen wird.

5.2 Beispiele aus der Geschichte

Vorbemerkung: In der Wirkungsgeschichte von Gen 3 kam es immer stärker zur Abwertung, ja, zur Diffamierung der Frau. Darum scheint es sinnvoll, die Beispiele aus der Geschichte im Kapitel zur Feministischen Auslegung (Kapitel 7) zu besprechen. Hier nur kurze Hinweise:

Auf die paulinische Sicht beruft sich Augustinus (354–430). Augustinus führte eine große Auseinandersetzung mit Pelagius, der die Theorie des freien Willens vertrat. In diesem scharfen Streit entwickelte Augustinus die Lehre der Erbsünde. Dabei übernahm Augustinus die Interpretation von Römer 5,12, die Hilarius eingeführt hat: »In ihm [Adam] haben alle gesündigt«, so als wären alle in Adam enthalten gewesen. Im Gegensatz zu Pelagius konstatierte Augustinus, dass die Erbsünde physisch durch die Zeugung übertragen werde. Ein guter Wille oder gerechte Taten können dies nicht ändern. Nur die wenigen Menschen, die ganz und gar unverdient die Gnade Gottes erhalten, können diesem verhängnisvollen Erbe entkommen.

Der weitere Weg lässt sich u.a. über Anselm von Canterbury bis hin zur Reformation und damit – wie die in Kapitel 1 (Abschnitt 3.1) besprochenen Bekenntnisse, Lehrsätze und Dogmen belegen – bis in die Gegenwart. Diese soll nun näher betrachtet werden.

5.3 Beispiele aus der Gegenwart

5.3.1 Welche Quellen stehen zur Verfügung?

Material steht reichlich zur Verfügung: Vielleicht ist es nützlich, mit eigenen Erfahrungen anzufangen: Wie habe ich im Laufe meines Lebens die »Sündenfallgeschichte« erlebt? – Hieran könnten Fragen an Bekannte, Mitglieder einer Arbeitsgruppe … anknüpfen. Dabei sollte beachtet werden, welche Gefühle solche Erfahrungen ausgelöst haben bzw. heute auslösen.

Auch in den Kirchen ist viel zu finden: Angefangen bei den Bekenntnissen, Liturgien, Gesangbüchern, Predigten … Künstlerische Darstellungen finden sich in vielen Kirchen und in Büchern. Die »Bekenntnisse« sollten auf keinen Fall übergangen werden – schließlich ist in vielen Gesangbüchern die »Augsburgische Konfession« als eine der verpflichtenden Bekenntnisse der protestantischen Kirchen abgedruckt; und viele protestantische Pfarrer sind auf dieses Bekenntnis als eine theologische Grundlage ihres Amts verpflichtet. Alle diese Äußerungen und Gestaltungen sind als praktische Auslegung von Gen 3 zu verstehen.

Vielleicht ist es auch sinnvoll und ergiebig, den Gebrauch des »Sündenfalls« in der Alltagssprache einzubeziehen. Beispiele: Es ist von einem Sündenfall bei einem Verstoß gegen Bauordnungen, Verkehrsregeln, Vorschriften im öffentlichen Haushalt ... die Rede. Aufschlussreich sind auch die Volkslieder (Suchtexte etwa: Sündenfall + Volkslied; Eva + Volkslied). Meistens handelt es sich um banale Veralberungen – ein Versuch, sich dem Druck kirchlicher Praxis zu entziehen?

5.3.2 Beispiele aus einigen kirchlichen Arbeitsfeldern

In diesem Abschnitt werde ich mich auf die Thematik des »Sündenfalls« begrenzen. Zwei weitere Teilthemen werden im folgenden Kapitel zur Feministischen Auslegung besprochen: Die Schuldzuweisung an Eva und die mariologische Deutung.

Zunächst einige Beispiele aus den **kirchlichen Gesangbüchern** (für die evangelischen Quellen kann in einer übersichtlichen Konkordanz im Internet nachgeschlagen werden: www.liederdatenbank.de. – Für das katholische »Gotteslob« steht ein Buch zur Verfügung: Liedauswahl nach Themen leicht gemacht. Konkordanz zum Gotteslob in 500 Stichworten und Liedvorschläge für jeden Sonntag.)

Hier kommt es zur deutlichen Überschreitung des eben genannten Zeitraums für die Untersuchung; denn bei den im Gesangbuch abgedruckten Liedern ist in aller Regel von einer viel früheren *Entstehungszeit* auszugehen. Aber ihre *Benutzungszeit* ist die Gegenwart. Ihre Wirkung ist sicher nicht unbeträchtlich; sie speist sich aus drei Quellen:
- Die Lieder gehören ganz selbstverständlich zur Liturgie und werden gewohnheitsmäßig gesungen;
- ihre liturgische Bedeutung wird in der Regel kaum eine kritische Reflexion ihrer Inhalte fördern;
- sie sprechen die Emotionen an, die erfahrungsgemäß intensiv wirken.

Gleich der erste Themenblock im Evangelischen Gesangbuch, »*Weihnachten*«, bietet viel Material: Der größte Teil der Lieder nimmt Bezug auf die Sünden der Menschen und die Versöhnung durch Christus. Einige typische Zitate: »... er will eu'r Heiland selber sein, von allen Sünden machen rein.« (24,3). – »... rettet von Sünd und Tod.« (30,3) – »... du hast dich bei uns eingestellt, an unserer Statt zu leiden.« (37,8) – »Gott wird ein Kind, träget und hebet die Sünd.« (41,3) – »Christ ist erschienen, uns zu versühnen.« (44,2).

Dieser Befund verwundert im Blick auf Lieder zum Fest der Geburt Jesu, in denen immer wieder die überschwängliche Freude zum Ausdruck kommt. Augenscheinlich ist die Basis dieser Aussagen die Sühne- und Erlösungslehre des Anselm von Canterbury (vgl. Kapitel 1). Diese Lehre hat offensichtlich viele traditionelle Weihnachtslieder beeinflusst: Die wahre Weihnachtsfreude ist, dass der Sohn auf die Welt gekommen ist und zum Sühnopfer bereit steht. Das Dogma von der Erbsünde ist Grundlage dieser Lieder. Wenn der Sühnetod Jesu so exklusiv als Zentrum seiner Bestimmung festgelegt wird, ist allerdings eine andere Deutung seiner Geburt kaum möglich!

Das katholische Gesangbuch »Gotteslob« (Ausgabe 2013) zeigt im Großen und Ganzen einen ähnlichen Befund wie das evangelische. Das hängt vor allem damit zusammen, dass die gleichen Lieder gesungen werden. Neuere Weihnachtslieder folgen dieser Linie nicht; für sie steht eher die Zuwendung Gottes zur Welt im Mittelpunkt, die allerdings oft nicht weiter inhaltlich gefüllt ist. In diesem Zusammenhang ist die Beobachtung interessant, dass das so genannte apostolische Glaubensbekenntnis von der Geburt Jesu gleich zur Leidensgeschichte übergeht, ohne seine Geschichte und Predigt zu erwähnen.

Im Themenbereich »*Passion*« steht das Sühnopfer Jesu im Mittelpunkt. Auch hier ist das Muster deutlich zu erkennen, das sich schon bei den Weihnachtsliedern zeigte. Wieder einige charakteristische Zitate: »... er ward zum Tod verdammt für uns arme Sünder« (78,3). – »... der Mensch verdient den Tod und ist entgangen, Gott wird gefangen« (81,5). – »... mich Armen zu erretten von des Teufels Sündenketten« (86,2). – »... dein Blut das Lösegeld« (87,3).

Doch in diesem Teil scheinen mehrere Verfasser nicht so sehr an eine universale Sühnetheorie zu denken, sondern an die Verfehlungen des Einzelnen, die gesühnt werden müssen. Im Block »Österliche Bußzeit« des »Gotteslobs« ist der Zusammenhang »Erbsünde-Erlösung« wirksam, etwa in diesen Zeilen: »Arm ward ich in die Welt geschickt, von Anbeginn in Schuld verstrickt. Ein fremdes mächtiges Gesetz trieb mich dem Bösen in das Netz« (268,2).

Eines der markantesten »Sündenfall«-Lieder ist vielen Älteren noch bekannt; hier ein kurzer Auszug:

»Durch Adams Fall ist ganz verderbt
Menschlich Natur und Wesen,
Dasselb Gift ist auf uns ererbt,
Dass wir nicht mocht'n genesen
Ohn' Gottes Trost, der uns erlöst
Hat von dem großen Schaden,
Darein die Schlang Eva bezwang,
Gotts Zorn auf sich zu laden.

Weil denn die Schlang Eva hat bracht,
Dass sie ist abgefallen
Von Gottes Wort, welchs sie veracht,
Dadurch sie in uns allen
Bracht hat den Tod, so war je Not,
Dass uns auch Gott sollt geben
Sein lieben Sohn, der Gnaden Thron,
in dem wir möchten leben«.

Abgesehen von diesem Beispiel aus der Vergangenheit ist mir im protestantischen Bereich keine einseitige Schuldzuweisung an Eva aufgefallen. Im »Gotteslob« ist die mariologische Deutung von Gen 3 zu beachten (s.u. in Kapitel 7: Feministische Auslegung). Augenscheinlich hat ein Paradigmenwechsel stattgefunden: Neuere Lieder im Gesangbuch greifen die dogmatischen Traditionen von der Erbsünde und dem darauf bezogenen Sühnopfer kaum noch auf.

Das ist auch in anderen Teilen des Gottesdienstes zu erkennen. Beispiele: In den vom Evangelischen Oberkirchenrat in Stuttgart herausgegebenen »Kirchengebeten« (1985) findet sich die Erbsündenlehre weder im Abschnitt »Weihnachten« noch im Teil »Passion«. – Auch Predigten zu Gen 3 (Predigttext am Sonntag Invokavit, dem ersten Sonntag in der Passionszeit), gehen nicht darauf ein, soweit bei Stichproben in Predigten erkennbar, die ins Internet gestellt wurden.

Ein reiches Untersuchungsfeld bieten **Religionsbücher, Kinderbücher und Kinderbibeln**. Ich beginne im Blick auf die Schulbücher mit einem älteren Beispiel aus dem katholischen Bereich. Solche Bücher sind möglicherweise heute nicht mehr in Gebrauch; aber das »kulturelle Gedächtnis« sorgt dafür, dass dort vertretene Sichtweisen die Einstellungen, Gefühle und Sprache der heute Lebenden beeinflussen.

Beispiel: Das »*Glaubensbuch. 3 und 4. Schuljahr*«. Über Jahrzehnte hinweg war dieses Buch das Leitmedium der katholischen Unterweisung. Auch hier wird Gen 3 aufgenommen. Dem 1. Abschnitt (V. 1–6) folgen Erläuterungen, z.B.: Die ersten Menschen sollten Gott »stets als ihren Herrn anerkennen und ihm ihre Liebe durch Gehorsam beweisen«. Abschließend:

> »Gott, in deiner Vatergüte
> Uns vor des Teufels List behüte;
> Lass uns dir dienen froh und rein
> Und deine lieben Kinder sein.«

Der 2. Abschnitt gibt den Rest der Geschichte wieder. Aus den Erläuterungen:

> »... die Menschen müssen sterben. Nach dem Sündenfall kommen alle Menschen ohne das Gnadenleben zur Welt. Sie werden nicht als Kinder Gottes geboren und können nicht aus eigener Kraft zu Gott kommen ... Die erste Sünde nennen wir auch die Ursünde. Weil sich die Schuld der ersten Menschen auf ihre Nachkommen vererbt, sprechen wir von Erbschuld.«

Als Beispiel aus dem Religionsunterricht der Gegenwart wähle ich »S*puren lesen. Religionsbuch für das 3./4. Schuljahr* (Verlage Westermann und Calwer, 2011). In einem Block »In Gottes Welt« geht es um eine kreativ ausgerichtete Beschäftigung mit der Schöpfung, u.a. anhand des Oratoriums »Die Schöpfung« von J. Haydn. Unter der Überschrift »Das Paradies – verloren?« werden die Kinder aufgefordert, ausgehend von einer Bildseite die Erzählung Gen 3 in einer Kinderbibel nachzulesen.

Das Lehrerhandbuch empfiehlt dazu ein »theologisches Gespräch«. Die Überlieferung wird mit großer Zurückhaltung aufgenommen und lässt den Kindern Raum für eigene Sichtweisen.

Ein typisches Beispiel für bestimmte *Kinderbibeln* findet sich bei *Anne de Vries* (Die Kinderbibel, Bahn Verlag). Da heißt es:

> »Und Eva flüsterte: ›Ja, Herr, aber die Schlange hat gesagt, dass ich davon essen dürfe.‹ Oh, wie zornig war Gott auf die Schlange! Oder eigentlich noch viel mehr auf jemand anders, auf den bösen Feind, der der Schlange die Worte eingegeben hatte. Der hatte es eigentlich getan. Der Satan, so hieß der böse Feind. Der war eifersüchtig auf Gott und wollte das schöne Werk des Herrn zerstören. Und das war ihm nun gelungen. Denn weil Adam und Eva ungehorsam geworden waren, konnten sie nicht mehr so nahe bei Gott bleiben. Nun mussten sie fort aus dem schönen Paradies.
> Aber trotzdem liebte Gott immer noch seine ungehorsamen Kinder. Er versprach ihnen, dass einmal alles wieder gut werden solle. Er sagte, dass Eva Kinder bekommen solle. Einst aber solle ein Kindlein geboren werden, das würde stärker sein als der Satan. Das werde den Satan bestrafen und dafür sorgen, dass er nichts Böses mehr anstellen könne.
> Wer sollte dieses Kindlein sein? Der Herr Jesus.
> Wenn der Herr Jesus kommen würde, dann würde Gott nicht mehr böse sein auf die Menschen, dann dürften sie wieder nahe bei ihm wohnen an einem Ort, wo es noch viel herrlicher wäre als im Paradies: Im Himmel.«

Der Verfasser spannt die Erzählung in eine dramatische, kosmische Auseinandersetzung zwischen Gott und Satan ein, von der im Bibeltext nicht die Rede ist. Der Ausblick entspricht der dogmatischen Setzung von (Erb-)Sünde und ihrer Überwindung durch Christus – hier gefasst als Verheißung, dass »der Herr Jesus« (eine durchgehende Wendung bei de Vries) den Satan besiegen und bestrafen werde. – Hier ist von der biblischen Überlieferung nicht viel übriggeblieben.

Heutige Kinder- und Jugendbibeln geben die Erzählung durchweg dem Text entsprechend und kindgerecht wieder. Einige wählen sehr textgerecht einen ätiologischen Ansatz, d.h. sie führen den Text als eine Geschichte ein, die eine Antwort auf drängende Fragen versucht. Dass ein solcher ätiologischer Ansatz sich auch bei jüngeren Kindern plausibel einführen lässt, zeigt das Buch von *Renate Schupp »Im Paradiesgarten und 28 weitere Geschichten der Bibel für Kinder«* (Verlag E. Kaufmann, Lahr 2006). Da wird die Geschichte so eingeführt:

> »Die Menschen der Bibel fragten: Wie kommt es, dass wir heute so hart arbeiten müssen und so viel Not leiden? Am Anfang haben die Menschen doch bei Gott gelebt und es gut gehabt. Warum ist das nicht mehr so? – Und sie erzählten dazu diese Geschichte.«

Ein gelungenes Beispiel sehe ich in »*Die Bibel erzählt« von Karel Eykman und Bert Bouman* (Herder und Gütersloher Verlagshaus). Dort heißt es:

»Und Eva sagte: ›Die Schlange sagte, dass ich sie pflücken sollte.‹ Gott rief: ›Mit der Schlange will ich nichts zu tun haben. Aber ihr, was soll ich mit euch machen? Ich kann es euch nicht zumuten, hier in der Nähe des Baumes zu bleiben. Wo ihr doch selber so sein wollt wie Gott! Und wo euch das doch niemals gelingt! Ihr wollt mehr sein als andere einfache Menschen. Das gelingt auch nicht mit einem solchen Baum. Davon werdet ihr nur traurig oder ängstlich. Seid einfach Menschen, lebt ohne einen solchen Baum. Und geht weg von hier.‹ So gingen Adam und Eva aus dem Garten, hinein in die Welt. Da fühlten sie alle beide ein warmes Fell um ihre Schultern. Gott hatte es ihnen für den Fall gegeben, dass es nachts kalt würde. Und Gott sprach zu Adam und Eva: ›Ich gehe mit euch. Ich werde bei euch bleiben. Ihr könnt nicht ohne mich leben, und ich will nicht ohne euch sein.‹«

In meiner Sicht ist den Verfassern eine sehr gute eigenständige Erzählung gelungen: Sie übersetzt den Text sachlich angemessen in die Vorstellungswelt der Kinder. Sie verharmlost nicht – und kann doch überzeugend die nicht endende Zuwendung und Nähe Gottes zur Sprache bringen.

So weit dieser exemplarische Überblick über den Umgang mit Gen 3 in einigen kirchlichen Arbeitsfeldern. Er zeigt, dass der Bezug auf den »Sündenfall« sehr deutlich zurückgegangen ist. Aber gerade der Gebrauch im traditionellen Liedgut sollte zu denken geben; denn hier sickern immer wieder Vorstellungen ein, die mit Recht als überholt gelten müssen.

Helen Schüngel-Straumann notiert in ihrem Eva-Buch, dass die Ergebnisse der feministisch orientierten Exegese und Analysen in der Forschung weitgehend akzeptiert seien; dass es aber große Defizite im Blick auf die Vermittlung an die Basis gäbe (Schüngel-Straumann, 2014, 12).

6. Zusammenfassung

Bei der exemplarischen Verfolgung der Wirkungsgeschichte von Gen 3 war eine starke Überlagerung durch dogmatische, aber auch moralische Standpunkte zu erkennen. Beobachtungsfelder in der Gegenwart waren vor allem Kirchenlieder und katechetische Literatur.

Es zeigte sich aber auch im Blick auf gegenwärtige Äußerungen, dass der Bezug auf Gen 3 ganz unterblieb (z.B. in Weihnachtsliedern) oder in Erzählungen so gedeutet wird, dass sie heutigen Bibelleser/innen und dem Bibeltext gerecht werden.

Die »alte Sicht« wird aber immer wieder befestigt, gerade da, wo Äußerungen nicht (mehr) bewusst wahrgenommen werden, etwa in Kirchenliedern oder im Blick auf Kunst in kirchlichen Bauten. Hier ist den Zuständigen zu raten, beispielsweise durch Enthaltsamkeit (problematische Strophen auslassen) oder Information.

7. Ertrag

Die wesentlichen Gesichtspunkte sind bereits in der Zusammenfassung angesprochen. Die Beanspruchung des Bibeltexts für bestimmte Interessen ist beträchtlich, nicht zuletzt durch die Beeinflussung des Unterbewusstseins. Fast wäre statt von »Wirkungsgeschichte« in diesem Zusammenhang von Ausnutzungsgeschichte zu sprechen. Die Untersuchung kann/sollte eine Sensibilisierung im Blick auf die Praxis anstoßen.

Kapitel 7
Feministische Auslegung

Die Feministische Auslegung habe ich vor allem dem zweiten der »Wege« zugeordnet, auf denen die biblische Überlieferung ihren Leserinnen und Hörern »entgegen kommt«: »Die Bibel bringt ihre Sache geschichtlich-konkret zur Sprache.«

Damit richtet sich die exegetische Aufmerksamkeit auch auf die Geschichte von Gen 3: Welche Ausformungen im Hinblick auf die feministische Perspektive hat der Text erfahren? Und: Welche geschichtlich-gesellschaftlichen Veränderungen könnte er heute anstoßen?

1. Allgemeine Charakteristik

Bei diesem Interpretationskonzept ist es notwendig, vor der Auslegung von Gen 3 die Voraussetzungen, Ziele und leitenden Fragestellungen etwas ausführlicher zu besprechen.

1.1 Patriarchat?

Feministische Theologie versteht sich als Befreiungstheologie. Ausgangspunkt der theologischen Reflexion und der hermeneutischen Arbeit ist die Erfahrung der Unterdrückung von Frauen in einer von Männern dominierten Gesellschaft, traditionell als Patriarchat bezeichnet.

1981 spitzte der damalige Generalsekretär des Ökumenischen Rats Philipp Potter die Wirkungsweise des Patriarchats einmal sehr treffsicher mit dem Begriff des Dualismus zu; im Patriarchat geht es um eine
- Zweiteilung in Leib und Seele, wobei der Mann für sich den geistigen Bereich in Anspruch nimmt und der Frau die – minder bewertete – Leiblichkeit überlässt;
- Zweiteilung in privates und öffentliches Leben, wobei der Mann selbstverständlich im öffentlichen Leben steht und der Frau den Platz im privaten Raum der Familie zuweist;
- Zweiteilung in Demut und Macht ... die Rollenverteilung liegt auf der Hand (vgl. Moltmann-Wendel, 2002, 47).

Diese Analyse wurde vor 35 Jahren formuliert. Zweifellos hat es seitdem bedeutende Fortschritte im Blick auf die soziale, kulturelle und kommunikative Gleichberechtigung

der Frauen gegeben ... vom Patriarchat in unserer Gesellschaft kann keine Rede mehr sein.
  Doch sind die Auswirkungen des »kulturellen Gedächtnisses« nicht zu unterschätzen. (Zu diesem Begriff vgl. Kapitel 6.3, S. 102). Wie unsere Vorfahren – und oft auch wir selbst in – die Bedeutung und Stellung der Frauen gelebt haben, ist im kulturellen Gedächtnis abgespeichert und bis heute in der persönlichen und gesellschaftlichen Praxis unterschwellig wirksam.
  Im Raum von Religion und Kirchen – sicher auch im Protestantismus – ist dieser Teil des kulturellen Gedächtnisses augenscheinlich besonders dauerhaft. Es wird ja ständig aufs Neue mit Bestätigungen beliefert – etwa durch die Liturgie, die Kirchenlieder oder dogmatische Texte. Wie ist es zu diesem spezifischen religiösen kulturellen Gedächtnis gekommen?

1.2 Patriarchale Überlagerung der biblischen Überlieferung

Feministische Theologie geht davon aus, dass die Schriften des Ersten und des Neuen Testaments in ihrer Entstehung und Überlieferung vielfach überlagert wurden:

1.2.1 Patriarchale (oder: androzentrische) Redaktion

Die biblischen Schriften entstanden in einer Kultur, die ganz und gar patriarchalisch geprägt war. Auf allen Stufen der Überlieferung und Redaktion ist damit zu rechnen, dass sie von Männern gemacht wurde. Das wirkt sich einerseits so aus, dass die Lebensverhältnisse ganz selbstverständlich aus männlicher Sicht geschildert werden: Im Dekalog (Ex 20,17) wird die Frau eben gemeinsam mit Ochs und Esel unter dem beweglichen Eigentum des Mannes aufgeführt. – Andererseits ist aber auch durchaus damit zu rechnen, dass gerade im Blick auf die biblischen Frauengestalten bewusste Eingriffe in den Überlieferungsprozess vorgenommen wurden.

1.2.2 Patriarchale Rezeption

Spätestens seit der »Konstantinischen Wende« im 4. Jahrhundert, die der Kirche die Teilhabe an weltlicher Macht ermöglichte, ist mit einer androzentrischen Weitergabe und Vermittlung der biblischen Schriften zu rechnen. Vor allem die biblischen Frauen wurden jetzt in die Männerwelt eingepasst. – Diejenigen, die nicht so recht in dieses patriarchale Schema passen wollten, wurden zunehmend ignoriert, in der Vergangenheit begraben. Immer mehr rückten solche Texte in den Mittelpunkt, die die erwünschten Rollenzuweisungen der Frau religiös festschreiben – andere wurden verdrängt. Schließlich sind die Stellen anzusprechen, die programmatisch eine bestimmte Rolle der Frau festschreiben, allen voran 1. Kor 14,34. Oder der bekannte Abschnitt aus dem 1. Timotheusbrief (1. Tim 2,8ff – s.o. Kapitel 6).

1.2.3 Patriarchale Auslegung und Übersetzung

Auch heute noch ist die gängige Praxis der Bibelauslegung, Übersetzung und Vermittlung ganz einseitig androzentrisch ausgerichtet; anerzogene Wahrnehmungsgewohnheiten lassen die biblische Überlieferung aus der Sicht aufscheinen, die sich durch jahrhundertelange Redaktion und Rezeption verfestigt und als »normale« Perspektive etabliert hat.

1.3 Aufgaben im Umgang mit biblischer und geschichtlicher Tradition

Im Rahmen der Feministischen Auslegung muss ein erster Schritt darin bestehen, mit Hilfe Historisch-Kritischer Analyse diese Überlagerungen zu identifizieren, in ihren Voraussetzungen und Konsequenzen zu durchschauen und zu den Ursprüngen vorzudringen. Wenn die Schichten der patriarchalen Auslegung (Gegenwart) und der patriarchalen Rezeption (Geschichte) durchstoßen sind, geraten wir vor die biblische Überlieferung selbst. Auch hier kommt die historische Kritik oft recht schnell zu überraschenden Erkenntnissen und Funden. Diese Arbeit ist manches Mal so spannend wie das Geschäft des Archäologen, der sich durch den Schutt der Jahrtausende hindurchgräbt. Aus den Fragestellungen der Feministischen Bibellektüre haben sich vier Arbeitsfelder entwickelt.

1.3.1 Klärung der Aussagen der Bibel über Mann und Frau
Dieses Arbeitsfeld differenziert sich in zwei Bereiche:
- Anthropologische Aussagen: Hier geht es vor allem um grundlegende Texte wie Gen 1–3. Das Interesse ist, die androzentrische Sicht auf solche Texte zu widerlegen, die aus ihnen »Begründungen« für die Diskriminierung von Frauen herausliest. Beispiel: Die »Sündhaftigkeit« der Frau anhand von Gen 3.
- Aussagen zur Stellung der Frau in Gesellschaft und Gemeinde: In diesem Zusammenhang werden vor allem neutestamentliche Stellen besprochen. (Beispiele in Kapitel 6).

1.3.2 Klärung der Aussagen zum Gottesbild
Die Ausgangsthese lautet: Das biblische Gottesbild ist einseitig aus männlicher Sicht entworfen: Gott zeigt sich als Herr und König, als Richter und Kämpfer, als Vater und Hirt. Manche Feministinnen haben daraus den Schluss gezogen, dieser Gott sei nicht mehr ihr Gott; er müsse gestürzt werden und an seine Stelle die Große Göttin treten (z.B. Mary Daly und Elga Sorge).

Andere Theologinnen gehen diesen Weg nicht mit; sie suchen und finden im Ersten und Neuen Testament eine Fülle von Belegen für weibliche Gottesbilder, die vergessen oder unterdrückt wurden: Von der gebärenden Frau bis zur Schneiderin reicht der Bogen; eine sehr informative Zusammenstellung und Untersuchung hat Virginia R. Mollenkott vorgelegt (Mollenkott, 1990).

1.3.3 Rehabilitation und Wiederentdeckung der biblischen Frauengestalten
Auch diese Aufgabe differenziert sich noch einmal:
- Die Rehabilitation verfolgt das Interesse, die in androzentrischer Überfremdung verzeichneten und diffamierten Frauen zurückzugewinnen. Eines der bekanntesten Beispiele ist Maria aus Magdala. Schon ein flüchtiger Blick in die Evangelien zeigt, dass die traditionelle Identifikation der Maria Magdalena mit der »großen Sünderin« völlig aus der Luft gegriffen ist (vor allem Lk 7,36ff und Lk 8,3). Dadurch wurde diese Frau aus dem Kreis der Freunde Jesu diffamiert und als warnendes Beispiel triebhafter Sexualität hingestellt.
- Die Notwendigkeit der Wiederentdeckung ergibt sich daraus, dass schon in sehr frühen vorliterarischen Stadien der biblischen Überlieferungsgeschichte weibliche Elemente rigoros bis auf geringe Reste ausgemerzt wurden. Beispiel: Eine wohl alte Überlieferung hält fest, dass es ursprünglich drei Anführer waren, die Israel voran in die Freiheit gingen: Mose, Aaron und Mirjam (vgl. Micha 6,4). Im Lauf der Zeit rückte der Mann Mose ganz ins Zentrum: Ihm allein wurden Offenbarungsempfang und Führungsmacht zugesprochen. Mirjam geriet als untergeordnete Schwester in die Position einer Randfigur, und als sie sich gegen Mose aufzulehnen wagt, wird sie von Gott gestraft (Num 12,1–16).

1.3.4 Die kritisch-prophetische Dynamik der biblischen Überlieferung entdecken
Die bisher genannten Aufgabenfelder beziehen sich auf biblische Inhalte, die aus feministischer Sicht der Bearbeitung und Klärung bedürfen. Aber unter welcher leitenden Perspektive wird diese Klärung gesucht?

In der feministischen Literatur finden sich etwas unterschiedliche Formulierungen, die aber alle in die gleiche Richtung zeigen: Es geht um kritische, emanzipatorische und befreiungstheologische Auslegung der biblischen Überlieferung.

Besonders einleuchtend ist in meiner Sicht ein Ansatz, dem die amerikanische Theologin Rosemary Ruether konsequent nachgegangen ist (Ruether, 1990). Als zentrale biblische Tradition, auf die sich die Feministische Theologie stützt, bestimmt sie das »prophetische Prinzip«: Die Propheten des Ersten Testaments treten auf, um anzusagen, dass Gott kommt, um den Unterdrückten zu ihrem Recht zu helfen; Jesus knüpft unmittelbar an diese Tradition an, wenn er bei seiner Predigt in Nazareth seine Mission mit Worten des Dritten Jesaja als »Befreiung der Gefangenen« kennzeichnet (Lk 4,18; Zitat Jes 61,1f). Letztlich geht es immer wieder um den Kampf gegen die Vergötzung menschlicher Verhältnisse und Größen, sei es die Macht, das Eigentum, bestimmte Herrschaftsverhältnisse. Dies alles hat keinen Bestand, wenn Gott zur Befreiung kommt. Die prophetische Rede im Ersten und Neuen Testament beschränkt sich nicht auf die Kritik des Bestehenden, sondern entwirft auch die Vision einer alternativen Zukunft, etwa in den Reden Jesu von der Gottesherrschaft, zusammenfassend in der Bergpredigt.

Allerdings muss das »prophetische Prinzip« noch in die Gegenwart fortgeschrieben werden. Dies schließt eine Radikalisierung ein: Einmal muss es gegen die Tendenz gesichert werden, die biblischen Entwürfe der neuen Zukunft durch die Behauptung zu entschärfen, dass sie sich nur auf die Spiritualität des einzelnen beziehen; zum anderen ist in Rechnung zu stellen, dass die biblischen Propheten zwar die Unterdrückung der Armen durch die Reichen erkannten und kritisierten, aber übersahen, dass in ihrer patriarchalen Gesellschaft strukturelle Gewalt gegen die Frauen ausgeübt wurde; dies muss erkannt und in die Bibellektüre einbezogen werden. Der Kampf gegen die Götzen muss auch die »Vergötzung des Männlichen« einschließen! Rosemary Ruether notiert: »Wir eignen uns die Vergangenheit nicht an, um in ihren Grenzen zu bleiben, sondern um auf neue Zukunftsmöglichkeiten hinzuweisen. ... Wenn wir die prophetische Norm auf den Sexismus anwenden, offenbaren wir in neuer Fülle die Bedeutung des prophetischen Glaubens« (Ruether, 1990, 51f). Kontinuität mit der prophetischen Tradition bedeutet dann nicht einfach Neuformulierung alter Texte, sondern »die ständige Erneuerung der Bedeutung der prophetischen Kritik selbst« (140).

Die kritische Sicht auf die biblische Überlieferung hat die amerikanische Theologin Elisabeth Schüssler-Fiorenza noch einmal zugespitzt (Schüssler-Fiorenza, 1989). Sie schlägt vor, mit dem Blick einer »kritischen Hermeneutik des Misstrauens« an alle Bibeltexte heranzugehen. Sie proklamiert den Anspruch, solchen Texten, die Positionen der Unterdrückung festschreiben, ihren Anspruch auf Autorität und Legitimität zu bestreiten.

2. Gewinn-Erwartung

Die bisherigen Informationen haben gezeigt, dass viele Bibeltexte geradezu mit patriarchalen Vorurteilen zugeschüttet wurden. Darum muss die erste Erwartung die Befreiung der ursprünglichen Überlieferung sein. Das »archäologische Werkzeug« stellt die Historisch-Kritische Exegese zur Verfügung, auf die wir zurückgreifen können. Wenn das gelungen ist, kann geprüft werden, welche positiven Impulse der Text anstößt. Ich denke vor allem an:
- Rehabilitation und Widerentdeckung der biblischen Frauengestalten;
- Aufdecken der kritisch-prophetischen Dynamik der biblischen Überlieferung.

3. Methoden

Die »kritisch-archäologische« Aufgabe, die biblische Überlieferung von Überlagerungen freizulegen, ist auf Verfahren und Ergebnisse der Historisch-Kritischen Auslegung angewiesen; sie gehört zum Methodeninventar der feministischen Interpretation. Dazu kommen weitere Methoden, die sich nicht ohne weiteres zu einer unveränderlichen Liste zusammenfügen lassen; hier sind auch Verfahren dabei, die sich nicht der klassischen wissenschaftlichen Arbeit unterordnen lassen. Diese Verfahren werden teilweise auch im Rahmen anderer Auslegungskonzepte besprochen und angewendet, so dass manchmal kurze Verweise auf die dort ausgeführten Methoden ausreichen. Die allgemeinen Hinweise zu den einzelnen Methoden werden wieder durch eine Linie am linken Rand gekennzeichnet.

3.1 Historisch-kritische Methoden

Wie können Methoden der Historisch-Kritischen Auslegung so eingesetzt werden, dass patriarchale Überlagerungen der biblischen Texte beseitigt und der Zugang zu den Quellen freigelegt wird? Im Blick auf Gen 3 sind folgende Punkte zu klären:
1. Der Vers Gen 3,6 hat viele Diskussionen ausgelöst. Dort heißt es:
»Da sah die Frau, dass es köstlich wäre, von dem Baum zu essen, dass der Baum eine Augenweide war und dazu verlockte, klug zu werden. Sie nahm von seinen Früchten und aß; sie gab auch ihrem Mann, der bei ihr war, und auch er aß.«
Hier wird in der Tradition oft ein Anhaltspunkt gesucht für die »Verführbarkeit der Frau«, vor allem durch sinnliche Reize. Diese »Neigung« hätte sie dann auch in die Lage versetzt, den Mann zu verführen. – Die Historisch-Kritische Auslegung zeigt, dass diese Behauptungen keinerlei Anhalt am Bibeltext haben.
2. Auch die These, durch den »Sündenfall« sei der Tod in die Welt gekommen, kann sich nicht auf den Text stützen. Denn die Menschen sterben eben gerade nicht in Folge der Übertretung des Gebots – und sie müssen daran gehindert werden, vom »Baum des Lebens« zu essen und damit unsterblich zu werden. Bei Gen 3 handelt es sich um eine Ätiologie, eine Gattung also, in der versucht wird, die gegenwärtige Erfahrungswelt erzählend zu klären.
3. Schließlich ist daran zu erinnern, dass die Ätiologischen Sprüche (V. 14–19) häufig als Normen missverstanden und missbraucht wurden, als sei beispielsweise die Dominanz des Mannes Teil einer »gottgewollten Schöpfungsordnung«.

3.2 Innerbiblische Untersuchung und Korrektur

Feministische Auslegung kann sich nicht damit zufriedengeben, Texte von patriarchaler Überfremdung zu befreien; oft ist auch eine Befreiung vom Text nötig; dann nämlich, wenn Texte unterdrückende Positionen autoritativ festschreiben. Hier muss eine »Feministische Hermeneutik kritischer Bewertung« einsetzen. Eine nützliche Methode zur Einlösung dieses Grundsatzes ist die »innerbiblische Korrektur«: Problematischen Textstellen werden solche gegenübergestellt, die sie kritisieren und eine alternative Sichtweise formulieren. Auch hier handelt es sich um eine quasi archäologische Methode. Für diese Untersuchung ist die Arbeit von H. Schüngel-Straumann (2014) unentbehrlich.

Kapitel 7: Feministische Auslegung

Die innerbiblische Untersuchung und Korrektur wurde bereits im Kapitel zur Wirkungsgeschichte ausführlicher besprochen. Hier nur einige zusammenfassende Notizen: Der Text von Gen 3 wurde schon im Frühjudentum stark verfälscht. Zwei Tendenzen zeigten sich: Die Erzählung wird als »Sündenfall der ersten Menschen« mit der Folge des Todes für alle missdeutet. Und: Die »Hauptschuld« wird zunehmend auf Eva projiziert. Diese zeitgenössischen Sichtweisen beeinflussen den Bezug auf Gen 3 im Neuen Testament, nicht zuletzt bei Paulus.

3.3 Geschichtliche Untersuchung und Korrektur

Hier kann zunächst wieder auf die Informationen verwiesen werden, die im Kapitel zur Wirkungsgeschichte gesammelt sind (Abschnitt 5.2).

Dort wurde das Teilthema »Deutung von Gen 3 als »Quelle« der Erbsünde« besprochen. Im Folgenden kommen zwei Themen unter mehr feministischer Sicht hinzu:

3.3.1 Zur Schuldzuweisung an Eva

Im Kapitel »Wirkungsgeschichtliche Auslegung« habe ich den Weg von Gen 3 mit besonderer Sicht auf »Eva« im Wesentlichen auf den Zeitraum des Ersten und des Neuen Testaments begrenzt. Die weitere Wirkungsgeschichte folgt diesen Tendenzen, die durch das augustinische Erbsünden-Dogma noch erheblich verstärkt wurde.

Es scheint mir nicht besonders sinnvoll zu sein, die Wirkungsgeschichte mit dem besonderen Blick auf die Diffamierung der Frau im einzelnen nachzuzeichnen. Reiches Material findet sich im Internet; zu empfehlen der Aufsatz von Renate Wind: die frau, der baum, die schlange (Evangelische Akademie Tutzing). Exemplarisch führe ich vier Texte auf:

> 1. »Weißt du nicht, dass du eine Eva bist? Es lebt der Richterspruch Gottes über deinem Geschlecht. Auch die Beschuldigung soll ihre Kraft behalten. Du bist die Tür des Teufels, du bist die Entsieglerin jenes Baumes, du hast zuerst das göttliche Gesetz im Stich gelassen, du hast jenen überredet, den zu überreden der Teufel nicht die Macht hatte: du hast das Bild Gottes, den Menschen, so leichtfertig zerschlagen. Wegen dessen, was du verschuldet hast, den Tod, musste sogar der Gottessohn sterben.« Kirchenvater Tertullian (um 200 n.Chr.)

> 2. »Denn mögen auch die Schriften im Alten Testamente von den Weibern meist Schlechtes erzählen, und zwar wegen der ersten Sünderin, nämlich Eva und ihren Nachahmerinnen ... Aber weil noch in den jetzigen Zeiten jene Ruchlosigkeit mehr unter den Weibern als unter den Männern sich findet, wie die Erfahrung selbst lehrt, können wir bei genauer Prüfung der Ursache über das Vorausgeschickte hinaus sagen, dass, da sie in allen Kräften, der Seele wie des Leibes, mangelhaft sind, es kein Wunder ist, wenn sie gegen die, mit denen sie wetteifern, mehr Schandtaten geschehen lassen. Denn was den Verstand betrifft oder das Verstehen des Geistigen, scheinen sie von anderer Art zu sein als die Männer, worauf

> ... verschiedene Beispiele in der Schrift hindeuten ... In Sprüche 11 heißt es, gleichsam das Weib beschreibend: ›Ein schönes und zuchtloses Weib ist wie ein goldener Reif in der Nase einer Sau.‹ Der Grund ist ein von der Natur entnommener: weil es fleischlicher gesinnt ist als der Mann, wie es aus vielen fleischlichen Unflätereien ersichtlich ist. Diese Mängel werden auch gekennzeichnet bei der Schaffung des ersten Weibes, indem sie aus einer krummen Rippe geformt wurde, d.h. aus einer Brustrippe, die gekrümmt und gleichsam dem Mann entgegen geneigt ist. Aus diesem Mangel geht auch hervor, dass, da das Weib nur ein unvollkommenes Tier ist, es immer täuscht.« Jakob Sprenger/Heinrich Institoris, Der Hexenhammer, 1487 (aus: Schüngel-Straumann, 1989, 17).

So lange ist es übrigens nicht her, dass christliche Autoren die Frauen unter Berufung auf Gen 3 abwerteten. Sehr drastisch vor gut 100 Jahren Max Funke, »Sind die Weiber Menschen? Mulieres homines non sunt«, 1910 (aus: Schüngel-Straumann, 1989, 11f):

> 3. »Verursachte nicht ein Weib den Fall Adams; verführte nicht ein Weib die Engel Barut und Marut; verleitete nicht ein Weib den frommen David zum Morde Urias; brachte nicht ein Weib den keuschen Joseph in den Kerker? ...
> Und als Gott Adam und Eva aus dem Paradiese stieß, richtete er an Adam die Frage: ›Warum hast du von dem verbotenen Baum gegessen?‹ – Hätte Gott aber Eva als einen Menschen anerkannt, so würde er gewiss auch an sie diese Frage gerichtet haben.«

Und 50 Jahre später:

> 4. »Christus befreit euch Mütter von eurer Triebhaftigkeit und ruft euch Mütter als frohe, gehorsame Mägde in seine Gemeinde.« Adolf Brandmeyer, Leiter der »Reichsfrauenhilfe« in einer Predigt 1940 (aus: Moltmann-Wendel, 2002, 93).

Diese Texte sind Vergangenheit. Die – ich nenne es einmal – »Eva-Diffamierung« der Frau kommt nur noch gelegentlich zur Sprache, vor allem dann, wenn es um die Ordination der Frauen geht. In den protestantischen Kirchen ist das Amt der Pfarrerin/Pastorin seit Jahrzehnten eingeführt. Die katholische Kirche lehnt die Frauen-Ordination nach wie vor ab; in amtlichen Äußerungen ist jedoch bei den biblischen Belegen kein Rückgriff auf Gen 3 zu erkennen. Dieser zeigt sich eher in Stellungnahmen von entschieden evangelikalen Gruppen, von Freikirchen und von speziellen christlichen Organisationen.

Aber auch in **biblischen Erzählbüchern** haben sich teilweise die diffamierenden Sichtweisen hartnäckig gehalten. Als Beispiel führe ich noch einmal den holländischen Autor *Anne de Vries* an; denn seine Bücher werden bis heute Eltern als Geschenk bei der Taufe ihrer Kinder angeboten. In seinem Werk »Großes Erzählbuch der biblischen Geschichte« (Band 1: Altes Testament, Bahn Verlag, 1980) erzählt er »Die Erste Sünde« u.a. so: »Sie belog ihren Mann, so wie sie selber belogen worden war. Sie erzählte ihm, was die Schlange gesagt hatte ... Da ließ auch Adam sich verführen. Die Frau, die Gott ihm als Gehilfin gegeben hatte, wurde sein Verderb ... Sie war ihm eine schlechte Ge-

Kapitel 7: Feministische Auslegung

hilfin gewesen, denn sie war zur Gehilfin des Satans geworden. Aber sie sollte eine gute Mutter werden, die Mutter des Erlösers.«

Deutlich intensiver dürfte der Einfluss **religiöser Kunst** sein; denn viele Kunstwerke sind als Wand- oder Glasmalerei in Kirchen allgemein zugänglich. (Wertvolle Hinweise verdanke ich Helen Schüngel-Straumann). Die Suche nach Quellen kann stark unterstützt werden durch das Internet, gerade im Blick auf Kunst: Ein Suchbefehl wie »Bilder + Sündenfall« bringt ein große Zahl von Kunstwerken zusammen (Beispiele aus der Kunst werden darum nur sehr klein in schwarz-weißer Wiedergabe abgedruckt, verbunden mit dem Hinweis auf einen Fundort im Internet).

Besonders ergiebig ist die beginnende Neuzeit (Renaissance). Es ist die Zeit der extremen Diffamierung der Frauen. Viele wurden verfolgt und in den so genannten Hexenprozessen als Einfallstor des Bösen zum Tode verurteilt und auf abscheuliche Weise ermordet. Von der Diskriminierung blieb auch die Bildende Kunst nicht frei. Eine Fülle von Bildern beschäftigt sich mit dem »Sündenfall«. Es fällt auf, dass die Schlange sich zunehmend zu einer Chimäre, einem Mischwesen aus Tier und Mensch, verändert. Sie bekommt einen weiblichen Kopf, teilweise auch den Oberkörper einer Frau. Sie wird Eva immer ähnlicher – bis hin zum offenen Haar, das als Zeichen sexuellen Leichtsinns galt: Eva wird zur Komplizin der Schlange, ja, sie ist das Böse (Satan) selbst. Auch die bisherige Bildkomposition – Adam und Eva stehen auf je einer Seite des Baums – wird oft aufgegeben: Sie stehen jetzt nah beieinander, und die Schlange ist die Dritte. Drei Beispiele belegen dies eindrucksvoll:

Das erste stammt von *Hugo van der Goes* »Frucht vom Baum des Todes«, 1480 [Suchbefehl im Internet: van der Goes, Sündenfall]. Eva pflückt mit einer anmutigen Geste die Frucht vom Baum, Adam steht neben ihr, die Hand erwartungsvoll ausgestreckt. Die Schlange erscheint als seltsames Mischwesen – ein weiblicher Körper, durchaus der Gestalt Evas verwandt – mit krallenartigen Händen und Füßen und einem Schwanz. Sie scheint das Geschehen zwischen Adam und Eva wachsam zu beobachten – als wollte sie sich überzeugen, dass ihr Plan gelingt.

Das zweite Beispiel: *Lucas Cranach d.Ä.* »Das Paradies«, 1530. Ausschnitt. [Suchbefehl: Cranach, Sündenfall]. Das Bild ist ein Ausschnitt aus einem monumentalen Gemälde, in dem Cranach die Erzählungen von der Erschaffung des Menschen bis zur Vertreibung narrativ ins Bild setzt. Interessant ist, dass Eva und die Schlange exakt die gleiche Bewegung ausführen: Der linke Arm reicht Adam den Apfel (obgleich er bereits isst).
Die Schlange wendet sich Eva zu, als wollte sie ihrer Komplizin zeigen, was zur Verführung nötig ist. Eva und die Schlange, die Sünde und die Sünderin werden immer weiter zusammengerückt.

3. Methoden

Einen Tiefpunkt dieser Auffassung bietet dieser Holzschnitt: *Lucas Cranach d.Ä.*, »Der Sündenfall«, um 1523 [Suchbefehl: Cranach Sündenfall].
Die Schlange – eine höchst laszive Frau! – kommt Eva in eindeutig sexuellen Gesten nahe. Diese scheint wie benommen und reicht Adam beinahe beiläufig den Apfel. Deutlicher ist die Identifikation von Sünde und Sexualität, die im kirchlichen Schrifttum längst vollzogen war, nicht darzustellen.

In einer säkularen Variante kommt diese Anschauung in der Wende vom 19. zum 20. Jahrhundert zum Zug – in einer Zeit, in der die Weiblichkeit minderer Würde, nur der Sinnlichkeit verschrieben, als Gefahr für die reine Geistigkeit der Männer wahrgenommen wird. Gemälde des »Malerfürsten« – besser gesagt: Salonmalers – *Franz von Stuck* zum Thema »*Sünde*« [Suchbefehl: von Stuck, Sünde] setzen dies überdeutlich ins Bild. Das bekannteste stammt aus dem Jahr 1893. Die halb verhüllte Figur strahlt gleichzeitig Faszination und Bedrohung aus – noch verstärkt durch die geheimnisvoll verhüllte Gestalt der Schlange.

3.3.2 Die mariologische Deutung

Die Deutung des »Sündenfalls« im Kontext des Christusgeschehens, die so genannte heilsgeschichtliche Interpretation, beginnt bereits im Neuen Testament; vor allem Paulus entwickelte die Zusammenschau von Adam und Christus: Wie durch Einen die Sünde in die Welt kam, so wird sie durch Einen überwunden (Röm 5). Dies wird – noch erheblich intensiviert durch Augustinus – zur vorherrschenden Sichtweise in der Wirkungsgeschichte von Gen 3. Als typisches Beispiel sehen wir uns noch einmal das Bild von Hugo van der Goes an und ergänzen es zu seiner ursprünglichen Gestalt: Das Bild ist Teil eines Diptychons, einer zweigliedrigen Darstellung.

Die rechte Seite zeigt die Grablegung Jesu; Maria ist beteiligt. Das weist auf eine ganz spezielle Spur der Deutung von Gen 3 hin: Das mariologische Verständnis. Es weist Maria eine zentrale Bedeutung in der heilsgeschichtlichen Sicht des »Sündenfalls« zu. Das mariologische Verständnis ist beheimatet in der katholischen Tradition. Das verdeutlichen drei Beispiele aus dem »Gotteslob«:

»Du hast des höchsten Sohn,/Maria rein und schön,/ in deinem keuschen Schoß getragen,/ den Heiland Jesus Christ,/der unser Retter ist/aus aller Sünd und allem Schaden./ Denn nach dem Sündenfall/ wir warn verstoßen all/ und sollten ewig sein verloren./ Da hast du, reine Magd,/ wie dir vorhergesagt,/uns Gottes Sohn zum Heil geboren.« (527,1.3)

»Wir Kinder Evas schrein zu dir,/ o Maria,/aus Tod und Elend rufen wir, o Maria.« (536,4)

»Was Eva einst verloren sah/gibst du im Sohne reich zurück./ Der Himmel öffnet sich in dir/zur Heimkehr steht der Weg uns frei.« (648,3)

Vor allem konzentriert sich die mariologische Sicht im »*Hochfest der ohne Erbsünde empfangenen Jungfrau und Gottesmutter Maria*«. Es wird am 8. Dezember gefeiert. Es geht nicht um die »Jungfrauengeburt«, sondern bezieht sich auf die Empfängnis Marias,  die auf natürliche Weise von ihren Eltern Anna und Joachim gezeugt, empfangen und geboren wurde, dabei aber von der Erbsünde frei (»ohne Makel«) blieb. Immaculata (die Unbefleckte) ist einer der Marientitel der katholischen Kirche. Ihre Attribute sind:
- eine Schlange, deren Kopf sie zertritt,
- die Weltkugel, wodurch Maria als Siegerin über die Sünde der Welt erscheint – die Schlange windet sich oftmals um die Weltkugel,
- der Sternenkranz um das Haupt und die Mondsichel unter ihren Füßen als apokalyptisches Zeichen. (Als Bezugspunkte werden Gen 3 und Apk 12 genannt).

Die Vorauer Marienschwestern von der Unbefleckten Empfängnis schreiben über ihr Marienbild: »Auf Bildern und Gemälden der Unbefleckten Empfängnis wird der Sieg Marias über den Teufel auch symbolhaft angedeutet, indem die heilige Jungfrau meist mit einem Fuß, manchmal auch mit beiden Füßen auf der Schlange steht. Auch in unserer Kapelle steht Maria mit beiden Füßen fest auf dem Kopf und auf dem Schwanz der Schlange – und wir verstehen: Maria macht keine halben Sachen.« (Internet)

Da ist vielleicht der Weg nicht mehr weit zu der »Maria am Spalentor« in Basel. [Suchbefehl: Maria am Spalentor].

Maria zertritt nicht nur den Kopf der Schlange, sondern den Kopf Evas – passend zur Identifikation von Eva und der Schlange, die sich in Wort und Bild zeigt.

Im Muttergottes-Lied der Eidgenossen von Bernard Homola (1939/1940), der Anrufungen zu allen Mariendarstellungen in der Schweiz aufführt, heißt es: »Lieb Fraue von Basel, Du Frau an der Pfalz, du wachst noch am Spalentor – Gott uns erhalts!«

Ein letztes – positives! – Beispiel zur mariologischen Deutung von Gen 3 teilt Helen Schüngel-Straumann mit (81f): In den zahlreichen apokryphen Kindheitsevangelien findet sich immer wieder das Motiv, dass Josef eine hebräische Hebamme für Maria sucht. Manchmal kommt Salome ins Spiel; damit wird eine der Frauen, die mit Maria am Ostermorgen das leere Grab findet, zur Zeugin der Geburt Jesu. In einem armenischen Kindheitsevangelium ist es aber Eva. Sie sagt: »Ich bin Eva, die erste Mutter aller Menschen, und ich bin gekommen, mit eigenen Augen die Erlösung zu sehen, die geschehen ist.« Sie nimmt zärtlich das Kind in die Arme, wickelt es und legt es in die Krippe … »und pries Gott.«

3.4 Methoden der Verfremdung

Wenn die Last der internalisierten patriarchalen Wahrnehmungsmuster so drückend geworden ist, dass ein unbefangener Blick auf die Überlieferung nicht mehr möglich erscheint, ist unter Umständen Befreiung durch Ikonoklastie (Zerstörung der unterdrückenden Bilder; vgl. Moltmann-Wendel, 2002, 186f) angezeigt. Ein ausgezeichnetes Mittel dazu ist die Verfremdung biblischer Texte. Der Leser gewinnt den »fremden Blick«, der einen neuen Zugang schafft. (Beispiele dazu in Kapitel 11 »Auslegung durch Verfremdung«.)

3.5 Personalisieren der Tradition

Die biblischen Erzählungen von Frauen sollten einmal nicht als »heilige Texte«, sondern profan als »Alltagstexte« gelesen werden, die ganzheitlich zu erschließen sind; es geht darum, sie nach Eigenschaften, Verhaltensweisen, Handlungsmotiven, Gefühlen, körperlichen Empfindungen und Bewegungen der dargestellten Personen abzusuchen, damit sie sich aus der starren Typisierung der traditionellen Vorbilder lösen und wieder zu Personen werden. Diese »Hermeneutik der kreativen Ritualisierung« fordert E. Schüssler-Fiorenza besonders nachdrücklich (Schüssler-Fiorenza, 1989, 160ff).

Diese Methode regt auch dazu an, im Prozess der Auslegung die eigenen Voraussetzungen, Einstellungen und Gefühle ins Spiel zu bringen, wie es vor allem die Interaktionale Hermeneutik vorschlägt. – Beispiele zur »Personalisierung der Tradition« finden sich im Kapitel 10 »Interaktionale Auslegung«.

3.6 Feministische Transformation

Die Entdeckung der vielen bisher übersehenen weiblichen Züge im biblischen Gottesbild ermutigt dazu, auch andere Symbole und Bilder, die (noch) patriarchalisch geprägt sind, in weibliche zu transformieren: so etwa den Heiligen Geist in die Heilige Geistin (der hebräische Begriff ist in der Tat ein Femininum!)

Ein so nachdrücklicher Perspektivenwechsel bietet sich auch im Blick auf die Zeichnung von »Eva« in Gen 3 und vor allem ihrer inner- und außerbiblischen Wirkungsgeschichte an. Im Blick auf die Übertretung des Gebots liegt der Akzent meistens auf dem Ungehorsam, seltener auf der Sehnsucht nach Erkenntnis. Ilse Müllner, Professorin für Biblische Theologie, geht ganz entschieden von dieser Perspektive aus (Müllner, 2015). Sie zeigt, dass die Bibel Erkenntnis und Weisheit durchgehend positiv bewertet, und schlägt vor, Eva einmal als »Mutter biblischer weiser Frauen« wahrzunehmen. Auf dieser Spur nennt sie Abigajil (1. Sam 25), die weise Frau von Tekoa (2. Sam 14) und die von Abel-Bet-Machaa (2. Sam 20) sowie die kraftvoll-weise Frau des Buchs der Sprichwörter, vor allem Spr 31. (Interessante Anregungen bietet Heft 206 der Zeitschrift »Bibel heute«, die im Verlag Katholisches Bibelwerk erscheint. Es trägt den Titel »Wer seid ihr? – Frauen ohne Namen« und stellt Frauen aus den Evangelien in feministischer Sicht vor).

4. Zusammenfassung

Die feministische Auslegung von Gen 3 hat in meiner Sicht drei wichtige Aspekte im Blick auf das Verständnis des Bibeltexts freigesetzt bzw. verdeutlicht:
1. Der *Weg des Texts in der Bibel* (und ihrer Umwelt) hat gezeigt, dass er für bestimmte Interessen in Dienst genommen wurde: Die Diskriminierung und Unterwerfung der Frau – und die Begründung theologischer Konzepte (Röm 5). Diese Beobachtungen machen sensibel im Blick auf die Benutzung der biblischen Überlieferung (hoffentlich auch im Sinn selbstkritischer Reflexion!). Und sie regen an, noch genauer auf die Intention des Texts selbst zu achten. Damit kommt ein zweiter Aspekt in Sicht:
2. *Blick auf die Intention des Texts*, soweit er sich durch die Historisch-Kritische Interpretation erschließen lässt. Hier ist noch einmal deutlich darauf hinzuweisen, dass die Sprüche Gen 3,14–19 ätiologischen Charakter haben. Es geht also nicht um die Formulierung von Normen (etwa die angeblich gottgewollte Unterwerfung der Frau unter den Mann). Vielmehr beschreibt der Erzähler die Zustände seiner Gesellschaft und versucht, sie durch eine Ursprungsgeschichte verständlich zu machen. Dabei wird deutlich: Die Zustände sind gerade nicht gottgewollt, sondern Entstellungen der guten Schöpfung.
3. *Schließlich bringt die feministische Sicht Züge des Texts in den Blick, die leicht übersehen werden*: Ich denke daran, dass die Folgen des »Sündenfalls« durchweg negativ

dargestellt werden. Einige Aspekte des Texts und der Auslegungsarbeit machen auch auf positive, das Leben bereichernde Züge aufmerksam:
- Die »Lust auf Erkenntnis« lässt die produktive Bedeutung der »Weisheit« aufscheinen, die hier in die Welt der Menschen kommt. Reizvoll und bis heute aktuell ist, dass »Eva« eben nicht als die Angepasste, Unterwürfige, (nur) auf Sinnlichkeit Bedachte und Charakterschwache erscheint, sondern als Aktive, als Intellektuelle in ihrer Lust auf Erkenntnis, als die Frau, mit der Reflexion, und Weisheit gekommen sind. So ist Gen 3 wahrhaftig ein »Gegentext« zum Bestehenden, damals und heute: Die angeblich schöpfungsgemäße Überlegenheit des Mannes wird entschieden in Frage gestellt (trotz Gen 3,16!). Es wundert nicht, dass eine patriarchale Einstellung versucht, diese Sichtweise zu verdecken – damals und heute.
- Und die Namensgebung »Eva« = chawwa«, die »Mutter des Lebens«, erinnert daran, dass »die dem Menschen verliehene Segenskraft, die Kraft des Erzeugens und Weitergebens von Leben, nicht verlorengegangen ist« (Westermann, 364). Diese Erinnerung stellt sich der Abwertung, ja Dämonisierung der Sexualität in den Weg, die in der Geschichte der Kirchen eine verhängnisvolle Rolle gespielt hat.
- Die Arbeit am »Wegschaufeln« der patriarchalen Überlagerungen aktiviert die emanzipatorische Dynamik der feministischen Theologie. Schüngel-Straumann formuliert: »Ist die gegebene ätiologische Deutung richtig, dann ist jede Erleichterung der herrschenden Verhältnisse ein Schritt in die ursprüngliche Richtung« (180). – Das Selbstverständnis der feministischen Auslegung als Befreiungstheologie führt noch weiter: Es geht um die Kritik jeder Willkürherrschaft als schöpfungswidrig.

5. Ertrag

Die Zusammenfassung hat schon zur Sprache gebracht, was die Feministische Auslegung von Gen 3 erbracht hat.

Lust auf Weisheit und Lebenskraft, Achten auf die Befreiungsdynamik – das sind Impulse aus Gen 3, die die feministische Sicht neu beleuchtet.

Kapitel 8
Jüdische Auslegung

Die jüdische Auslegung ist in langer Tradition gewachsen, wobei sie ihre wichtigsten Grundsätze und Regeln bis zur Zeit des Mittelalters ausgebildet hat. Die Quellen sind schwer zugänglich und ohne Hebräischkenntnisse kaum nutzbar. Einige Bücher bieten Auslegungs-Material aus jüdischen Quellen zu ausgewählten Bibeltexten an, z.B. Gradwohl (Gradwohl, 1986ff/2017) und Daum (Daum, 1985). Daneben ist besonders auch auf die Arbeiten von Elie Wiesel hinzuweisen, der im Geist der Tradition gegenwartsbezogene Auslegungen von Texten aus der Hebräischen Bibel geschrieben hat (z.B. Wiesel, 1980). Ich werde darum keine ausgeführte Interpretation von Gen 3 nach den Methoden der jüdischen Deutung vorlegen. Es gibt aber von den Grundsätzen der jüdischen Hermeneutik so viel zu lernen, dass ich sie in Kürze vorstellen will. Die Jüdische Hermeneutik ist vor allem dem vierten Weg zugeordnet, auf dem die biblische Überlieferung nach meiner Überzeugung zu den heutigen Hörern und Lesern »unterwegs ist« (vgl. Kapitel 3, Abschnitt 2): Der vierte Weg: »Die Bibel bringt ihre Sache gemeinschaftsbezogen zur Sprache.«

1. Allgemeine Charakteristik

Grundsätzlich ist zwischen Halacha und Haggada zu unterscheiden: Halacha meint die verbindliche Interpretation der Überlieferung im Sinne der Religionsgesetzgebung; sie hat in der Tradition ihren Niederschlag in den großen Werken der Mischna und des babylonischen bzw. des palästinensischen Talmud gefunden. Haggada betrifft die mehr erzählend-vergegenwärtigende Auslegung; sie soll zum rechten Tun anleiten, ist aber nicht verbindlich wie die Halacha.

2. Grundsätze und Methoden

2.1 Vier Wege zum Text

Die Jüdische Auslegung kennt vier Wege zum Text:
- *peschat* (wörtlicher Sinn);
- *remes* (haggadische Auslegung);
- *derasch* (predigende Auslegung mit ethischem Akzent);
- *sod* (geheimer, nicht jedem zugänglicher Sinn, mystisch oder philosophisch gefasst). Merkwort für die vier Wege: PaRDeS.

2.2 Die Jüdische Auslegung ist narrativ

Die Auslegung geschieht nicht so sehr als Analyse eines Textes, sondern als Aufgreifen der Erzählfäden, Weiterspinnen der Motive, Anknüpfen an Erfahrungen; Kriterium bleibt aber immer der Wortsinn (*peschat*).

Sie legt sich nicht den Text als Gegenstand objektiver Untersuchung zurecht, sondern nimmt gleichsam am Tisch der biblischen Erzähler und der Ausleger Platz und beteiligt sich an ihrem Gespräch. In einer solchen Tischrunde geht es nicht immer nur mit feierlichem Ernst zu, sondern Witz und Ironie machen sich Raum, nichts wird in ein System historischer oder logischer Stimmigkeit gezwängt. Muss die Halacha sich strengen Regeln unterwerfen, so ist die Haggada souverän. Eben die Ungezwungenheit dieser narrativen Theologie gibt ihr eine eigentümliche Autorität – die Autorität der Erfahrung und des gelebten Glaubens.

2.3 Die Jüdische Auslegung ist kommunikativ

Die Abbildung zeigt eine Doppelseite aus einer so genannten Rabbiner-Bibel. Sie vermittelt einen Eindruck von der Lebendigkeit des zeitübergreifenden Dialogs. Rechts oben ist in großen Buchstaben der Bibeltext abgedruckt (Anfang von Gen 3); daneben der »Targum Onkelos«, eine frühe Übersetzung ins Aramäische. Den übrigen Raum nehmen ganz unterschiedliche Kommentare ein.

129

Die Diskussion um das Verständnis der Schrift ist nicht kontrovers, sondern kommunikativ: Sie dokumentiert einen über Raum und Zeit hinweg geführten Dialog der Ausleger über das Bibelwort und auch einen wachsenden Prozess der Erkenntnis. Dabei wird nichts als überholt abgetan und beiseitegelegt, sondern alles bleibt im Gespräch der rabbinischen Väter, die auf das Wort und aufeinander hören.

Hier ist noch einmal an das schöne Beispiel aus der jüdischen Tradition zu erinnern: Der Hammer, der auf den Felsen trifft und viele Funken stieben lässt. Jeder Funke ist eine Idee zu einem Bibelwort.

2.4 Die Offenbarung ist nicht abgeschlossen, sondern bleibt offen

Die Jüdische Auslegung geht davon aus, dass die Offenbarung mit der Kanonisierung der Überlieferung nicht abgeschlossen ist, sondern im Gespräch derer weitergeht, die sich um die Wahrheit bemühen.

In einem Aufsatz zitiert Gershom Scholem einen der klassischen Autoren der chassidischen Literatur, Efraim aus Sedykov: »Bis die (schriftgelehrten) Weisen sie erforschen, heißt die Tora nicht vollständig, sondern bildet nur eine Hälfte, aber durch ihre Forschungen wird die Tora zu einem vollständigen Buch. Denn die Tora wird in jeder Generation nach den Bedürfnissen eben dieser Generation erforscht, und Gott erleuchtet die Augen der Weisen der betreffenden Generation, (so dass sie) in seiner Tora (das ihr) Entsprechende wahrnehmen.« (Scholem, 1970, 101) Daraus folgt: »Wer sich in Wahrheit mit der Tora befasst und sie erfüllt, wird betrachtet, als ob er selbst sie am Sinai empfangen hätte.« Nach Überzeugung der Väter enthält das Gotteswort vom Sinai also unendlich viel mehr, als ein einzelner Mensch oder eine ganze Generation aus ihm herauslesen kann; es enthält schon alles, was die Menschen in ihrer Zeit an Offenbarung brauchen; »wende die Tora hin und her, denn alles ist in ihr«, lehrt ein alter Meister (Mischna Abhot 5,22).

Die Beschäftigung mit der jüdischen Hermeneutik verspricht viel Gewinn: Wer sich auf die gezeigte narrative, kommunikative und offene Auslegung einlässt, wird dem Bibeltext näher kommen.

Einige dieser Aspekte werden im Kapitel »Interaktionale Auslegung« zum Zug kommen. Martin Buber, ohne den dieser Zugangsweg ganz unvollständig wäre, kommt im Kapitel »Existentiale Auslegung« zu Wort.

3. Kostproben

Diese kurze Einführung soll nicht abgeschlossen werden, ohne einige Kostproben aus jüdischen Auslegungen zu Gen 3 anzubieten:

> Im Talmud heißt es (b. Joma, 75 a): »Es sagte R. Joseph: Komm und sieh, dass Gottes Eigenschaft anders ist als jene eines Menschen aus Fleisch und Blut.
> Die Eigenschaft des Menschen: Er ärgert seinen Nächsten, macht ihm das Leben sauer.
> Gott aber ist anders: Er verfluchte die Schlange, doch wenn sie aufs Dach steigt, so findet sie gleich ihre Nahrung. Kommt sie herunter, so ist die Nahrung gleich vorhanden.
> Er verfluchte die Frau: alle eilen ihr nach!
> Er verfluchte den Ackerboden: alle ernähren sich von ihm!« (Gradwohl, 1986, 50)

> »In der Bibel wird erzählt, dass Gott den Baum des Lebens in die Mitte des Gartens gepflanzt hat. Doch die Frage stellt sich: Warum ausgerechnet in die Mitte? Nun, damit jeder den Baum leichter erreichen kann, antwortete der Rabbi auf seine eigene Frage. Einer erreicht ihn durch das Bibelstudium, der andere durch Gottesfurcht, und du kannst ihn durch gute und edle Taten erreichen.« (Eine Geschichte über Rabbi Chafez Chajim: Daum, 1985, 30f)

> Und Elie Wiesel schrieb diese Satire: »Nach der Legende hat sich die Geschichte folgendermaßen zugetragen. Die Schuld lag ganz klar bei Eva, sie redete zu viel. Selbst vor dem Biss in die verbotene Frucht machte sie sich durch Übertreibung schuldig. Übertreibung führt zur Abschweifung und diese wiederum zur Übertretung. Das ist eine bekannte Tatsache. Lesen wir noch einmal den Text aus dem Buche Genesis. Gott sagte zu Adam und Eva, eine bestimmte Frucht nicht zu essen. Aber in ihrem Gespräch mit der Schlange fügte Eva noch etwas Überflüssiges hinzu, dass das Verdikt gleichfalls für das Berühren mit dem Munde gültig sei. Die Frucht berühren, sagte sie, würde die Todesstrafe nach sich ziehen. Die erste Lehre, die aus dieser Episode zu ziehen ist, lautet, es ist gefährlich, Geschichten zu erfinden. Die zweite lautet, man muss seine Gesprächspartner mit Bedacht auswählen und lässt sich nicht mit dem ersten besten auf eine Diskussion ein, vor allem nicht auf dem Gebiet der Theologie. Evas Fehler war, das Gespräch mit der Schlange zu akzeptieren. Die dritte Lehre lautet, sie hatte kein Recht, sich darauf einzulassen, noch dazu in Abwesenheit ihres Mannes. Die vierte Lehre schließlich: Adam hätte nicht von zu Hause weggehen dürfen. Wenn er daheim an der Seite seiner Gattin geblieben wäre, hätte die Schlange nicht die geringste Erfolgschance gehabt.« (Wiesel, 1980, 29).

Kapitel 9
Tiefenpsychologische Auslegung

1. Allgemeine Charakteristik

1.1 Der Ansatz

Das Konzept der Tiefenpsychologischen Auslegung stützt sich vor allem auf Ideen und Methoden der Psychologie von C.G. Jung. Er selbst hatte nicht die Auslegung von Texten im Auge, aber seine Methoden der Traumanalyse, die er in therapeutischem Interesse vornahm, lassen sich gut auf die Textinterpretation übertragen.

Jung geht davon aus, dass das Leben in der Frühzeit der Menschheit ganzheitlich ausgewogen war und dass heilvolle und heilende Erinnerungen daran im »kollektiven Unbewussten« verwahrt sind. Sie gestalten sich in »Archetypen«, in symbolischen Bildern und Mythen; auch biblische Texte können in dieser Sicht archetypische Erinnerungen einschließen.

1.2 Archetypen

Bei Jung spielt die Vorstellung der so genannten Archetypen eine zentrale Rolle. Der aus dem Griechischen gewonnene Begriff meint wörtlich etwa »Ur- oder Grundprägung«. Jung fasst in diesem Begriff die Grundstrukturen menschlicher Vorstellungs- und Handlungsmuster zusammen.

Ein grundlegender Archetyp ist das SELBST; es umgreift bei Jung alle Elemente der Gesamtpersönlichkeit. Im Unterschied zum ICH, das als Zentrum des Bewusstseins gilt, umgreift das SELBST vor allem die in uns angelegten, im Unbewussten ruhenden Möglichkeiten, die immer das jetzt ausgelebte ICH transzendieren, ihm als Möglichkeit und Chance vorgegeben, aber eben noch nicht bewusst sind und nicht ausgelebt werden.

Theologisch könnte das SELBST in Beziehung zur biblischen Rede von der Gottesebenbildlichkeit verstanden werden oder auch zu dem von Christus inspirierten »neuen Menschen« (2. Kor 5,17); Gottesebenbildlichkeit und Neuer Mensch sind uns als reale Lebensmöglichkeiten gegeben und bleiben uns doch immer voraus.

In der Sicht C.G. Jungs ist der Archetyp des SELBST nicht das unbarmherzig hochgesteckte Ideal, dem wir zeitlebens nachjagen, ohne es jemals erreichen zu können. Für ihn ist es die Ur-Quelle, aus der sich unser gegenwärtiges Leben ständig erneuert, eine Kraft, ohne die wir verkümmern.

Nach Jung kommt der Mensch zu sich SELBST, zur Ganzheit, durch das richtige Gleichgewicht psychischer Gegensätze, in deren Kraftfeld seine Psyche einbezogen ist; solche Gegensätze sind:
- ICH und SCHATTEN. Der Archetyp des SCHATTENS umgreift solche Persönlichkeitsmerkmale und Lebensvollzüge, die wir als negativ einstufen, die wir aber nicht einfach »loswerden« können, so wenig, wie einer von seinem Schatten loskommt.
- ANIMA und ANIMUS. ANIMA meint die dem Mann eingeprägte Weiblichkeit als grundlegenden Aspekt seines SELBST. Bei der Frau gilt der ANIMUS als das zu ihr gehörende männliche Prinzip.

Die durch diese Gegensätze bewirkten Spannungen sind nach Jung lebensnotwendig, denn daraus erwächst die zum Leben unabdingbare Dynamik. Wem es gelingt, die Polarität in ausgewogener Spannung zu halten, gilt als »integrierter Mensch«.

Wie kann dieses psychische Gleichgewicht gelingen (oder misslingen)? Dieser Frage geht Jung unter dem Begriff der Individuation nach.

1.3 Individuation

Nach Jung findet jeder einzelne Mensch den Weg zu seinem SELBST durch den Prozess der Individuation: Ich soll erst werden, was ich bin, zu dem, was mir im SELBST ein- und vorgeprägt ist (Maria Kassel hat dies in ihrem Buchtitel »Sei, der du werden sollst« auf den Punkt gebracht; Kassel, 1982).

Schritte auf dem Weg zur Individuation werden oft durch Krisen angestoßen. Nach Jung meldet sich das SELBST durch eine Krise. Sie signalisiert: Achtung – es muss sich etwas verändern.

Die in krisenhaften Situationen notwendige Lebensveränderung nennt Jung WANDLUNG: Der Begriff meint eine tiefgreifende Neuorientierung der Lebensrichtung aus einer einseitig-schädlichen Richtung heraus. Auch die WANDLUNG ist eine archetypische Energiequelle; die archetypischen Bilder, deren sie sich bedient, sind oft: Wanderung – Geburt – Tod – Wiedergeburt. In der Sprache der Bibel lässt sich dieser Vorgang als Umkehr oder Erneuerung verstehen, als die von Gott geschenkte Wiedergeburt oder auch als Neu-Schöpfung.

1.4 Erschließung von Quellen des kollektiven Unbewussten

Nach Jung speist sich der Prozess der Individuation aus der Rückbindung an die Kräfte, die im kollektiven Unbewussten aufbewahrt sind. Jung und andere Vertreter der Tiefenpsychologie gehen davon aus, dass Symbole, Riten und Bilder, aber auch Texte – vor allem Märchen, Dichtungen und auch Bibeltexte – uralte Menschheitserkenntnisse über seelische Probleme enthalten. Diese Erkenntnisse bringen solche Texte nicht direkt zur Sprache, sondern verschlüsselt. Wer sie entschlüsselt, kann nach der Meinung von Tiefenpsychologen sich selbst besser verstehen und von diesen Menschheitserfahrungen lernen.

Alle Methoden tiefenpsychologischer Interpretation basieren im Grunde auf der Annahme, dass Texte nicht nur äußere Ereignisse schildern, sondern auch Vorgänge innerhalb der Psyche wiedergeben.

Es wird angenommen, dass Personen, die im Text vorkommen, nicht nur als verschiedene Menschen aufzufassen sind, sondern auch als verschiedene Schichten eines einzelnen Menschen. In »Rotkäppchen« zum Beispiel geht es nicht nur um das Kind, dem gegenüber der Wolf als böse Gestalt steht, sondern »Rotkäppchen« und »der Wolf« sind Bereiche ein und derselben Person. Sie verkörpern Liebe und Zuwendung gegenüber der Großmutter (»Rotkäppchen«), aber auch Abneigung und Aggression im Blick auf die alte Frau (»der Wolf«). Beide kämpfen darum, welcher Teil der Persönlichkeit sich mit seiner Einstellung durchsetzt und das Verhalten steuert. In der Handlung des Märchens geht es dann nicht nur um die Frage: Frisst der Wolf die Großmutter? – sondern auch darum, wer am Ende die Oberhand behält: »Rotkäppchen« (Liebe) oder »der Wolf« (Hass). Dieser Kampf spielt sich in dieser Sicht also innerhalb der Seele eines einzigen Menschen ab; darum wird der Ausdruck »intrapsychisches Verständnis« verwendet.

Die Tiefenpsychologische Deutung von Texten will dazu anregen, solche verschiedenen Schichten oder Bereiche in sich selbst zu entdecken. Man kann lernen, beispielsweise »den Wolf« in sich zu erkennen; darüber muss man nicht erschrecken, sondern kann lernen, ihn zu »zähmen«, d.h. mit eigenen Feindseligkeiten oder Aggressionen besser umzugehen.

2. Gewinn-Erwartung

Wie vielleicht keine andere Methode erhebt die tiefenpsychologisch ausgerichtete Hermeneutik den Anspruch, heutige Leserinnen und Hörer in die überlieferte Geschichte zu verwickeln.

Der Zugang zur Tiefenschicht der Bibel soll es ermöglichen, »Impulse für das Selbstwerden heute zu gewinnen und vor allem den in den Texten ausgesprochenen Glauben ... in gegenwärtige Glaubenserfahrung zu übertragen, so dass Glaube (wieder) teilhaben kann am Werdeprozess des Menschen und nicht als bloß überlieferter Inhalt zur Kenntnis genommen wird.« (Maria Kassel, in: PUBLIK FORUM 24/1983, 22)

Darum habe ich die Tiefenpsychologische Auslegung dem dritten der Wege zugeordnet, auf denen die biblische Überlieferung ihren Leserinnen und Hörern »entgegen kommt« (vgl. Kapitel 3, Abschnitt 2). Der dritte Weg: »Die Bibel bringt ihre Sache als förderliche Deutung lebensgeschichtlicher Erfahrungen zur Sprache.«

3. Methoden

3.1 Amplifikation (Erweiterung)

In der psychotherapeutischen Praxis bedeutet Amplifikation die Anreicherung von Traummaterial durch Parallelen aus der Mythologie, Kunst, Religion usw. Dies dient zur besseren Erfassung und Erklärung der in den Träumen erscheinenden archetypischen Bilder.

Analog wäre bei der Interpretation eines Bibeltextes zu untersuchen, ob er Motive enthält, die in die archetypische Bildwelt gehören. Reiche Parallelen wären nach dem Verständnis der Tiefenpsychologischen Auslegung ein Indiz dafür, dass der Text Verbindung zum Kollektiven Unbewussten hat. In der Praxis der Auslegung wird man solche Parallelen in den Kommentaren zum Text finden.

Zur Paradiesgeschichte und den in ihr versammelten Motiven findet sich eine Fülle von religionsgeschichtlichen Parallelen (vgl. v.a. Drewermann, 1988). Das deutet darauf hin, dass es sich in Gen 3 in der Sicht der Tiefenpsychologischen Auslegung um einen Text handelt, der die angesprochene Öffnung zum »Tiefbrunnen« des Kollektiven Unbewussten aufweist. In dieselbe Richtung weist auch die breite und interessante Bearbeitung der Thematik in der Kunst und Literatur.

3.2 Symbolische Deutung

Grundlegend für die Interpretation eines Bibeltextes unter tiefenpsychologischem Aspekt ist, das berichtete Geschehen nicht nur als Geschehen in der äußeren Realität zu verstehen, sondern ebenso als Geschehen innerhalb der Psyche. Diese intrapsychische Dimension wird als Subjektstufe bezeichnet, im Gegensatz zur Objektstufe, die sich auf die äußeren Abläufe und Zusammenhänge bezieht. Auf der Subjektstufe werden also alle Beziehungen als innere Beziehungen zu deuten sein.

Bei alledem darf die Objektstufe keineswegs vernachlässigt oder als zweitrangig bewertet werden – beide Stufen sind aufeinander zu beziehen und ergänzen und bereichern einander.

Bei der Arbeit an Gen 3 ist noch einmal zu betonen, dass es sich bei »Adam« und »Eva« nicht um die ersten Menschen, sondern um die typischen Menschen handelt. In ihnen spiegeln sich Fragen, Konflikte, Handlungsmuster und Perspektiven, mit denen Menschen aller Generationen zu tun haben.

Im Blick auf den Text ist auf der Objektstufe das Verhalten von Adam und Eva maßgebend. Im Blick auf die Subjektstufe geht es entsprechend um die Beziehung der Archetypen ANIMA und ANIMUS. Zur Erinnerung: ANIMA meint die dem Mann eingeprägte Weiblichkeit als ein grundlegender Aspekt seiner Person; ebenso bei der Frau der ANIMUS.

3.3 Erkennen der grundlegenden Konstellation und des Konflikts

Ein tiefenpsychologischer Ansatz kann bei der Auslegung vieler Bibeltexte das Verständnis vertiefen. Dabei orientiert sich die Auswahl der intrapsychischen Momente und Konstellationen an der jeweiligen Objektstufe. Beispiele: Bei Texten, die von starken Konflikten und Bedrängnissen erzählen, bietet sich die Konstellation ICH und SCHATTEN an. Etwa bei der Verfolgung Israels durch den Pharao könnte ich fragen: Wer ist der Pharao (= SCHATTEN) in mir? Wie könnte ich mich mit ihm auseinandersetzen? Oder bei der Heilung des gelähmten Mannes (Mk 2,1–12) bietet sich die Frage an: Was ist in mir gelähmt und bedarf der Heilung? – Bei der Erzählung von Notlagen und Leidsituationen wäre zu fragen: Geht es vielleicht um eine KRISE, in der sich das UNBEWUSSTE meldet und eine WANDLUNG anstrebt? (etwa bei »Nachfolgeerzählungen« im Neuen Testament).

Dieser Auslegungsgang richtet die besondere Aufmerksamkeit oft auf den Anfang des Textes. Denn gerade die einleitenden Sätze eines Textes umreißen oft die Grundkonstellation, die Beziehung der Personen zueinander, den Konflikt oder Ausgangspunkt einer Entwicklung.

In Gen 2 und 3 sind der Baum der Erkenntnis und – auf der Objektebene – das Verbot, seine Früchte zu essen, die Elemente, die die Spannungen und Konflikte auslösen und die Dramatik vorantreiben. Der Baum mit seinen Früchten symbolisiert die Fähigkeit, zu unterscheiden, was das Leben fördert oder was ihm schadet, also die Fähigkeit, als selbstbewusste Person sein Leben zu gestalten. Das Essen der Früchte aktiviert diese Fähigkeit.

Der Gang der Geschichte (Objektebene) ist zu betrachten als ein Versuch, in Form einer Erzählung zu klären, wie der gegenwärtige Mensch wohl in seiner Welt derjenige geworden ist, der dem Erzähler vor Augen steht. Und dazu gehört die Fähigkeit, »Gut und Schlecht« zu unterscheiden. Diese Entwicklung stellt der Erzähler als ein Geschehen dar, an dem eine Frau und ein Mann beteiligt sind: Eva und Adam; insbesondere die Frau treibt die Entwicklung voran. – Auf der subjektiven Ebene geht es um das Drama einer Entwicklung von einem vor-bewussten zu einem selbstbewussten Sein, also die Entwicklung der Person, wie sie auch bei dem Entwicklungsgang eines jeden Menschen zu beobachten ist. Was sich auf der Objektebene als Geschehen darstellt, an dem die Frau und der Mann beteiligt sind, ist auf der Subjektebene als intrapsychischer Vorgang zu beobachten. Hier geht es um das Verhältnis von ANIMA und ANIMUS innerhalb der Psyche einer Einzelperson: Wie entwickelt sich ihr Verhältnis in Richtung auf die Integration von ANIMA und ANIMUS und damit der Individuation der Person?

Warum dann aber die Warnung, von den Früchten zu essen, da sonst augenblicklich der Tod einträte? Auf der Ebene der Erzählung (Objektebene) ist diese Warnung wohl als eindringliche Weisung zu deuten, dass mit dem Erwerb der Erkenntnis ein »paradiesisches«, entscheidungsloses und damit auch konflikt- und müheloses Leben nicht möglich ist ... so wurde es bei der Historisch-Kritischen Auslegung gedeutet. Auf der Subjektebene geht es vielleicht darum, dass im Prozess der Entwicklung des Bewusstseins ein Augenblick, eine Phase kommt, wo die Ahnung aufzieht, dass das angestrebte Selbstbewusstsein nicht ohne Mühen und Konflikte zu haben sein wird.

3.4 Wahl der zentralen Figur

Bei einer tiefenpsychologisch ausgerichteten Interpretation eines Textes kommt es darauf an, eine »Ich-Figur« zu wählen, aus deren Perspektive das Geschehen zu beleuchten ist; alle anderen Personen und Vollzüge wären dann auf der Subjektstufe als verschiedene Aspekte dieser zentralen Figur auszulegen, als Auseinandersetzungen mit den unterschiedlichen Seiten und Möglichkeiten ihrer selbst. Dabei ist es durchaus fruchtbar, einmal die Perspektive zu wechseln, verschiedene Gestalten einer Erzählung als Ich-Figuren auszuprobieren. Damit die Darstellung in sich schlüssig bleibt, ist es aber nicht ratsam, innerhalb eines Auslegungsvorgangs die Ich-Figur zu wechseln.

Dem Vorschlag von Maria Kassel folgend (Kassel, 1982, 65ff), wähle ich als Ich-Figur den Mann: Wie könnte sich innerhalb der Psyche Adams die Beziehung von ANIMA und ANIMUS entwickeln? Das bedeutet: Alle weiteren methodischen Schritte beziehen sich ausschließlich darauf, wie sich die ANIMA, das weibliche Prinzip im Mann, in der Person von Adam entwickelt und wie die Beziehung von ANIMA und ANIMUS sich in dieser Person gestaltet.

Selbstverständlich könnte auch Eva als Ich-Figur gewählt werden. Doch da der Mann auf der Objekt-Ebene als relativ passive Figur auftritt, bietet sich seine Psyche wohl eher als Schauplatz der Entwicklung an. Ich orientiere mich dabei an den Überlegungen von Maria Kassel. (Die Zitate sind dem genannten Werk entnommen.)

3.5 Beobachtung der inneren Entwicklung

Wenn die Vermutung richtig ist, dass in archetypischen Bildern und ihnen zugeordneten Geschehnissen menschliche Grunderfahrungen verschlossen sind, müsste in den Texten auch eine Bewegung im Prozess der Individuation – im Gelingen oder im Scheitern! – erkennbar sein, in den die Zentralfigur bzw. die Zentralfiguren verwickelt sind. Diesen Prozess sollte die Interpretation zu erhellen versuchen.

Zunächst ist ein Rückblick auf die Erschaffung der Frau nötig; sie bildet einen *ersten Schwerpunkt* im Geschehen. Der Mensch »Adam« ist zunächst weithin der unbewussten Einheit mit der Natur überlassen; der verbreitete Mythos der »Mutter Erde« (Urmutter; Große Mutter …) ist ein Urbild dieser Einheit.

Die Erschaffung der Eva »aus Adam« bedeutet in tiefenpsychologischer Sicht wohl, dass »Adam« seine weibliche Seite zu Gesicht bekommt, sich ihrer bewusst wird. Dadurch erkennt er sich als männlichen Menschen; die ANIMA, das weibliche Prinzip in ihm, tritt in fruchtbare Spannung zu ihm. Es bedeutet, »dass der Mann nur dann im Vollsinn Mensch wird, wenn er die ihm auch gegebenen weiblichen Fähigkeiten verwirklicht« (70). Umgekehrt ist es natürlich genau so.

Der *zweite Schwerpunkt* (die Übertretung des Verbots) rückt den Baum der Erkenntnis ins Zentrum, das Symbol dafür, dass die personale Bewusstheit noch unentwickelt ist; denn Wählen und Entscheiden gehören zu ihren grundlegenden Merkmalen. Gleichzeitig ist zu erkennen, dass der Mensch mit dem Bedürfnis ausgestattet ist, psychischen Stillstand zu überwinden, so, wie es die Paradiesgeschichte erzählt.

Ist der ganz unvermittelte Einsatz des Gesprächs mit der Schlange (Objektebene) ein Hinweis, dass es zu einer krisenhaften Unterbrechung kommt, einer Durchbrechung des Diktats des Selbstverständlichen – und das Bedürfnis nach Entwicklung sich vehement meldet (Subjektebene)?

Dabei übernimmt die ANIMA eindeutig die Initiative. »Ohne ihre Energie bliebe der Mensch im Paradies des Unbewussten sitzen und würde seine Menschwerdung verschlafen.« (72)

Der *dritte Schwerpunkt* ist in der Erzählung über die Folgen der Übertretung zu finden. Die Aussagen, die auf der Objektebene über die Frau erzählt werden, betreffen auf der Subjektebene das weibliche Prinzip im Mann, die ANIMA. Sie ist die beständige, Leben schaffende Kraft für den Mann – ohne sie bleibt er unfruchtbar. Die Frau strebt nach Beziehung zum Mann, auch unter Schmerzen; die ANIMA bedrängt sein Bewusstsein, »bis sie als gleichberechtigte Kraft mit einem bewussten ANIMUS mitleben kann« (78). Dies war in der patriarchalen Gesellschaft des Erzählers augenscheinlich nicht einlösbar – und bleibt als Aufgabe bestehen. Denn ohne ausbalancierte Integration von ANIMA und ANIMUS bleibt der Mann defizitär.

Und wenn der Erdboden, die »Mutter Erde«, als Ursymbol des naturhaften Unbewussten gelten kann, muss der Mann ihr »im Schweiße seines Angesichts« lebenslang die bewusste Individuation abringen, ein Prozess, der prinzipiell nicht abschließbar ist.

Bleibt die »Vertreibung aus dem Paradies« – ein Symbol dafür, dass der dem Menschen eingeborene Drang nach Personwerdung ihn vor der »Rückkehr ins Paradies des unbewussten Lebens« bewahrt. (80)

3.6 Die Verdichtungs- und Zeitrafferregel

In manchen Erzählungen des Ersten und Zweiten Testaments ist diese von Eugen Drewermann vorgeschlagene Regel sehr sachdienlich zum Verständnis. Er geht davon aus, dass in manchen Erzählungen »ganze Lebensabschnitte in einer einzigen Szene verdichtet sind; das bedeutet oft eine erhebliche Raffung der zeitlichen Erstreckung, und dementsprechend muss man Begebenheiten, die in den Erzählungen das Werk eines Augenblicks zu sein scheinen, sich in der Wirklichkeit u.U. als Geschehnisse vorstellen, die Jahrzehnte im Leben eines Einzelnen, Jahrhunderte im Leben eines Volkes und Jahrtausende im Leben der Menschheit umfassen können« (Drewermann, 1984 [a], 380). Dies ist vor allem für das Verständnis biblischer Wundererzählungen wichtig. Wer davon ausgeht, dass Heilung ein Prozess ist, kann die biblischen Erzählungen eher mit eigenen Erfahrungen verbinden.

3.7 Beziehung auf das eigene Leben

Der Anspruch der Tiefenpsychologischen Auslegung ist ja die Aufhebung des »breiten Grabens« der historischen Distanz, das Angebot des Erfahrungsbezugs. Dieser Anspruch muss sich in einem letzten Schritt der Auslegung einlösen. Der heute Verstehende sollte immer wieder prüfen, welche eigenen Erfahrungen sich in der intrapsychischen Dramatik spiegeln, die die Erzählung abbildet. Vor allem wird es darauf ankommen, dass die Signale des Kollektiven Unbewussten, die der Text bei einer solchen Auslegung aussenden kann, nicht überhört und unterdrückt werden.

Hier ergibt sich ein Bezug der Tiefenpsychologischen Interpretation zur gruppenbezogenen Interaktionalen Auslegung (Kapitel 10). Denn der Erfahrungsbezug wird sich im Gespräch mit anderen weiten und vertiefen, Wege und Lösungen öffnen sich im Austausch.

In tiefenpsychologischer Sicht zeigte sich die »Paradiesgeschichte« als symbolische Auseinandersetzung mit dem Werden der Menschheit (»Phylogenese«), aber auch des einzelnen Menschen (»Ontogenese«). Im Blick auf die Entwicklung des Einzelmenschen ist die Dominanz des Unbewussten, des vor-bewussten Urvertrauens lebensnotwendig im Stadium der frühen Kindheit. Erwachsenwerden ist als schrittweise Befreiung zur Selbstbestimmung zu verstehen. Dies ist ein ganzheitlicher Prozess, der alle Aspekte der Person anspricht. Er verläuft nicht konfliktfrei, wie vor allem die Phase der Pubertät deutlich macht.

Wird der Prozess unterbrochen oder kommt er gar zum Stillstand, sprechen wir von Infantilismus. Der Begriff kennzeichnet einen Entwicklungsstau, das Zurückbleiben auf der Stufe eines Kindes. Wir sprechen von Infantilismus bei Heranwachsenden oder Erwachsenen, wenn sie ihr Denken, ihre Verhaltensmuster so wenig reflektieren (und kontrollieren) können wie ein kleines Kind. So kommt es zu einer sozialen bzw. emotionalen Unreife und entsprechendem Verhalten, z.B. Verantwortungslosigkeit. Aber Infantilismus kann sich auch als starke Abhängigkeit oder Hilflosigkeit äußern.

Auf die subtilen Probleme der Diagnose und Therapie kann hier nicht eingegangen werden – wir müssen es bei diesen Andeutungen belassen. Aber es ist schon zu fragen, ob heute nicht manche gesellschaftlichen Erscheinungsformen auf Infantilismus hindeuten und ihn fördern, etwa die alles überlagernde Spielsucht (Smartphone …) oder auch die Beschädigung der Gesprächskultur durch die massenhafte digitale »Kommunikation« (Chatten).

Jedenfalls werden Reflexion und Gespräch über Entwicklung, ihre Förderung und Beeinträchtigung die eigene Individuation beflügeln. Die Paradieserzählung kann – tiefenpsychologisch gedeutet – die Frage nach der Bedeutung der ANIMA für die Bewusstseinsbildung des Mannes produktiv ins Spiel bringen und Deutungen anbieten.

Wie schon bei der Feministischen Auslegung tritt auch hier die Bedeutung des Weiblichen überaus kräftig hervor. Bleibt der Mann bei sich, unterdrückt er die weiblichen Aspekte in seiner Person (ANIMA), weil er sie für »unmännlich« hält, bringt er sich um unverzichtbare Aspekte seiner Personwerdung.

Diese Erkenntnisse sind bei denen nicht umstritten, die sich vorurteilsfrei und sachlich adäquat mit Gen 3 beschäftigen. Aber sie sind zum großen Teil noch nicht in der gegenwärtigen Realität angekommen (Das war schon im Blick auf die Feministische Auslegung festzustellen). Da ist zunächst einmal die kirchliche Lehre und Praxis, in der wohl immer noch ein patriarchal eingefärbtes Frauenbild zu finden ist. Aber auch in der gesellschaftlichen Rollenbestimmung und -zuweisung ist viel vom »alten Denken« zu beobachten. Gen 3 kann gerade in tiefenpsychologischer Sicht ein anderes christliches Menschenbild ins Spiel bringen. Frauen sollten ihrer Wissenslust nachspüren und sie bewusst ausleben. Männer sollten die ANIMA nicht verdrängen, sondern sie als Chance wahrnehmen. Eine WANDLUNG kann zu einer Integration von ANIMA und ANIMUS führen und damit die Entwicklung der Person nachhaltig fördern.

3.8 Theologische Aspekte

Theologische Arbeit an Gen 3 im Rahmen der Tiefenpsychologischen Auslegung wird noch einmal bei der Fehldeutung als »Sündenfallgeschichte« ansetzen. Dieses Verständnis geht von einem Gottesbild aus, in dem Gott als absolute Autorität erscheint, als allmächtiger Potentat, der die Welt und die Menschen ständig überwacht und alle Verfehlungen peinlich registriert. Noch heute lernen kleine Kinder in KITAS das Lied:

»Pass auf, kleine Hand, was du tust!
Denn der Vater im Himmel schaut immer auf dich.
Pass auf, kleine Hand, was du tust!«

So geht es mehrere Strophen hindurch (Auge – Ohr – Mund – Fuß …)

Auch diese Strophe fehlt nicht:

»Pass auf, kleines Kind, was du glaubst!
Denn der Vater im Himmel schaut immer auf dich.«

… bis es dann zum »krönenden Abschluss« kommt:

»Pass auf, kleines Kind, werd nicht groß!«

Hier ist die biblische Froh-Botschaft zur Droh-Botschaft verkommen. Und wenn es im Reifeprozess nicht zur Verarbeitung solcher Bilder kommt (gibt es dafür überhaupt eine Chance?) oder ein Mensch sich später nicht gewaltsam von solcher Lebenszerstörung befreit, wie es Tilmann Moser in seiner berühmt gewordenen »Gottesvergiftung« gezeigt hat (Moser, 1980) – dann bleibt ein solcher Mensch zeitlebens in einer infantilen Abhängigkeit von Gott, die Sigmund Freud zu Recht scharf kritisiert hat: Er lebt in einer Grundangst vor Gott, versucht, ihm gefällig zu sein, ihn zu beschwichtigen, ihn auch möglichst zu hintergehen, um sich dem Druck zu entziehen … Alles Züge, die unter tiefenpsychologischem Aspekt auch in der Paradies-Erzählung durchschimmern.

Eine traditionelle religiöse Erziehung, die sich an einem autoritären Gottesbild orientiert, ist für solche Fehlentwicklungen besonders anfällig. Lange Zeit waren Christen mehr oder weniger unmündige Empfänger der Botschaft; »Glaubensgehorsam« war gefragt. Eigenes Denken, das von der festgeschriebenen Lehre abwich, geriet schnell in die Nähe des Irrglaubens.

Ein solcher Glaube kann nicht erwachsen werden. Er bleibt in der vor-bewussten Unselbstständigkeit stecken. Ihm müssen in der Entwicklung »Früchte der Erkenntnis« zuwachsen, im Blick auf eine reife Gottesbeziehung und im Blick auf einen selbst verantworteten Glauben. Dafür ist Wissensdurst nötig, selbstständiges Fragen, Suchen, Entdecken... Das kann nicht ohne Mühen und Ängste gelingen. Denn die gewohnte Abhängigkeit muss »sterben« – wie Gen 3 es durchaus anziehend zur Sprache bringt.

4. Zusammenfassung

Ich versuche eine kurze Zusammenfassung in Form einer Gegenüberstellung von Objektstufe und Subjektstufe. Die Ausführung ergibt sich aus der Wahl des Mannes als »Ich-Figur« und der sich daraus entwickelnden inneren Beziehung. Bei der Wahl der Frau als »Ich-Figur« käme es natürlich zu anderen Sichtweisen.

Objektstufe	Subjektstufe
1. Erschaffung der Frau aus dem Mann	»Der Mensch« bekommt seine ANIMA zu Gesicht
2. Eva übertritt das Gebot, genießt die Frucht der Erkenntnis und beteiligt Adam daran.	Die ANIMA »verführt« den Mann zur Personwerdung
3. Folgen für Eva: Gebären unter Mühen; Sehnsucht unter Schmerzen	Die ANIMA drängt den Mann zur Schaffung eines integrierten Lebens
4. Folgen für Adam: Mühselige und frustrierende lebenslange Bearbeitung der Erde.	Der Mann muss der »Mutter Erde« (dem Unbewussten) in harter Arbeit seine Identität abringen.
5. Vertreibung aus dem Paradies	Keine Regression ins »paradiesische« Unbewusste

5. Ertrag

Es zeigt sich, dass Anspruch und Angebot der Tiefenpsychologischen Auslegung weit über eine bloße Methode zur Text-Interpretation hinausgehen: Sie verspricht Orientierung und Belebung der seelischen Kräfte durch Auslegen von Tradition – allerdings nur dem, der bereit ist, sich auf den angestrebten Prozess von Hören, Reflexion, Selbsterforschung und weitergehender Individuation ganzheitlich einzulassen. Dabei wird das Gespräch in der Gruppe hilfreich sein.

6. Schlussbemerkung

Interpretationen biblischer Texte mit Hilfe psychologischer Fragestellungen und Methoden sehen sich nicht selten dem Verdacht ausgesetzt, hier gehe es um eine »Psychologisierung« des Glaubens, eine Reduktion auf methodisch hantierbare Daseinsbewältigung. Im Blick auf solche Kritik hat Jürgen Moltmann sich sehr deutlich geäußert: »Wer mit Paulus von der Freiheit ... im Glauben an Christus spricht, muss diese Freiheit auch in konkreten psychischen und politischen Wirkungen aufsuchen und darstellen. Er kann nicht nur theologisch korrekt zu sagen sich bemühen, was im theologischen Zirkel wahrer Glaube heißen muss, sondern muss eben dieses in der konkreten Auseinandersetzung mit allgemeinen psychischen Religionsphänomenen, besonderen pathologischen Erscheinungen und therapeutischen Versuchen der heilenden Befreiung des Menschen von psychischen Zwängen sagen. Die Freiheit des Glaubens würde sonst nur in der Freiheit theologischer Reflexion, nicht aber als die neue Lebendigkeit im Zwielicht der Verdrängungen und Zwangshandlungen zur Sprache kommen. Es ist hier also eine psychologische Hermeneutik des Wortes vom Kreuz, des Geistes der Freiheit und der Geschichte Gottes notwendig. Psychologische Hermeneutik ist eine Interpretation, keine Reduktion ... Da menschliches Leben komplex ist und in mehreren Dimensionen und Bereichen zugleich gelebt wird, ist eine Mehrzahl hermeneutischer Prozesse erforderlich« (Moltmann, 1972, 268f).

Kapitel 10
Interaktionale Auslegung

Die Interaktionale Auslegung ist zwei der »Wege« zugeordnet, die in Kapitel 3 vorgestellt wurden: Dem ersten und dem vierten Weg. Als »Wege« bezeichne ich Grundzüge der biblischen Sprache, mit denen sich die Überlieferung ihren Hörerinnen und Lesern aus sich heraus erschließt und damit ihren Fragen entgegen kommt.

Der erste Weg: »Die Bibel bringt ihre Sache in einer Sprache auf den Weg, die die ›Grenzen eindimensionalen Denkens‹ überschreitet.« Der vierte Weg: »Die Bibel bringt ihre Sache gemeinschaftsbezogen zur Sprache.« Damit ist vor allem die Lebenswelt des Lesers, der Hörerin angesprochen, die von der biblischen Überlieferung getroffen wird.

1. Allgemeine Charakteristik

Vorbemerkung: Die Interaktionale Auslegung ist etwa seit den 70er Jahren des vergangenen Jahrhunderts in unterschiedlichen Ausprägungen entwickelt worden. Einen sehr guten Überblick bietet das Buch von Julia Lehnen (Lehnen, 2006).

1.1 Erfahrungsbezug im Alltag

Die Interaktionale Auslegung geht nicht von den existentiellen Grund-Kategorien wie Angst, Entfremdung, Sorge aus, denn es hat sich gezeigt, dass diese zu allgemein und weitmaschig sind, um wirkliche Betroffenheit auszulösen. Es geht darum, dass die Existenzwahrheiten der biblischen Überlieferung konkreter gefasst und damit auch zum Gegenstand möglicher Erfahrung werden. Das wird nach Auffassung der Vertreter dieses Ansatzes nur unter konsequenter Einbeziehung der Alltagserfahrungen in die Reflexion über Glauben und Leben gelingen.

In Konsequenz dieser Einsichten ist der Laie ins Zentrum zu rücken und als Subjekt der Auslegung zu begreifen (vgl. den Exkurs »Zur Kompetenz der ›Laien‹« in Kapitel 3). Er kann die Fachkompetenz des Theologen nicht ersetzen; aber »in der theologischen Sache ..., die heute zu eruieren und zu befragen ist, verfügt er über eine ihm eigene und durch den Theologen nicht zu ersetzende Fachkompetenz« (Vogt, 1985, 23). Diese Kompetenz betrifft die Fähigkeit, das eigene Leben kritisch zu reflektieren und Erfahrungen zu verarbeiten. Vor allem bei der erfahrungsbezogenen Auslegung der Texte und bei der Transformation ihrer Wahrheit in die Gegenwart ist diese Kompetenz unentbehrlich.

Dabei soll gelten: Die Begegnung mit der biblischen Überlieferung soll nicht länger nur von ehrfurchtsvoller Scheu vor dem »heiligen Buch« geprägt sein, sondern auch von rückhaltlos ehrlichem Aussprechen der Vorbehalte, von Kritik und Abwehr, wie sie aus der Konfrontation der Alltagserfahrungen mit dem Text aufspringen; nur wer seine mitgebrachten Erfahrungen ohne Scheu und Vorbehalte ins Spiel bringt, wird offen für neue Erfahrungen.

1.2 Erfahrungsbezug im Verstehen des Textes

Ziel der Auslegung ist es, die im Text verschlossenen Erfahrungen zu erkennen und so zu erschließen, dass sie heute befreiend, heilend und erneuernd wirken. Es kommt vor allem darauf an, die Botschaft des Textes als klärende und orientierende »Gegen-Erfahrung« zu unseren Erfahrungen zu erkennen. Dabei ist die Einfühlung in die Erfahrungsdimension des Textes durch Identifikation mit Personen, Handlungen, Positionen und Entscheidungen wichtig.

Damit dies gelingt, muss der Text auch auf Distanz gebracht werden; denn »seine Faszination und sein Geheimnis braucht den Schutz gegen Subjektivismus, propagandistische Ausbeutung, projizierte Selbst-Verständnisse, gegen all die Wege, auf denen wir normalerweise das Andere in seinem Anderssein gerade nicht erkennen« (Wink, 1976, 23). Nur wenn diese Distanz gewahrt bleibt, kann der Versuch unternommen werden, den in einem Text aufgehobenen Erfahrungsschatz zu heben.

1.3 Erfahrungsbezug im ganzheitlichen Erleben

Eine bloß kognitive Auseinandersetzung mit der biblischen Überlieferung kann den Menschen nur partiell ansprechen, aber nicht zu einer ihn betreffenden Begegnung führen. Zur »Inkarnation« des Textes in das Leben des heutigen Lesers/Hörers kann es auf die Dauer nur kommen, wenn alle seelischen Kräfte aktiviert, wenn Gefühl und Phantasie, Körper und Kreativität in die Auslegung einbezogen werden. Alle Versuche zur »erlebnisbezogenen« Auslegung sind unerlässlich zur Verleiblichung des Texts in unsere Existenz und haben die gleiche Bedeutung wie wissenschaftliche Analyse und rationale Erschließung der Tradition. Solch ganzheitliches Erleben sichert den Erfahrungsbezug in allen Phasen der Auslegung, es kommt nicht als bloß zusätzliches Element der Belebung hinzu.

1.4 Erfahrungsbezug im Gruppengeschehen

Für das Konzept der Interaktionalen Auslegung ist nicht nur der Dialog mit dem Text konstitutiv, sondern auch die Interaktion in der Gruppe. Interaktionale Bibelarbeit ist immer »Auslegung im Plural«. Auch im Blick auf diese Option gilt, dass das Gruppengeschehen nicht als zusätzlicher methodischer Einfall zum Auslegungsprozess hinzukommt, sondern es ist ein zum sachgemäßen Dialog mit der Bibel unabdingbares Element.

Unter gruppendynamischem Aspekt ist zunächst einmal wichtig, dass der Einzelne ermutigt wird, Ich zu sagen und zu sein; denn erst dann wird er lernen können, seine Erfahrungen »vor dem Text« zur Sprache zu bringen. Außerdem kann er im Gespräch seine Erfahrungen erweitern, klären, vertiefen, aber auch relativieren.

Auch unter bibeltheologischem Aspekt ist die Interaktion in der Gruppe unerlässlich, denn »die Bibel fordert dialogisches Verstehen. Die Texte können auch heute und aktuell nicht anders verstanden werden, es sei denn, dass auch sie wiederum Anlass bieten zum Erzählen, Dichten, Diskutieren und Weiterreichen heutiger Erfahrung« (Vogt, 1985). So erweist sich das Gruppengeschehen auch als ein Zugang zur Bibel, der ihren eigenen Strukturen gemäß ist und den von ihr gelegten Spuren nachgeht.

Ein solches Verständnis schließt den Verzicht auf den Anspruch ein, eine »richtige« Auslegung eines Textes erarbeiten zu können, die alle anderen als »falsch« ausgrenzt. Der Bibeltext ist ja Gesprächspartner, der seine Wahrheiten im Dialog freisetzt. (Diese Sichtweise ist übrigens auch in der Jüdischen Hermeneutik leitend – Kapitel 8).

Zwar betonen alle Vertreter der Interaktionalen Auslegung die Notwendigkeit, den Text mit Hilfe Historisch-Kritischer Exegese vor Projektionen und vorschneller Subjektivität zu schützen, aber grundsätzlich gilt: Wahrheit ist nicht definitorisch herstellbar und deklaratorisch feststellbar, sondern Wahrheit entsteht im Prozess. Beim Dialog um die Wahrheit gibt es kein festgelegtes Textbuch, der Text entsteht erst im erfahrungsbezogenen Prozess.

2. Gewinn-Erwartung

Die Interaktionale Auslegung nimmt den Bibeltext als Äußerung gelebten Glaubens wahr. Sie gibt sich nicht damit zufrieden, mit Hilfe gelehrter Interpretation den »historischen Sinn« eines Texts zu ermitteln. Sie ist stark daran interessiert, die in der Überlieferung aufbewahrten Erfahrungen mit den eigenen Erfahrungen so zu verschmelzen, dass es zur gegenseitigen Anreicherung kommen kann. Der wichtigste Ort dieser Versuche ist die Gruppe. Hier wird die Stimme der »Laien« als wertvolle Erschließung wahrgenommen. Alle können ohne Vorbehalte denken, sprechen und gestalten.

3. Methoden

3.1 Zum Ansatz

In der Entwicklung der Interaktionalen Auslegung ist die Frage nach dem Verfahren bei der Beschäftigung mit dem Bibeltext unterschiedlich beantwortet worden. Die Vorschläge sehen fast immer einen Dreischritt vor, wobei Reihenfolge und Akzentuierung der Phasen differieren. – Der von mir vorgeschlagene Weg geht ebenfalls von drei Phasen aus. Leitend bei der Abfolge ist das spannungsvolle Wechselspiel von Distanz und Nähe. Die Interaktionale Bibelarbeit verwendet die verschiedensten Methoden. Das Neue dieses Ansatzes liegt nicht so sehr in der Erfindung neuer Verfahren – diese sind größtenteils schon bekannt – sondern vor allem in ihrer Anordnung und Anwendung. Entscheidend bei der Auswahl sind die Prinzipien von Distanz und Nähe, die Ermöglichung ganzheitlicher Begegnung und die Einbeziehung des Gruppengeschehens.

Die folgende Zusammenstellung nennt für die drei Phasen alternative methodische Möglichkeiten, keine Abfolge. Es hat sich allerdings als günstig erwiesen, in der praktischen Durchführung mindestens drei alternative Angebote einzuplanen, die häufig in arbeitsteiligen Gruppen angewendet werden.

Wegen der Vielzahl der Methoden biete ich zunächst einen Überblick an; die Ausführung am Beispiel von Gen 3 wird dann im nächsten Abschnitt vorgestellt.

3.2 Drei Phasen der Auslegungsarbeit

1. Phase: Erste Annäherung

Wie die Formulierung verdeutlicht, geht es hier um einen möglichst spontanen Zugang zum Text, um eine erste Kontaktaufnahme zu ihm als »Partner«. Dabei ist die oben genannte rückhaltlos offene Auseinandersetzung in Kritik, Zustimmung oder Formulierung von Vorbehalten von ausschlaggebender Bedeutung.

Geeignete Methoden für die 1. Phase:

1. Hören auf den Text
- Laut lesen;
- lesen mit verteilten Rollen;
- ungewohnte Übersetzungen.

Dieses erste Lesen will die Aufmerksamkeit auf den Text konzentrieren und dazu verhelfen, ihn wie etwas ganz Neues aufzunehmen.

Dies kann auch in der Form geschehen, dass die Teilnehmer/innen den Text abschnittsweise lesen (jeder so viel, wie ihm/ihr wichtig erscheint). Oft bietet sich an, dass die Teilnehmer/innen nach dem Lesen eine Weile schweigend den Text in sich aufnehmen. Danach kann, wer will, einzelne Sätze oder Worte noch einmal in der Runde wiederholen.

2. Rendezvous mit dem Text
Die Idee zum Rendezvous stammt aus der Gestalttherapie. Es geht darum, dass der Teilnehmer / die Teilnehmerinnen sich auf den Text einlässt, sich zunächst als Person im Gegenüber zum Text erlebt. Er / sie könnte sich an folgenden Fragen orientieren:
- Was fühle ich jetzt im Blick auf den Text?
- Was erwarte ich?
- Wie ist mein eigener Standort dem Text gegenüber?
- Was will ich?
- Wem weiche ich aus?

3. Dialog mit dem Text
Hier geht es um eine persönliche Auseinandersetzung des Einzelnen mit dem Text, eine Anrede an den Text wie an einen Partner, dem gegenüber er seine Gefühle äußert.
Zum Beispiel: Ich komme mit dir nicht zurecht, weil ... Du tust mir gut, weil ... Ich kann dir nicht zustimmen ... Du machst mir Angst, weil ... Du bist mir zu optimistisch, weil ... Ich könnte besser mit dir umgehen, wenn ...

4. Lebensgeschichtliche Ortung
Hier geht es um den Versuch, den Text mit eigenen Erfahrungen in Verbindung zu bringen.
Leitfragen: In welcher Lebenssituation war der Text für mich wichtig? ... hätte er wichtig sein können? ... hätte ich ihn gebraucht? Wann möchte ich ihn auf gar keinen Fall hören?

5. Assoziationen
Die Teilnehmer/innen sammeln Einfälle zum ganzen Text oder wichtigen Begriffen bzw. einzelnen Aspekten. Diese Methode zielt darauf, eigene Erfahrungen und Vorstellungen der Teilnehmer/innen zum Thema zu aktivieren und durch Interaktion in der Gruppe anzureichern.
Praktische Durchführung: Die Teilnehmer/innen tauschen spontane Einfälle aus; mögliche *Impulse*: Was fällt Ihnen zu diesem Text ein? Woran denken Sie? An welche Menschen, Situationen, Erfahrungen?

6. Schreibmeditation; Interaktionales Schreiben
Die Teilnehmer/innen arbeiten in Kleingruppen; jeder Teilnehmer / jede Teilnehmerin notiert eine Frage/einen Einfall zum Text; die Zettel machen die Runde, jede / jeder Teilnehmer nimmt auf jedem Blatt, das bei ihm ankommt, Stellung; – so kann sich zu jedem Blatt ein Gespräch entwickeln. Vorteile dieser Methode sind u.a.:
- Viele unterschiedliche Beiträge kommen zum Zug;
- zahlreiche Aspekte werden weitergeführt (gegenüber der Engführung, zu der es häufig im Laufe eines Gesprächs kommt);

- Verlangsamung und Intensivierung des Kommunikationsflusses; häufig erneutes Rückfragen beim Text.

7. Metapher-Meditation
Diese Methode ist weniger spontan als die bisher genannten. Die Teilnehmer/innen erhalten die Aufgabe, bestimmten Begriffen oder Gedanken des Textes möglichst viele Bilder zuzuordnen. *Beispiele*:
- Gottes Liebe ist wie ...
- Leistung ist wie ...
- Kindsein ist wie ...

2. Phase: Erarbeitung

Nach der möglichst unmittelbaren Kontaktaufnahme mit dem Text folgt nun eine Phase der Distanzierung. Mit Hilfe kritischer Exegese soll er vor allzu einseitiger Subjektivität geschützt werden und seine Eigenwelt zur Sprache bringen können. Er wird nach seiner Struktur, Entstehungsgeschichte und ursprünglichen Intentionen befragt (vgl. vor allem die Überlegungen zum Stichwort »Gegenwelt«).

In der herkömmlichen Bibelarbeit ist es fast selbstverständlich, dass diese Phase den Anfang der Auseinandersetzung mit einem Text bildet. Dieses Vorgehen birgt aber die Gefahr in sich, dass die eher objektivierende, auf feststellbare Ergebnisse ausgerichtete Historisch-Kritische Arbeit die spontanen, erfahrungsbezogenen Annäherungen an den Text verdrängt und den Zugang zum Text auf die kognitive Ebene begrenzt.

Geeignete Methoden für die 2. Phase

1. Västeras-Methode
Dieses Verfahren ist in Schweden entwickelt worden. Es hat das Ziel, die Teilnehmer/innen zu gezielter Beobachtung des Textes anzuleiten. Sie werden aufgefordert, den Text mit folgenden Zeichen zu versehen:
? Fragezeichen für unklare Stellen oder solche, an denen weitergefragt werden soll.
! Ausrufungszeichen für wichtige Einsichten.
→ Pfeile kennzeichnen Stellen, die für die persönliche Situation bedeutsam erscheinen.

2. Strukturierung des Textes
Hier geht es um die Gliederung nach Sinnschritten und Findung von Über-schriften.

3. Textvergleich
Der Textvergleich hat zwei Varianten:
- Innerbiblischer Vergleich (Parallelstellen);
- Vergleich verschiedener Übersetzungen.

4. Fragenkataloge
Ihnen kommt der größte Stellenwert in dieser Phase zu; sie sollten so angelegt sein, dass sie zu einer intensiven Beschäftigung anregen und eine selbstständige Bearbeitung in Kleingruppen – unabhängig vom Fachwissen des exegetischen Experten – ermöglichen (Beispiele s.u.).

5. Textatelier
Diese Methode ist in der Schweiz entwickelt worden. Hierbei geht es um die selbstständige Auseinandersetzung der Teilnehmer/innen mit zusätzlichen Bibelstellen, die den Text ergänzen und erläutern.
Beispiel: Bei der Arbeit mit Psalm 126 bietet ein Textatelier zur Vorstellung des Zion u.a. folgende Texte an: Ps 46; Jes 52,7ff.

6. Linguistische Auslegung
Die Linguistische Auslegung will dazu anleiten, den Text als in sich abgeschlossene »Textwelt« wahrzunehmen und diese in vielfältigen Dimensionen und Beziehungen genau zu beobachten. Dazu gehören Raum- und Zeitdimension, Beobachtung aller Akteure und ihres Beziehungsgeflechts – gerade die sogenannten Rand-Figuren oder auch die ungenannten Personen sind oft besonders ergiebig! So kann die – oft methodisch ein wenig spröde – strukturale Analyse dazu beitragen, dass die Teilnehmer/innen sich intensiver in die Erfahrungsdimension eines Textes hineindenken (vgl. Kapitel 12).

7. Erarbeitung von schriftlichem Informationsmaterial
Zur Vertiefung des sachlichen Verständnisses werden entsprechende Materialien bereitgestellt, die von Kleingruppen ausgewertet und – möglichst genau an der passenden Stelle (»Sandwich-Methode«) – in die gemeinsame Arbeit einbezogen werden. – Nach der »Impuls-Methode« bringt der Leiter Informationen ein, die jeweils mit einem Impuls zur Weiterarbeit enden.

8. Identifizierende Erschließung
Sie dient als Gegengewicht zu den bisher genannten stärker kognitiven Erarbeitungsvorgängen dieser Phase. Es geht darum, durch Identifikation einzelne Personen, Worte und Handlungen des Textes nachzuempfinden und besser zu verstehen. Dadurch kommt es zu einer Erschließung der Erfahrungsdimension des Textes.
  Auch diese Methode hebt die Distanz nicht auf, sondern macht sie bewusst; denn es geht ja um das Erspüren möglicher Erfahrungen der Textpersonen, nicht um die persönlichen Erfahrungen der Teilnehmer/innen, wie es in Phase 3 vorgeschlagen wird.

Zwei Wege bieten sich an:
- Dialog zwischen Personen des Textes bzw. innerer Dialog einer Person (z.B. Zachäus). Oder Nacherzählung aus der Sicht einer (im Text genannten oder ungenannten) Person (teilnehmende Erschließung der Erfahrungsdimension innerhalb des Textes);

- Personenbeobachtung, d.h. verstärkter Blick auf eine Person, ihre Entwicklung, Beziehungen zu anderen usw. (Beobachtende Erschließung der Erfahrungsdimension)

3. Phase Gestaltwerdung / Verleiblichung

Die 3. Phase versucht wieder den Schritt aus der Distanz in die Nähe. Es kommt darauf an, erkannte und erarbeitete neue Erfahrungen, die der Text freisetzt, auf die eigene Existenz zu beziehen und in ihr Gestalt werden zu lassen; dabei ist eine direkte Bezugnahme zur zweiten Phase nicht durchgehend nötig. Die Gestaltwerdung soll auf dem Weg einer ganzheitlichen Aneignung geschehen; deshalb überwiegen kreative Verfahren. Sie sind nicht methodische Spielereien, sondern möchten bewirken, dass der Text die Teilnehmer/innen nicht nur auf kognitiver Ebene anspricht, sondern alle seelischen Kräfte wie Phantasie, Intuition, kreative und manuelle Fähigkeiten aktiviert.

Dabei ist wichtig, dass die Teilnehmer/innen sich nicht auf möglichst eindrucksvolle Ergebnisse der kreativen Arbeit konzentrieren, sondern auf den Prozess: Sie sollen keine Kunstwerke herstellen, sondern drücken mit Farben, Formen, Materialien, mit Tanz, Spiel oder Wort Gefühle und Erfahrungen aus, die der Text evoziert hat. Das kann wieder neue Erfahrungen hervorbringen, die im Gespräch – ohne gegenseitige Wertung! – ausgetauscht und vertieft werden.

Geeignete Methoden für die 3. Phase

1. Auseinandersetzung mit dem Text im Spiel
Das Spiel gehört zu den bevorzugten Formen der ganzheitlichen Aneignung. Es gibt sehr unterschiedliche Formen, z.B. Nachspielen, Weiterspielen, Anspiel, Rollenspiel.

2. Interview oder Dialog mit einer Person des Textes
Die Teilnehmer/innen führen ein fingiertes Interview bzw. einen Dialog mit einer Textperson. Im Gegensatz zu der vorher beschriebenen identifizierenden Erschließung geht es jetzt nicht um den Dialog zwischen Personen des Textes, sondern um ein Gespräch zwischen Teilnehmer/in und einer Figur des Textes.

3. Identifikation mit einer Person des Textes
Auch dieses Verfahren ist der »identifizierenden Erschließung« aus Phase 2 benachbart; aber hier geht es nicht um die Erschließung des Textes, sondern das bessere Verständnis der eigenen Lebensverhältnisse durch die Identifikation mit einer Textperson, ihren Problemen und Erfahrungen.

4. Weitererzählen des Textes
Erzählende Phantasie bringt in der Weitererzählung Ängste, Hoffnungen usw. zum Ausdruck und verarbeitet sie.

5. Verfremdung / Arbeit mit Verfremdungen

Nicht nur Weitererzählen kann einem Text eine neue Perspektive eröffnen, ihm eine andere Stoßrichtung vermitteln, sondern auch die produktive Veränderung (Verfremdung). Es gibt eine große Zahl von Möglichkeiten, einen Bibeltext zu verändern, damit er seine Sache wieder neu und provokativ zur Sprache bringen kann. (Diese Arbeitsweise ist so produktiv, dass ich sie in diesem Band als eigene Auslegungsmöglichkeit vorstelle, vgl. Kapitel 11).

Die Veränderung kann Form und Inhalt betreffen: Eine Alternative wird entwickelt, ein Lied, eine Parodie entsteht, der Text begegnet in ungewohnten Zusammenhängen usw. In diesem Arbeitsgang können die Teilnehmer/innen eigene Verfremdungen herstellen oder mit vorgegebenen Texten bzw. Bildern arbeiten. Die Auswertung im Gespräch wird zeigen, dass der so gewonnene »fremde Blick« helfen kann, neue Erfahrungen zu verarbeiten.

Bisher ging es um sprachliche Kreativität und Gestaltung; für die ganzheitliche Aneignung sind aber vor allem auch die nonverbalen Methoden wichtig, die jetzt noch vorzustellen sind.

6. Bildbetrachtung

Sie liegt auf der Grenze zwischen verbalen und nonverbalen Verfahren. Im Rahmen der Interaktionalen Auslegung ist besonders das ruhige Schauen wichtig, die Vertiefung, bevor es zum Gespräch über ein Bild kommt.

Bei der Auswahl der Bilder kann der Anspruch nicht hoch genug liegen! Keineswegs sollte sich eine Gruppe mit den zu didaktischen oder erbaulichen Zwecken hergestellten religiösen Bildern zufriedengeben, die teilweise sehr verbreitet sind. Solche Bilder sind lediglich Illustrationen zu längst festgestellten Inhalten und Wahrheiten. Nur anspruchsvolle Kunst eröffnet neue Zugänge, kann neue Erfahrungen in Gang setzen.

7. Alle gestalterischen Techniken

Hier sind die verschiedensten Techniken angesprochen: Malen, Tonen, Collagen herstellen usw.; grundsätzlich gibt es dabei zwei Möglichkeiten, den Text zu visualisieren: eine reale Szene darstellen oder freies Gestalten/Eindrücke wiedergeben. Als stark ganzheitlich wird beim Malen das Getalten mit Fingerfarben empfunden. – Wink empfiehlt besonders das Tonen. Hier wird der Körper am intensivsten einbezogen. »Die Augen schließen, den Händen Spielraum gewähren, ohne Vorausplanung« schlägt er vor.

Abschließend sollte den Teilnehmer/innen die Möglichkeit gegeben sein, sich zu ihrer Gestaltung zu äußern und mit anderen ins Gespräch zu kommen. Die Beteiligung an einem solchen Gespräch muss ganz und gar freigestellt bleiben, (wertende) Kommentare unterbleiben.

8. Musikalische Gestaltung

In der Literatur zur Interaktionalen Bibelarbeit kommt diese Methode kaum vor; dabei gibt sie starke Impulse zum ganzheitlichen Erleben.

Möglichkeiten:
- Verklanglichung (hier bietet sich vor allem der Einsatz von Orff-Instrumenten an);
- Erfinden eines Singspiels.

9. Pantomime / Tanz
Einsatz der Körpersprache zur Verleiblichung eines Textes kann mit oder ohne Musik erfolgen. Die Palette der gestalterischen Möglichkeiten ist vielfältig: Pantomime über einzelne Züge eines Textes – Darstellung eines ganzen Textes in pantomimischer oder tänzerischer Form ...

4. Das Beispiel: Genesis 3

Vorbemerkung: Da die weltanschaulichen Überlagerungen oft schon die Übersetzungen beeinflussen, ist die Wahl einer möglichst sachlich am Urtext orientierten Übersetzung zu empfehlen, z.B. die «Einheitsübersetzung».

1. Phase: Annäherung

1. Lesen mit verteilten Rollen

2. Lebensgeschichtliche Ortung
Wegen der starken emotionalen Ausrichtung des Texts in seiner Wirkungsgeschichte auf die »Erbsünde« empfiehlt es sich, eine lebensgeschichtliche Ortung als »Gespräch mit dem Text« auszugestalten; etwa so:
- Du bist mir begegnet als ...
  Dabei ging es mir ...
- Ich hätte dich gebraucht, als ...
  Dabei ging es mir ...
- Ich hätte dich überhaupt nicht brauchen können, als ...
  Dabei ging es mir ...
- Ich kann heute (nicht) mit dir umgehen, weil ...

3. Interaktionales Schreiben
Viele unterschiedliche Fragen werden angeschnitten, viele unterschiedliche Sichtweisen kommen auf den Blättern zusammen. Zu jedem entwickelt sich ein Gespräch. Dadurch wird auch eine vorschnelle Ausrichtung auf einen Aspekt vermieden.

4. Assoziationen zur Formulierung »Sein wie Gott«
Wo zeigt sich heute bei Menschen (etwa bei Stars) oder Themenstellungen (z.B. genetische Manipulation) der Wunsch, zu sein »wie Gott«? (Dieser Vorschlag könnte auch in Phase 3 eingebracht werden.)

2. Phase: Erarbeitung

Da Gen 3 im Laufe seiner Gebrauchsgeschichte von vielen Missverständnissen verdeckt wurde, ist es ratsam, den Teilnehmer/innen einige Sachinformationen zur Verfügung zu stellen. Es bietet sich an, diese zu Beginn der 2. Phase für alle zu kopieren und (vielleicht gemeinsam) anzuschauen.

1. Informationen

a) »Urgeschichte«
Der Text gehört zu den Anfangskapiteln der Bibel, die auch als »Urgeschichte« bezeichnet werden. In ihnen wird u.a. von der Erschaffung der Welt erzählt (Kapitel 1 und 2), vom Paradies und der Vertreibung (Kapitel 3), von Kain und Abel (Kapitel 4), von der Sintflut (Kapitel 6–9) und vom Turmbau zu Babel (Kapitel 11). Diese Erzählungen berichten keine Ereignisse vom Anfang der Menschheitsgeschichte. Vielmehr versuchen sie, grundlegende Erfahrungen zu deuten, die Menschen immer wieder machen. Ihre Deutungen formulieren sie nicht in abstrakten Sätzen, sondern kleiden sie in die Form von Erzählungen, die die Herkunft dieser Erfahrungen zur Sprache bringen. Solche Erzählungen bezeichnet man als Ätiologien (griechisch: *aitia* = Ursache, Grund). Darum könnten die »Urgeschichten« auch als »Grundgeschichten« bezeichnet werden.

b) Zur Abgrenzung des Texts
Nach Auffassung der meisten Kommentare bilden die Abschnitte Gen 2,16–17 und Gen 3,1–24 eine Einheit.

c) »Adam«
»Adam« ist kein Eigenname. Im Hebräischen bedeutet adamah »Erde, Erdboden«. Adam ist der »Erdling« (vgl. Gen 3,19).

d) »Gutes und Böses erkennen«
»Gut« und »böse« sind in der Hebräischen Bibel keine moralischen Begriffe. »Gut« ist, wer oder was das Leben fördert; als »böse« gilt, wer oder was das Leben stört oder sogar zerstört. – »Erkennen« bezeichnet in der biblischen Überlieferung keinesfalls ein nur kognitives Zur-Kenntnis-Nehmen von Inhalten...« da schwingen Zuwendung, Lust, Liebe und Freude mit.

Kapitel 10: Interaktionale Auslegung

2. Fragenkatalog

- Gliedern Sie bitte den Text; geben Sie den abgegrenzten Abschnitten Überschriften.
- In Gen 2,16 und Gen 3,22+34 ist von zwei Bäumen die Rede. Was verbindet sich mit ihnen? Was geschieht mit ihnen?
- Was erfahren wir über die Schlange? Versuchen Sie bitte, passende Adjektive zu finden.
- Welche Bedeutung hat es wohl, dass der »erste Mensch« als »Erdling« bezeichnet wird? Versuchen Sie Adjektive zu finden, die das Verhalten »Adams« charakterisieren.
- Schildern Sie das Tun der Frau (am besten schreiben Sie eine Liste der zugehörigen Verben). Versuchen Sie Adjektive zu finden, die das Verhalten »Evas« charakterisieren.
- Nach Gen 2,17 hat der Genuss der Frucht »der Erkenntnis von gut und böse« den Tod zur Folge. Tritt dies ein?
- Der Text wird oft als »Sündenfall-Geschichte« bezeichnet? Wo ist im Text von »Sünde« die Rede? Könnten Sie eine andere Bezeichnung finden?
- Wenn Sie den Text als Ätiologie lesen: Welche Zustände und Erfahrungen will der Verfasser wohl klären?

3. Identifizierende Erschließung
Vorschlag 1: Formulieren Sie bitte eine Rede Gottes an die Beteiligten, die Ihrem persönlichen Verständnis der Erzählung entspricht.
Vorschlag 2: Die Teilnehmer/innen gestalten einen Dialog zwischen Adam und Eva.

3. Phase: Gestaltwerdung / Verleiblichung

1. Dialog mit Eva. Dafür bieten sich mehrere Methoden an: Schreibmeditation – oder Dialog einer fiktiven Person mit Eva – oder Dialog einer Teilnehmerin mit Eva. (Die Beteiligten müssten jeweils von einer Teilnehmerin gespielt werden.)
2. Innerer Monolog Evas nach dem Genuss der Frucht.
3. Auseinandersetzung mit einem Bild oder einer Verfremdung (Material in Kapitel 7 und 11).
4. Gestaltung einer Collage mit Bildmaterial zu:
»Kinder gebären« und »Acker bebauen« ... Hier könnte sich zeigen, dass diese Tätigkeiten keineswegs nur als Folgen des Fluchs und damit negativ zu sehen sind!

5. Schlussbemerkung

Die Beschreibung der drei Phasen sollte nicht so missverstanden werden, als ginge es zunächst darum, Fragen an den Text zu formulieren, sich sodann exegetisch richtige Antworten zu holen und diese dann zu verinnerlichen. Das ist keinesfalls intendiert, widerspricht sogar der Idee. Die Phasen – und ihre Inhalte – müssen überhaupt nicht direkt aufeinander bezogen sein. Es geht eben nicht darum, eine Wahrheit (Skopus) aus dem Text herauszulesen, sondern seine Vielschichtigkeit zu entdecken und vielleicht einen Impuls daraus, der für einen Teilnehmer / eine Teilnehmerin jetzt wichtig ist, mit eigenen Erfahrungen zu verknüpfen und Gestalt werden zu lassen. Das kann für jeden ein anderer sein oder sich auch situativ verändern; so kann sich der Dialog mit dem Text immer wieder neu entwickeln. Dieses Kapitel basiert auf gemeinsamen Vorarbeiten mit Sigrid Berg (vgl. Sigrid Berg, 1998).

6. Ertrag

Die Interaktionale Auslegung ist eine intensive gruppen- und gesprächsorientierte Methode. Damit kommt ganz intensiv der kommunikative Charakter der biblischen Überlieferung ins Spiel. Es wurde betont, dass das Gruppengeschehen ein ganz wesentlicher Bestandteil der Interaktionalen Bibelarbeit ist. Deshalb muss sowohl in den Arbeitsgruppen viel Zeit für Gespräch, Austausch und Aufeinanderhören da sein als auch für die Vorstellung der eigenen Auseinandersetzung im Plenum, ohne dass eine Verpflichtung zur Äußerung besteht.

Die Interaktionale Auslegung zeigt, dass ganzheitliches Verstehen der Bibel unbedingt nötig ist, um die Eindimensionalität des bloß historischen und begrifflichen Interpretierens zu erweitern: Fantasie und Kreativität sind ebenso Wege zur Bibel wie die klassische Exegese.

Die Interaktionale Auslegung wird oft als neuer Weg des »Laien« zur Bibel dargestellt. Aber gerade auch Bibelleser, die professionell mit der Überlieferung umgehen, wie z.B. Exegeten, Pfarrer und Lehrer, können von ihr profitieren. Die Interaktionale Auslegung lässt den gewohnten Umgang mit dem Text als »Gegenstand« nicht mehr zu, sondern stellt ihn als Gegenüber vor, das unbequeme Fragen aufwirft, Ausweichen in gewohnte Denkmuster versperrt und alle Sinne anspricht. So kann sie den »Anfängergeist« wecken, den der ZEN als wichtigste Voraussetzung für Verstehen und Lernen erkennt.

Kapitel 11
Auslegung durch Verfremdung

Dieses Konzept ist zwei der »Wege« zugeordnet, die in meiner Sicht charakteristisch dafür sind, dass die biblische Überlieferung ihre Hörerinnen und Leser anspricht und damit gleichsam auf dem Weg zu ihnen ist. Dies sind: Der erste Weg: »Die Bibel bringt ihre Sache in einer Sprache auf den Weg, die die ›Grenzen eindimensionalen Denkens‹ überschreitet.« Der zweite Weg: »Die Bibel bringt ihre Sache geschichtlich-konkret zur Sprache.«

1. Allgemeine Charakteristik

Das Konzept der »Verfremdung« ist aus einem Mangel entstanden: Dem Mangel an Neugier, Aufmerksamkeit und Erwartung gegenüber der biblischen Überlieferung in unserer Zeit. In Kapitel 2 habe ich versucht, Gründe dafür zu benennen. Unter anderem:
- Vergreisung durch Überfluss: Ständiger Gebrauch (Lesungen; Gottesdienst …) lässt den Neuigkeitswert verkümmern;
- Relevanzverlust: Ständige Einordnung in bürgerlich-religiöse Kontexte lässt den revolutionären Geist der Überlieferung eintrocknen.

Beide Probleme betreffen wohl hauptsächlich Personen, für die der Umgang mit der Bibel vertraut und selbstverständlich ist.

Eine wichtige Methode, die Bibel aus falscher behaglicher Vertrautheit zu rücken und sie als »Stimme und Botschaft von draußen« wieder zu Gehör zu bringen, ist die Verfremdung. Sie versucht dies auf zwei Wegen.

1.1 Den »fremden Blick« gewinnen

Alle, die sich mit der Verfremdung von Texten beschäftigen, beziehen sich ausgesprochen oder unausgesprochen auf Bertolt Brecht, den Erfinder des »V-Effekts«. Brecht entwickelte seine Theorie im Blick auf die Erneuerung des Theaters und setzte sich zum Ziel, »dass das Ding …, auf welches das Augenmerk gerichtet werden soll, aus einem gewöhnlichen, bekannten … Ding zu einem besonderen, auffälligen, unerwarteten Ding gemacht wird. Das Selbstverständliche wird in gewisser Weise unverständlich gemacht, das geschieht aber nur, um es dann umso verständlicher zu machen« (Brecht, 1982, 355).

Der »fremde Blick« ermöglicht nach Brecht erst einen produktiv-fragenden Zugang zum jeweiligen Gegenstand.

Folgerichtig versuchen Verfremdungen von Bibeltexten, die eingespielten Wahrnehmungsmuster zwischen Leser und Text zu stören: Staunen, sogar Ärger sind oft die erste Reaktion auf solche Arbeiten. Genau das ist die Absicht einer Verfremdung: Sie will Gewohnheiten aufbrechen, Staunen und Neugier wecken und zur weiteren Auseinandersetzung anregen.

1.2 Sich der Provokation stellen

Nicht selten werden Verfremdungen als starke Provokationen empfunden, als Angriffe auf den eigenen Glauben oder die Autorität der Heiligen Schrift. Dass solche Provokationen durchaus sinnvoll sind und auch dem Duktus der biblischen Überlieferung selbst entsprechen, zeigen die folgenden Hinweise.

1.2.1 Die Bibel selbst verfremdet

Das allerwichtigste Vorbild für die Verfremdung von Bibeltexten ist die Bibel selbst. Die bisher vorgestellten hermeneutischen Modelle und methodischen Ansätze haben ja deutlich hervortreten lassen, dass die biblische Überlieferung nicht als monolithischer Block zeitlos gültiger Wahrheiten zu verstehen ist, sondern als ein höchst vielschichtiges, lebendiges Geflecht von Zeugnissen, Gebeten, Liedern, Geschichten und Bekenntnissen. So hat Israel immer wieder seine Geschichte neu geschrieben, sich mit Fragen und Problemen seiner Gegenwart auseinandergesetzt, indem es die Vergangenheit neu vermaß. Vor allem die Propheten beanspruchten eine radikale Freiheit im Umgang mit der Überlieferung im Sinne einer Aktualisierung für die Probleme ihrer Gegenwart. Der Grund dafür ist nicht Willkür oder so etwas wie »dichterische Freiheit« – ein solches Kriterium kennt der antike Mensch überhaupt nicht, weil nicht die Individualität, sondern die Einbindung in Tradition und Gemeinschaft bestimmend sind. Ihr Interesse hing mit einer spezifischen Entwicklung von Glauben und Gesellschaft zusammen: In der Zeit der vorexilischen Gerichtspropheten war es dazu gekommen, dass Israel die guten Worte der Liebe JHWHs zu seinem Volk zu Leerformeln verdorben hatte, hinter denen sich ein schal gewordener Glaube verstecken konnte. Eines der interessantesten Beispiele finden wir beim Propheten Hosea; er nennt seinen Sohn »Nicht-mein-Volk« (Hos 1,9) – eine wandelnde Negation der alten Bundeszusage Gottes: »Ihr seid mein Volk« (Ex 19,6). Damit demonstriert er die Tatsache, dass Israel in seinem faktischen Verhalten schon längst nicht mehr JHWHs Volk, sondern ihm zutiefst entfremdet ist. Auf diese Situation der Entfremdung muss der Prophet mit der radikalen Verfremdung der Überlieferung antworten; die Verfremdung entlarvt die Entfremdung. Nur wer den Schmerz der Destruktion aushält, lernt wieder hören.

Ein solcher befreiend-provozierender Umgang mit dem Überkommenen findet sich überall im Ersten und Neuen Testament. Diese Bewegung lässt sich nicht auf den Prozess der innerbiblischen Überlieferung eingrenzen, sondern »drängt über die Zeit hinaus, in der sie abgefasst und niedergeschrieben wurde. Sie will nicht nur festgestellt, sondern auch weiterbewegt werden in den Horizont unserer Zeit« (Fischer, 1980, 141).

Verfremdungen versuchen diese Weiterbewegung nicht in der Form der argumentativen Reflexion, sondern in der produktiven Fortschreibung der Texte selbst – ein Verfahren, das bereits in der biblischen Tradition selbst Tradition hat, wie das Beispiel aus der prophetischen Rezeption der Überlieferung zeigte.

1.2.2 Provokation ist produktiv

Wie sich zeigte, gehört die provozierende Verfremdung von Überlieferung bereits zum Repertoire der biblischen Schriftsteller selbst. Sie machten die gleiche Erfahrung wie heute Schriftsteller und Künstler: Provokation wird in aller Regel als destruktiv empfunden – schnell ist dann der Vorwurf der Gotteslästerung zur Hand. Dabei bedeutet pro-vozieren nichts anderes als hervorrufen – nämlich den Adressaten aus lähmenden Sichtweisen und erstarrten Gewohnheiten. Je härter die Krusten, umso stärker muss dann auch der Hammer sein, um sie aufzuschlagen.

Es sind vor allem drei Motive, die heute einen Autor oder Künstler zu einer provokativen Neufassung biblischer Überlieferung anregen:

- Es kann sich um die Selbstbefreiung von einem in Erziehung und Kirche vermittelten Gottesbild handeln, das als zerstörerisch-unterdrückend erfahren wird; bekannte Beispiele: Das Buch »Gottesvergiftung« des Psychoanalytikers Tilmann Moser (Moser, 1976) oder die »Christusübermalungen« von Arnulf Rainer.
- Der Autor bzw. Künstler kann sich das Ziel stellen, den Missbrauch christlicher Inhalte für wirtschaftliche oder ideologische Zwecke anzuprangern; dieses Ziel ist bei vielen Karikaturisten zu erkennen.
- Es kann das leidenschaftliche Interesse wirksam sein, die Sache des Evangeliums aus Verhärtungen herauszuschlagen, indem man sie »entstellt bis zur Kenntlichkeit« (Klaus Staeck). Dieses Interesse liegt wohl den meisten Verfremdungen aus dem Verständnis eines kritischen Christentums heraus zugrunde (vgl. vor allem die zahlreichen Beispiele in der Reihe: Berg/Berg, Biblische Texte verfremdet, Band 1–12).

Jedenfalls wäre es gut, wenn sich Adressaten von Verfremdungen immer wieder vor Augen halten, dass gerade dann, wenn sich Zweifel zeigt, in Widerspruch und Ablehnung die biblischen Texte offengehalten bleiben oder sogar aufs Neue geöffnet werden.

2. Gewinn-Erwartung

Wer mit Verfremdungen arbeitet, kann hoffen, die biblische Überlieferung ein Stück weit von »Vergreisung« und Relevanzverlust zu befreien und den Blick wieder auf ihren revolutionären Geist zu gewinnen (s.o. Kapitel 3.4) – von »Entselbstverständlichung«

spricht Horst Rumpf im Blick auf die Rezeption von Kunst (Rumpf, 1993, 20). Das ist ein sperriges Wort – aber manchmal bedarf es schon eines kräftigen Anstoßes, damit die biblische »Gegenwelt« mit ihren Verheißungen und ihrer Kritik wieder in den Blick kommt. – Insofern ist die Arbeit mit Verfremdungen »Auslegung«, weil sie zu genauer Beobachtung des Texts anregt und hoffentlich auch bisher übersehene oder verschüttete Aspekte ins Licht rückt.

3. Methoden

Beinahe unerschöpflich ist die Vielfalt der Methoden, die bei Verfremdungen biblischer Texte zur Anwendung kommen. Im Rahmen dieses Kapitels können nur stichwortartige Hinweise notiert werden. Die folgenden Erläuterungen beziehen sich in erster Linie auf das Verständnis vorliegender Verfremdungen; die Methoden zur Erstellung eigener Verfremdungen greifen natürlich auf das gleiche Repertoire zurück, wählen aber meist einen etwas anderen Weg (ausführlich zum Verständnis und zur Produktion von Verfremdungen: Berg, 1986, 49–132). Bevor einzelne Verfahren vorgestellt werden, ist das Grundmuster der zum Verstehen oder Herstellen eines verfremdeten Textes oder Bildes notwendigen Aufgaben zu klären.

3.1 Drei grundlegende Aufgaben

3.1.1 Die Aussage des Bibeltextes in den Blick nehmen
Die Verfremdung gewinnt ihr eigenes Profil durch die Spannung zum Bibeltext, mit dem sie kritisch umgeht. Darum ist nach Aussagen und Intentionen des biblischen Überlieferungsstücks in seiner Ursprungssituation zu fragen; dabei sind seine sprachlichen Mittel und seine innertextliche Geschichte besonders aufmerksam zu untersuchen.

3.1.2 Die heutige Rezeptionssituation klären
Im Blick auf das Beispiel Gen 3 wurde die heutige Gebrauchssituation im Kapitel »Wirkungsgeschichtliche Auslegung« dokumentiert. Es zeigten sich Widersprüche: Einerseits wird die Erbsündenlehre ganz unbefragt in der kirchlichen Lehre fixiert, in der gottesdienstlichen Liturgie weitergereicht und sie ist teilweise auch noch in anderen Medien zu finden (z.B. Kinderbüchern). Andererseits wird in neueren Äußerungen oft ganz auf den Bezug zu Gen 3 verzichtet.

3.1.3 Die Stoßrichtung der Verfremdung bestimmen
Verfremdungen werden darauf aus sein, Überlagerungen und Missbrauch eines Texts freizulegen und so weit wie möglich aus dem Weg zu räumen. In welcher Reihenfolge

diese drei Grundaufgaben bearbeitet werden, muss sich aus der jeweiligen Situation ergeben.

3.2 Stilformen und Techniken des Verfremdens

Wie kommt eine Verfremdung zustande? Dabei lassen sich grundsätzlich zwei Wege unterscheiden: Entweder produziert ein Autor oder ein Künstler einen Text bzw. ein Bild als geplante Umgestaltung einer bestimmten Bibelstelle oder eines größeren Überlieferungszusammenhangs (diesen Weg könnte man als geplante Verfremdung bezeichnen). Oder ich entdecke einen Text oder ein Bild, die zwar nicht als Verfremdungen einer bestimmten Stelle produziert wurden, sie aber in der Gegenüberstellung erweitern, vertiefen, ihr widersprechen usw. (ungeplante Verfremdung).

Die folgenden Hinweise sprechen beide Möglichkeiten an und verdeutlichen sie teilweise am **Beispiel von Gen 3**. Verfremdungstechniken lassen sich in drei Arten aufteilen.

3.2.1 Veränderungen am Bibeltext
Hier bieten sich mehrere Variationen an:
- Veränderungen im Blick auf die **inhaltliche Einheit**. Hier ist noch einmal daran zu erinnern, dass sich die Verwendungsgeschichte von Gen 3 ganz einseitig auf *einen* Inhaltsaspekt fokussiert hat, der – wie sich zeigte – keinen Anhalt am Text selbst hat: Das Dogma von der »Erbsünde«, deren verhängnisvoller Weg in die Geschichte der Menschheit mit Adam und Eva begonnen habe. – Dazu kam dann noch eine weitere Verengung auf die Person und Bedeutung Evas als »erste Sünderin« und Urmutter der sündigen »Kinder Evas«, der Frauen also, die vor allem durch ihre Sinnlichkeit das Wirken des Geistes beeinträchtigten.
Verfremdungen können dem begegnen, indem sie andere Züge des Texts hervorheben, die bisher überlagert waren – oder auch nicht unmittelbar der biblischen Vorlage zu entnehmen sind. Im Blick auf die Paradiesgeschichte sehe ich zwei Ansätze:
Einmal: Die Gestalt der Eva wird ganz neu gesehen. Ein Beispiel ist die Sicht auf Eva als Ur-Bild der Lust auf Erkenntnis. Diese Spur wird im Kapitel »Existentiale Auslegung« weiter verfolgt. – Ein anderes Beispiel ist das Gedicht »Freispruch für Eva« von Christa Peikert-Flaspöhler. Hier wird Eva als »Mutter aller Lebendigen« gefeiert, als Ur-Bild der Frauen, die dafür stehen, »ganz für das Leben zu sein« (im Internet zu finden unter: »Spiritualität des Herzens. Für ein erneuertes Christentum. Peikert« [Allerdings nicht in Versform abgedruckt] oder »Erwachsenenbildung. Friedensarbeit mit der Bibel, M 10).
Oder die Beziehung zwischen Adam und Eva wird als Liebesgeschichte zur Sprache gebracht. Ein schönes Beispiel bietet »Das Tagebuch von Adam und Eva«, das Mark Twain den beiden in die Feder diktierte. Es beginnt mit dem Tagebucheintrag Adams: »Dieses neue Wesen mit den langen Haaren ist ziemlich im Weg.« Es entwickelt sich

– nicht ohne mancherlei Irr- und Umwege – eine zarte Liebensgeschichte, geschildert voller Humor.

- Veränderungen im Blick auf den **Umfang**. Die Vorlage kann verkürzt werden; das führt oft zu einer äußersten Verknappung, die Aufmerksamkeit und Phantasie anregt. Auch Erweiterungen sind eine bekannte Methode; sie werden vor allem bei erzählerischen oder auch bei meditativen Entfaltungen kurzer Vorlagen verwendet und regen zur Identifikation an.
- Veränderung im Blick auf die **sprachliche Form**. Hier kommt es zu mannigfachen Variationen. Als Grundregel wird man festhalten können, dass die Paraphrase nicht ohne Grund die Sprachform der Vorlage verändern sollte. Auf jeden Fall ist die Umwandlung biblischer Texte in die Einheitsform der »Aussage«, wie es in der Predigt und im Religionsunterricht leider vielfach üblich ist, sehr problematisch, weil sie die sprachliche Dynamik einer Erzählung, eines Liedes oder Bekenntnisses einebnet. Auch fördert sie den ungesunden »Tatsachenglauben«, von dem schon mehrfach die Rede war.

Eine spezifische Neuformung ist die Übertragung biblischer Texte in »einfache Sprache«. Sie ist so interessant, dass sie etwas näher entfaltet werden soll.

Exkurs: Biblische Texte in »Leichter Sprache«

Das Projekt »Leichte Sprache« entstand aus der Notwendigkeit, Menschen mit Lernschwierigkeiten komplizierte Texte zugänglich zu machen, z.B. amtliche Verlautbarungen. Im Jahr 2006 gründete sich das »Netzwerk Leichte Sprache« (www.leichtesprache.org). Es setzt sich zum Ziel, Texte des öffentlichen Lebens, z.B. Behördentexte, für Menschen mit mentalen Schwierigkeiten, vor allem Sprachproblemen, so zu formulieren, dass allen ermöglicht wird, »gut informiert und selbstständig am gesellschaftlichen Leben teilzuhaben«. (Aus einem Statement der Ministerin Andrea Nahles). Es erschien ein Ratgeber, der Regeln und praktische Tipps enthält, wie Fachsprache vereinfacht werden kann.)

Seit längerem gibt es nun auch Versuche, die Bibel in »Leichte Sprache« zu übertragen. Am bekanntesten ist wohl die Aktion »Evangelium in Leichter Sprache« des Katholischen Bibelwerks (www.evangelium-in-leichter-sprache.de). Hier werden die im Gottesdienst gelesenen Evangelien Stück für Stück übertragen. Die Texte sind unter der angegebenen Mailadresse zugänglich. Dort finden sich auch exegetische Hinweise zum Text sowie eine ausgearbeitete Auslegung.

Aus den Grundsätzen der Aktion einige Hinweise: »Einfachheit, klare Gliederung, Prägnanz, kurze Sätze«.

Daran anknüpfend wurden bestimmte Regeln für Leichte Sprache entwickelt, die sich als hilfreich erwiesen haben:

- Es werden kurze Sätze verwendet.
- Jeder Satz enthält nur eine Aussage.
- Es werden Aktivsätze eingesetzt.
- Ein verständlicher Satz besteht aus den Gliedern: Subjekt + Prädikat + Objekt.
- Der Konjunktiv wird vermieden.
- Der Genitiv wird in den meisten Fällen durch den Dativ ersetzt.

- Abstrakte Begriffe werden vermieden; wo sie notwendig sind, werden sie durch anschauliche Beispiele oder Vergleiche erklärt.

Als kurzes Beispiel hier ein Abschnitt aus dem Johannesevangelium in Leichter Sprache:
»Jesus sagte zu seinen Jüngern:
Wenn ich bei meinem Vater im Himmel bin,
kommt für euch eine schwere Zeit.
Viele Leute jagen euch weg.
Weil ihr zu mir gehört.
Einige Leute wollen euch töten.
Die Leute denken, Gott will das so.
Die Leute wissen nicht, dass Gott ein guter Vater ist.
Gott sorgt für euch.
Gott lässt euch nicht allein.
Gott sendet euch den Heiligen Geist.
Durch den Heiligen Geist spürt ihr, dass ich bei euch bin.
Der Heilige Geist erinnert euch an
alles, was ich gesagt habe.
Der Heilige Geist erklärt euch alles,
was Gott euch sagen will.
Der Heilige Geist erklärt alles, was ihr
jetzt noch nicht verstehen könnt.
Dann könnt ihr von meinem guten Vater im Himmel erzählen.
Dann glauben die Leute, dass Gott ein guter Vater ist.«
Joh 15,26–16,3.12–15

Eine Übertragung der »Paradiesgeschichte« in Leichte Sprache habe ich noch nicht gefunden. Ich schlage vor, sie in der Gruppe selbst zu versuchen (vielleicht arbeitsteilig, um mehrere Fassungen vergleichen zu können). – Im Blick auf andere Texte ist es auch ratsam, zunächst eine eigene Version zu schreiben, um sie dann mit einer veröffentlichten zu vergleichen (falls sie zur Verfügung steht).

- Veränderung im Blick auf die **Raum- und/oder Zeitperspektive**. Sie kommt überall da zum Zug, wo der biblische Inhalt in einen anderen Lebenszusammenhang transformiert wird. Das zeigt sich besonders deutlich bei Verfremdungen aus der »Dritten Welt« (vgl. Kapitel »Relectura«). Letztlich benutzt jede gute Verfremdung diesen Perspektivenwechsel; er will bewirken, dass der heutige Leser/Hörer die Aktualität der Überlieferung neu entdeckt. Afrikanische Kunst zu biblischen Themen findet man günstig unter: www.azaria mbatha artworks. Dort werden nicht nur Werke von Azaria Mbatha abgebildet, sondern auch Bilder anderer afrikanischer Künstler.
- Veränderung im Blick auf **die Akteure**. Diese Methode kommt häufig bei der Verfremdung narrativer Texte zur Anwendung: Eine zusätzliche Person als Erzähler,

als Widerpart, als Erklärer setzen die dargestellten Ereignisse in ein faszinierend neues Licht. Ein wichtiger Vorzug dieser Methode ist, dass sie den Leser/Hörer zur Identifikation mit dem Geschehen einlädt (vgl. auch die Vorschläge im Kapitel 10 »Interaktionale Auslegung«).
- Veränderung im Blick auf die **Intention**. Umkehrung der ursprünglichen Stoßrichtung gehört zu den wichtigsten Methoden, um erstarrte Wahrnehmungsmuster aufzubrechen; wer beispielsweise als »Seligpreisung« liest: »Selig sind die Reichen, denn ›Geld regiert die Welt‹« – wird stutzen, sich ärgern und sich (hoffentlich) zu einer neuen Auseinandersetzung mit dem schal gewordenen Bibeltext provozieren lassen. Dabei sieht er sich mit der Frage konfrontiert, welche Maßstäbe faktisch in unserer Welt herrschen und kann in seiner Situation die Seligpreisung als Bußruf wahrnehmen.

3.2.2 Veränderungen im Umfeld des Bibeltextes
Im Wesentlichen bieten sich zwei Methoden an:
- Die **Rahmung**. Die einleitende Rahmung erzählt oft eine gedachte Situation, in der der Bibeltext einmal als Orientierungsangebot gesprochen sein könnte; es geht also um die Erfindung einer Ursprungssituation. Diese Methode der Ätiologie zur »Paradiesgeschichte« habe ich bei einigen heute gebrauchten Kinderbibeln gefunden (s.o. Kapitel 6). – Eine andere Form der Rahmung ist die Weitererzählung: Am Beispiel von Gen 3 geht es um die Frage: Wie könnten die Menschen nach der Vertreibung aus dem Paradies weiter gelebt haben? Teilweise greift das »Tagebuch« von Mark Twain in diese Zeit hinüber. Eine besonders eindrucksvolle Weitererzählung hat Marie-Luise Kaschnitz aufgeschrieben: (Suchbefehl: www. Adam und Eva von Marie-Luise Kaschnitz) »Adam und Eva« erzählt, wie die beiden nach der Vertreibung mit ihren Kindern leben. Adam ist ein rechter Griesgram, der über die Vertreibung nicht hinweg kommt. Eva dagegen ist die Lebensfreude in Person. Am Schluss lüftet sich das Geheimnis: Eva lebte all die Zeit fröhlich in Nachbarschaft des verloren geglaubten Paradieses – und kann Adam am Schluss mit ihrer Lebensfreude anstecken.
- Die zweite Form der Veränderung im Umfeld des Bibeltextes ist die **Kombination mit anderen Bibeltexten**. Diese Methode lässt sich im innerbiblischen Bereich vor allem in den Psalmen beobachten, die Ereignisse aus ganz verschiedenen Situationen der Geschichte Israels verknüpfen.

Im Blick auf Gen 3 kann ich mir gut eine Kombination mit dem Buch der Sprüche, Kapitel 31,10ff vorstellen. Dort wird die Frau als tatkräftig, klug und besonnen geschildert – ein Kontrast zu anderen patriarchal gefärbten Aussagen. Es wäre denkbar, dass einige dieser Aussagen (oder auch alle) im Bibeltext an Gen 3,20 angehängt werden, etwa mit der Überleitung: »Und außerdem ...«

> **10** Eine tüchtige Frau, wer findet sie? /
> Sie übertrifft alle Perlen an Wert.
> **11** Das Herz ihres Mannes vertraut auf sie /
> und es fehlt ihm nicht an Gewinn.

12 Sie tut ihm Gutes und nichts Böses /
alle Tage ihres Lebens.
25 Kraft und Würde sind ihr Gewand, /
sie spottet der drohenden Zukunft.
26 Öffnet sie ihren Mund, dann redet sie klug /
und gütige Lehre ist auf ihrer Zunge.
27 Sie achtet auf das, was vorgeht im Haus, /
und isst nicht träge ihr Brot.
28 Ihre Söhne stehen auf und preisen sie glücklich, /
auch ihr Mann erhebt sich und rühmt sie:
29 Viele Frauen erwiesen sich tüchtig, / doch du übertriffst sie alle.

Damit wären den üblichen patriarchalen Dummheiten über »das Wesen der Frau« zumindest an dieser Stelle eine deutliche Grenze gesetzt! Nach der gleichen Technik lassen sich Text-Kombinationen zu vielen Bibeltexten entwickeln, die dadurch in ihrem Bedeutungsspektrum erweitert werden.

3.2.2 Veränderungen in Bezug auf die heutige Situation

Auch die Veränderung der Rezeptionssituation kann den Blickwinkel, unter dem ein Text wahrgenommen wird, grundlegend verändern und ist damit im weitesten Sinn zu den Verfremdungstechniken zu zählen. Das deutlichste Beispiel zeigt sich im Bibelgebrauch in den Gemeinden der »Dritten Welt« (Relectura, vgl. Kapitel 10, S. 192ff). Wenn der Arme zum wirklich rechtmäßigen Empfänger der biblischen Überlieferung wird, verändert sich nicht nur die Perspektive, sondern es kommt auch zur Produktion neuer Texte.

Zur Paradiesgeschichte liegt eine kleine satirische Szene vor, die die dogmatische Überlagerung recht kritisch beleuchtet und zum Gespräch einlädt.

O du fröhliche???
Eine weihnachtliche Szene (von Klaus Hill)

Erzähler: Edith und Jonas kommen aus der Kirche ... man hört noch den Orgelklang. Viele Menschen strömen aus dem Gottesdienst.

Edith: Ich freu mich so, dass du mich an Weihnachten besuchst ... und dass du sogar mit in die Christvesper gekommen bist. Ich weiß ja – so viel hältst du nicht davon. Aber es war doch richtig schön, wie wir alle gesungen haben: »Freue dich, o Christenheit!« Da merkt man: Jetzt fängt Weihnachten an!

Jonas: Na ja, so genau weiß ich nicht, worüber ich mich eigentlich freuen soll! Wie hieß das noch? »Christ ist erschienen ...«

Edith: »... uns zu versühnen.«

Jonas: Wer soll denn da versühnt werden? Und was hat das mit Weihnachten zu tun?

Edith: Ach, so genau muss man das nicht nehmen. Das ist eben ein fröhliches Lied, das alle kennen und gut mitsingen können.

Jonas: Also: gewusst hätt ich schon gern, was ich da eigentlich singe. Kannst du mir das nicht erklären?

Edith: Ehrlich gesagt, darüber hab ich mir noch nie Gedanken gemacht. Das gehört eben zu Weihnachten dazu.

Jonas: Ich muss noch an ein anderes Lied denken, das wir eben gesungen haben. Ich hab es sogar behalten: Am Schluss mussten wir immer singen: »Gottes Sohn ist Mensch geborn, hat versöhnt des Vaters Zorn« ... und das gleich viermal! Da haben wir es wieder: Die Versöhnung – weil »der Vater« zornig ist. Auf wen ist er denn zornig – auf dich vielleicht? Oder mich?
Und dies Lied wird anscheinend schon ewig an Weihnachten gesungen – und jedes Jahr wieder – seit Adam und Eva!

Edith: Ja, eben ... Adam und – Eva. Weißt du, wir glauben eben, dass Adam und Eva den Sündenfall gemacht haben – und seitdem sind alle Menschen schuldig und müssen den ewigen Tod leiden. Und weil Gott darüber zornig ist, musste Jesus kommen. Und er ist gestorben, um Gott zu versöhnen.

Jonas: Du sagst: »Wir glauben« ... ich muss sagen, ich kann das alles nicht glauben. Und du? Glaubst du das?

Edith: Ach, das sind alles so schwierige Fragen ... und das an Weihnachten. Komm, lass uns feiern. Ich habe ein ganz neues Rezept für die Weihnachtsgans ausprobiert. – Über das andere können wir doch später noch mal reden.

3.2.4 Die visuelle Verfremdung

Bildende Kunst

Bildende Kunst, die sich mit christlichen Inhalten beschäftigt, muss mehr sein als bloße Illustration; denn diese setzt sich lediglich die Aufgabe, einen vorher festgestellten Inhalt deutlicher ins Bild zu setzen, zu veranschaulichen. Damit vermittelt sie nichts Neues über die Sache. Authentische Kunst dagegen geht in eigenständiger Perspektive und autonomer Formsprache auf ihren Gegenstand zu und gewinnt damit den »fremden Blick«. Dadurch kann die künstlerische Auseinandersetzung mit religiösen Themen noch unentdeckte oder verschüttete Ansichten des Gegenstands ans Licht bringen.

Allerdings bietet die traditionelle künstlerische Auseinandersetzung mit Gen 3 kaum mehr als die Illustration der kirchlich vorgegebenen Deutungen (vgl. die Beispiele im Kapitel 7 »Feministische Auslegung«, S. 122ff). Auch die Bilder zum Thema aus dem afrikanischen Kulturbereich (s.o. zu Azaria Mbatha) bringen nicht wirklich neue Sichtweisen ins Spiel.

Die Karikatur

Die Karikatur ist eine der stärksten Waffen gegen festgefahrene Seh-Gewohnheiten und erstarrte Denk-Schablonen (ausführlich dazu: Berg, 1986, 57–127). Das hängt mit ihren charakteristischen Merkmalen zusammen:

- ■ Die Verzerrung der dargestellten Personen und Gegenstände stört die Sehgewohnheiten und weckt Aufmerksamkeit;

Kapitel 11: Auslegung durch Verfremdung

- das in der Regel knappe Repertoire an Bildzeichen konzentriert die Aufmerksamkeit auf den springenden Punkt;
- die Stilmittel der Übertreibung und des Kontrasts unterstützen die scharfe Charakterisierung der dargestellten Situation und regen zur Auseinandersetzung an.

Im Gegensatz zum gezeichneten Witz, der nichts als unterhalten will, ist es das Interesse der Karikatur, auf problematische Verhältnisse aufmerksam zu machen und sie ins Licht der Kritik zu stellen. Leider konnte ich zur Paradiesgeschichte nur belanglose Witz-Zeichnungen finden; aber für viele andere Bibeltexte lohnt die Suche nach satirischen Cartoons auf jeden Fall!

Die visuelle Montage

Auch diese Methode kann recht wirkungsvoll die Stoßrichtung eines Textes so zur Geltung bringen, dass seine Bedeutung für die Gegenwart einleuchtet, z.B. wenn den Schöpfungstexten aus Gen 1 und Gen 2 Bilder der Umweltzerstörung konterkarierend in die Quere kommen; oder wenn Realfotos aus unserer Welt belegen, dass die sozialen Anklagen der Propheten aktuell sind, als wären sie heute gesprochen usw.

Eigene visuelle Montagen eigenen sich sehr gut als Impulse für eine persönliche Auseinandersetzung mit dem Text. Denn sie sprechen zunächst einmal die Fantasie der Beteiligten an; die gedankliche Verarbeitung ist dann Sache des Gesprächs in der Gruppe.

Für Gen 3 bieten sich u.a. diese Ideen an:
- Was wäre heute das »Feigenblatt«, mit dem Adam und Eva sich voreinander verstecken? Man könnte es auf einer konventionellen Darstellung vielleicht mit Geldscheinen überkleben, oder ...
- In die Mitte eines großen Bogens (DIN A3) wird ein Bildausschnitt geklebt, der zeigt, wie die Schlange Eva die Frucht überreicht. Beispiel: Ausschnitt aus einer Grafik von Albrecht Dürer. – Die Frucht kann dann mit Gegenständen belegt werden (Fotos, Zeichnungen, Schrift), die symbolisieren, was die Teilnehmer/innen heute mit dem Stichwort »verlockende Versuchung« verbinden.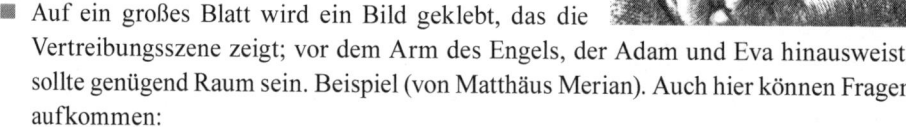
Dabei sind zwei Varianten denkbar: Freie Assoziation oder Assoziationen, die die Unterscheidung von »gut« und »schlecht« einbeziehen: »Was wird heute als lebensfördernder Fortschritt bezeichnet? Wie ist es zu beurteilen?«
- Auf ein großes Blatt wird ein Bild geklebt, das die Vertreibungsszene zeigt; vor dem Arm des Engels, der Adam und Eva hinausweist, sollte genügend Raum sein. Beispiel (von Matthäus Merian). Auch hier können Fragen aufkommen:

Welch ein Land könnte es aus heutiger Sicht sein, in das Adam und Eva (wir) vertrieben werden? Wieder werden die Assoziationen in das Bild einbezogen durch Fotos, Zeichnungen, Schrift (z.B. Heutiger Arbeitsplatz; aber auch: Wall Street; »Einkaufsparadies«; Krieg; Flüchtlingselend ...). In der traditionellen Ikonographie wird übrigens die »neue Welt« meistens so dargestellt, dass Adam bei der Feldarbeit gezeigt wird und Eva beim Stillen eines Kindes oder bei einer häuslichen Arbeit.

Ergänzung: Die Technik der visuellen Verfremdung ist von einigen Graphikern zu einer eigenen Kunstform entwickelt worden; hier ist vor allem der große Begründer der Fotomontage John Heartfield zu nennen, aber auch Klaus Staeck, der heute in der Tradition Heartfields arbeitet. Bei beiden Künstlern finden sich zahlreiche Motive zu religiösen Themen, die als produktive Interpretationen biblischer Überlieferung gelten können (Heartfield, 1971; Staeck, 1976).

4. Zusammenfassung

Verfremdungen sind keine unverbindliche Spielerei mit biblischen Texten, sondern entschiedene Anstrengungen, die biblische Überlieferung aus dem Schlummer der Gewöhnung aufzuscheuchen und sie vom Belag der monotonen Verwendungsgeschichte zu befreien, sie als »Gegenwelt« zum Gewohnten kenntlich zu machen. Der »fremde Blick« kommt gerade Bibeltexten zugute, die stark überlagert, ja deformiert worden sind, wie Gen 3.

Das gelingt bei vorliegenden Verfremdungen zur »Paradiesgeschichte« mit unterschiedlicher Wirksamkeit. Die Gestaltungen in der Bildenden Kunst können sich kaum von den verfestigten Sichtweisen lösen. Deutlich effektiver gelingt das bei den sprachlichen Verfremdungen, wie die mitgeteilten Beispiele belegen.

So ist man auf die eigenen Verfremdungsversuche angewiesen. Aber diese Aktivität kann die Intensität der Auseinandersetzung noch deutlich befördern.

5. Ertrag

Verfremdungen sind augenscheinlich ein stimmiger Weg zur biblischen Überlieferung. Sie werden zur »Auslegung«, wo der »fremde Blick« die Sicht auf die eigene Intention des Texts schärft und auch neue Aspekte aufzeigt; hier z.B. die Frage nach heutigen Formen von »Verführung« und »Vertreibung aus dem Paradies«. Da so wenig Material zur Verfügung steht, zeigt sich die Chance, durch eigene Produktionen Fantasie und Kreativität als Auslegungsmethoden deutlicher bewusst zu machen: Ganzheitliches Verstehen ist notwendig bei der Arbeit mit der biblischen Überlieferung, die ja durch ihre eigene Qualität schon selbst weit über die Eindimensionalität historischer und begrifflicher Methoden hinaus reicht.

Kapitel 12
Linguistische Auslegung

1. Allgemeine Charakteristik

Dieses Konzept löst den Text aus dem Kontext seiner historischen Einflüsse, Auswirkungen und seiner Zeitgeschichte und erfasst ihn als ein in sich geschlossenes sprachliches Ganzes. Außertextliche Bezüge bleiben unberücksichtigt.

Wegen der Vielzahl der Fragestellungen und der verwendeten Verfahren ist dieser Auslegungsansatz allerdings sehr schwer überschaubar. Es gibt wohl kaum einen komplexeren Bereich von Interpretationsmethoden als den, der durch das Stichwort »Linguistik« charakterisiert wird.

Einen ersten Anhaltspunkt gibt das Linguistische Textverständnis. Unter sprachwissenschaftlichem Aspekt erscheint ein Text als System, dessen einzelne Elemente wie Wörter, Sätze usw. (»Zeichen«) in Beziehungen zueinander stehen. Die Gesamtheit solcher Relationen innerhalb eines Textes wird als »Struktur« bezeichnet.

Die strukturale Textsemantik richtet ihre Aufmerksamkeit also allein auf das Textgebilde, das als eine Art sprachliches Mikrouniversum vorgestellt wird. Zu fragen ist: Welche Elemente sind in ihm versammelt? In welchen wechselseitigen Beziehungen stehen sie zueinander? Wie konstituiert sich aus diesen Strukturen Sinn? Die strukturale Analyse versucht zu rekonstruieren, welcher Art diese Relationen sind oder anders gesagt: Welchen Gesetzen die Komposition des Textes folgt.

2. Gewinn-Erwartung

Zunächst einmal führt die linguistische Auslegung von der Selbstwahrnehmung der Leser/innen fort und richtet die Aufmerksamkeit auf die genaue Erfassung des Geschehens. Die Ausdifferenzierung der Beobachtungen in verschiedene Perspektiven kann die Aufmerksamkeit noch intensivieren.

Wenn die Leser/innen sich so intensiv in die Textwelt eindenken und einleben, können sie ein Geschehen erfassen, auch wenn es sich in einer ganz anderen Lebenssituation abspielt. Die Strukturen verändern sich nicht – darum kann ein Bibeltext auch von gegenwärtiger Alltagserfahrung her verstanden werden und fruchtbare Anregungen freisetzen.

Darum habe ich die Linguistische Auslegung dem dritten der »Wege« zugeordnet, auf denen die biblische Überlieferung ihren Leserinnen und Hörern »entgegen kommt«

(vgl. Kapitel 3, Abschnitt 2): Der dritte Weg: »Die Bibel bringt ihre Sache als förderliche Deutung lebensgeschichtlicher Erfahrungen zur Sprache.

3. Methoden

Da es in diesem Kapitel vor allem auf die genaue Beobachtung des Textes, seiner Abfolgen, Strukturen und inneren Beziehungen ankommt, stelle ich noch einmal die im Kapitel »Historisch-Kritische Auslegung« formulierte Gliederung von Gen 3 vor:
1. Szene: Vorbereitung: Das Verbot: 2,16f
2. Szene: Vorgeschichte der Übertretung: Das Gespräch mit der Schlange: 3,1–5
3. Szene: Die Übertretung des Gebots: 3,6–7
4. Szene: Entdeckung und Verhör: 3,8–13
9. Szene: »Fluchsprüche«: 3,14–19
10. Szene: Namengebung für Eva: 3,20
11. Szene: Bekleidung für Adam und Eva
12. Vertreibung aus dem Paradies: 3,21–24

Anmerkungen: Es zeigt sich, dass sich der Text nicht ganz »aus einem Guss« darstellt: Die 6. und 7. Szene scheinen dem Fluss der geschilderten Ereignisse ein wenig im Weg zu sein.

Es dürfte kaum praktikabel und auch sinnvoll sein, allen strukturellen Bezügen und Funktionen innerhalb einer »Textwelt« nachzugehen; aus praktischen Gründen ist hier eine Auswahl zu treffen. Es bieten sich vor allem zwei Operationen an:
- die Beobachtung der Erzählperspektiven, die in einem Text versammelt sind;
- die Analyse der Akteure, ihrer Beziehungen und Handlungen, die ein Text einschließt.

Sie sind nun näher zu erläutern.

3.1 Analyse der Erzählperspektiven

Ein sehr nützliches Instrument zur Strukturierung einer Text-Welt ist eine Beschreibung der verschiedenen Perspektiven, unter denen erzählt wird. Sie lassen sich nach fünf Hinsichten differenzieren (vgl. Stock, 1978, 30ff):

3.1.1 Raum-Charakteristik.
Hier geht es um die Topographie des Erzählraums. Für die Analyse der Erzählperspektive ist dabei die geographische Beschreibung etwa vorgestellter Orte oder Landschaften nicht von Bedeutung; es interessiert, aus welcher räumlichen Perspektive erzählt wird: Spricht der Erzähler sozusagen vom Standort einer ganz bestimmten Figur aus? Welche

räumlichen Veränderungen lassen sich erkennen? Geht der Erzähler die Wege einer bestimmten Person mit? Oder wechselt er die Perspektive? Oder stellt der Erzähler sich ganz außerhalb des erzählten Geschehens?

Der Text Gen 3 macht keine Angabe über den Ort des erzählten Geschehens. Er setzt voraus, dass der Leser weiß: Wir befinden uns im »Urland«, das wir Paradies nennen. Der Erzähltext gibt eine Ortsveränderung bekannt: Die beiden symbolischen Urmenschen müssen den Garten von Eden verlassen. Es ist nicht an einen realen Raum gedacht; entscheidend ist die symbolische Bedeutung: Von der harmonischen Geborgenheit im »Paradies« in das Land der Mühsal, des Widerstands, der Arbeit.

Die räumliche Erzählperspektive ist recht einheitlich: Es geht weitgehend um Gespräche, an denen der Erzähler gewissermaßen aus der Nahperspektive teilhat. Auf diese Weise verwickelt der Erzähler den Hörer/Leser der Geschichte in das Geschehen: Er führt sie/ihn mit zunehmender Dramatik ins Zentrum des Geschehens.

3.1.2 Zeit-Charakteristik

Auch hier richtet sich das Interesse nicht auf zeitliche Angaben, die aus dem Text hinausweisen, beispielsweise die Zuordnung zu einer bestimmten historischen Situation. Aufschluss verspricht sich die strukturale Analyse vielmehr von der Beobachtung der zeitlichen Erzählperspektive: Wird der Ablauf verlangsamend dargestellt oder geht die Erzählung eher summarisch-zusammenfassend vor? Wird retrospektiv erzählt, also vom Ende der Geschichte her oder ganz bzw. abschnittweise synchron? Gibt es Passagen, die erinnerte Ereignisse zur Sprache bringen? Oder richtet sich der Blick in die Zukunft?

Die Erzählung Gen 3 enthält keine Zeitangabe, die das Geschehen zu irgendeinem Ereignis außerhalb des Textes in Beziehung setzt: es handelt sich um ein Geschehen der »Ur-Zeit« – außerhalb der erfahrbaren Geschichte. Auch innerhalb des Textes selbst findet sich keine Zeitangabe; allenfalls der Beginn von V. 8 (»Als sie ... sahen ...) könnte so aufgefasst werden.

Der Text orientiert sich aber an einer Zeitstruktur, die nicht von vornherein ins Auge springt, die jedoch die Qualität des Lebens und der Beziehungen für die Beteiligten radikal verändert; es handelt sich um die Gliederung der Zeit durch das Essen der verbotenen Frucht: Die Zeit davor ist so vorgestellt, dass die Ur-Menschen in vollkommener, fragloser Harmonie mit Gott, miteinander und mit der Natur leben.

Der Moment der Krise ist der Genuss der Frucht. Er zerstört diese Harmonie radikal. Nun ist alles anders geworden: Adam und Eva empfinden ihre Nacktheit als (ver-)störend – sie haben Angst vor Gott – und die »Fluchsprüche« fassen nur in Worte, was offenbar schon geschehen ist: Auch die Harmonie mit der Natur ist zerstört. Wir haben es also nicht einfach mit einem Zeitablauf zu tun, sondern sozusagen mit einem inhaltlichen, qualitativen Zeitbegriff.

3.1.3 Innenwelt-Charakteristik

Dieser Arbeitsgang untersucht, welche Stellung der Erzähler zur Psyche der handelnden Figuren einnimmt: Gibt er deren Gedanken oder Gefühle wieder, d.h. nimmt er eine

Binnen-Perspektive ein? Gilt das ggf. für eine oder auch für mehrere Gestalten? Oder geht der Erzähler ausschließlich von einer Außen-Perspektive an das Geschehen heran?

Der Erzähler lässt durchaus erkennen, dass er das Geschehen nicht nur aus der Außen-Perspektive distanziert beobachtet, sondern aus der Binnen-Perspektive teilnehmend erzählt:
   Von den beiden Menschen ist Eva die Hauptperson. Sie kommt vor allem in der 2. Szene und im ersten Teil der dritten Szene ins Spiel. Ihre Gedanken und Gefühle zeigen sich im Gespräch mit der Schlange. Diese übertreibt zunächst das Gebot maßlos und stellt Gott als despotischen Herrscher vor Augen. Das muss für Eva schockierend sein; denn bisher lebten sie ja augenscheinlich mit Gott in fragloser Harmonie zusammen, fast wie eine Familie. Sie will Gott verteidigen, indem sie zunächst die Übertreibung richtigstellt. Und sie will an dem Verbot festhalten – aber sie verschärft es (»Wir dürfen den Baum nicht berühren«). Ist sie schon besorgt, sie könnte das Verbot übertreten, so dass sie es »vorsichtshalber« verstärkt – und auch die Todesdrohung erinnert? Jedenfalls ist die Verlockung so mächtig, »wie Gott zu sein, erkennend Gut und Böse«, dass sie die Früchte augenscheinlich in ganz neuem, faszinierenden Licht sieht (ob man aus der dreifachen Qualifizierung der Früchte schließen kann, Eva sei in kulinarischer, ästhetischer und intellektueller Hinsicht besonders urteilsfähig gewesen – so A. Merlin (in: Schwebel, 1985, 27f) – bleibt dahingestellt.
   In der 4. Szene – schon beginnend in Vers 7! – schildert der Erzähler anschaulich die starken Gefühle der Entfremdung und Angst als Folge der Übertretung. Und Gott fragt Adam: »Wo bist du?« Die Frage wird in der Exegese schon seit langem nicht mehr als Erkundigung nach dem Versteck aufgefasst, sondern als Aufforderung an den Mann (und die Frau), das Selbstverständnis zu reflektieren. Darin zeigt sich eigentlich keine Enttäuschung, kein Zorn Gottes, sondern die fürsorgliche Beihilfe zur Selbstfindung (vgl. exemplarisch: Bultmann, 1968). Die Erwiderungen der Beiden müssen nicht weiter kommentiert werden; sie verhalten sich eigentlich wie ertappte unreife Kinder.
   Die Fürsorge Gottes zeigt sich dann auch am Schluss: Er macht den Beiden Kleider – ein Symbol der Aussteuer für das mühevolle Leben, das vor ihnen liegt?

3.1.4 Rede-Charakteristik
Welche Aufschlüsse gibt die Sprache, die der Erzähler den einzelnen Figuren zuordnet, über das semantische Gefüge des Textes? Lassen sich hier charakteristische Sprachmuster erkennen? Geben wechselnde Stilebenen Auskunft über die Beziehung der Gestalten zueinander?
   Die Anteile der genannten Personen an der Rede ergeben sich aus der Struktur des Texts: In Szene 2 sind es Eva und die Schlange; sie führen einen »theologischen Disput« (Pinchas Lapide). In Szene 1, 4 und 5 spricht allein Gott; die Sprache ist konstatierend, bestimmend. Es ist noch einmal darauf hinzuweisen, dass es in der 5. Szene nicht eigentlich um eine Bestrafung geht. Eher ist es so, dass festgestellt wird, was Adam und Eva sich selbst »auf den Hals gezogen haben« – der Preis der Selbstbestimmung ist der Verlust der fraglosen Harmonie.

Der mit Abstand schwächste Teilnehmer ist Adam. Abgesehen von seiner »Beschönigung« in der vierten Szene kommt er nur recht lapidar bei der Namengebung für Eva zu Wort (sechsten Szene).

3.1.5 Werte-Charakteristik

Dieser, auch als Ebene der Ideologie bzw. Ethik charakterisierte Analysebereich, untersucht, welche Wertmaßstäbe den Erzähler leiten. Dies formulieren biblische Texte nur selten explizit. Aber häufig lässt sich aus einer Erzählung erkennen, was als gut oder böse gilt, fromm oder gottlos, schön oder hässlich. Aufschlussreich ist, welche Interessen oder auch Befürchtungen die Menschen leiten, was sie für untersagt oder zulässig halten ... Auch hier kommt es wieder darauf an, genau zu beobachten: Gehen solche Wertungen von einer oder mehreren Gestalten des Textes aus? Kommt es zu Veränderungen im Lauf der Handlung? Stellt sich der Erzähler auf einen wertenden Standpunkt außerhalb der berichteten Ereignisse bzw. Personen oder bezieht er deutlich Position?

Bei **Adam** zeigt sich eigentlich keine eigene Einstellung; er erscheint ganz und gar als »passiver Mitläufer« (Lapide, 1995, 91).

Bei der **Schlange** sind keine persönlichen Absichten oder Wertungen zu identifizieren. Sie ist ein kluges Geschöpf mit Lust zur Diskussion. Mehr gibt der Text nicht her. Alle aus der Wirkungsgeschichte bekannten Qualifizierungen als Ausgeburt des Bösen, Maskierung des Satan, Grundsymbol sexueller Verführung können sich nicht auf die »Paradieserzählung« berufen!

Bei **Eva** erkenne ich eine Entwicklung innerhalb der »Paradieserzählung«: Von der Verteidigung Gottes im Gespräch mit der Schlange zu ... hier wird es schwierig! Handelt es sich um die (womöglich dreifache) Verlockung, der sie unterliegt? Kommt sie zur Selbstwahrnehmung als eine Person, die aus freiem Willen entscheiden kann? Letztlich muss diese Frage offen bleiben.

Gott: Auch bei ihm ist eine eindeutige Bestimmung der Werte, die ihn leiten, aus dem Text heraus nicht möglich. Ich denke, die Fürsorge für seine Menschen steht im Vordergrund: Beginnend beim Verbot, das die voraussichtlichen Folgen der freien Willensentscheidung benennt (sterben: Verlust der »paradiesischen« Lebensharmonie; Fluch: Feststellung der Folgen). Gottes Fürsorge zeigt sich dann auch in der siebten Szene, wo er die Menschen für das kommende harte Leben ausstattet.

3.2 Analyse der Akteure

3.2.1 Der Text als Rollenspiel

Hier geht es darum, den Text als ein von verschiedenen Akteuren besetztes Handlungsspiel zu erkennen. Es gilt zunächst einmal zu ermitteln: Welche Personen agieren? Welche Rollen spielen sie? Welche Interessen verfolgen sie? Welche Beziehungen bestehen zwischen ihnen? Lassen sich Veränderungen erkennen? Bei der Analyse mehrerer biblischer Texte wird man auf typische, immer wiederkehrende Konstellationen stoßen:

- Zuwendung und Hilfe: Dies ist eigentlich die Grundbewegung Gott – Mensch, die auch immer wieder als die angemessene Verhaltensweise gegenüber dem Mitmenschen gefordert wird.
- Unterordnung. Auch hier erkennen wir eine Grundkonstellation im Verhältnis Gott – Mensch; es steht für die biblische Überlieferung außer Frage, dass das Geschöpf seinem Schöpfer untergeordnet ist. »Unterordnung« ist nun keineswegs im Sinn von »Unterwerfung« misszuverstehen. Nach der Überzeugung des Ersten und Neuen Testaments hat JHWH sich nicht – wie die babylonischen Götter – den Menschen als dienstbaren Sklaven geschaffen, sondern als freies Gegenüber; als Verwalter der Welt ist er dem Schöpfer verantwortlich, aber nicht dem Despoten unterworfen; als »Kind Gottes« ist er auf den »Vater« hin ausgerichtet, aber nicht in unmündiger Demut, sondern in mündiger Liebe (vgl. Röm 8,14–17; Gal 4,1–7).
Diese Beziehung der Unterordnung kommt natürlich auch außerhalb des Gottesverhältnisses in unzähligen zwischenmenschlichen Konstellationen im Ersten und Neuen Testament vor.
- Gegnerschaft. Beispiele dieser Grund-Beziehung: Israel – feindliche Völker; verfolgter Psalm-Beter – Widersacher ...
Der biblische Mensch kann aber auch die Erfahrung von Unheil so deuten, dass die Liebe JHWHs zu den Seinen in Gegnerschaft umgeschlagen sei, ... aus lauter Leidenschaft, sein Volk zur Umkehr zu bringen.
- Verhältnis der ausgeglichenen wechselseitigen Beziehung. Hier wäre etwa an die ungezählten Gesprächssituationen zu denken, die in Bibeltexten dargestellt werden, oder auch Schilderungen von Liebe und Freundschaft.

3.2.2 Das Aktantenmodell

Diese Beobachtungen in der »Handlungslandschaft« (A. Stock) eines Textes lassen sich nun sehr gut mit Hilfe eines linguistischen Modells differenzieren und systematisieren, das als Aktantenmodell bezeichnet wird. Unter Aktanten versteht man »Handlungsrollen«: Aktanten sind die von den Akteuren gespielten ›Rollen‹, die wechseln können.

Das vollständig ausdifferenzierte Modell ist recht kompliziert und eignet sich kaum für die praktische Bibelarbeit. Aber einige Elemente daraus sind durchaus nützlich. Einmal: Die Unterscheidung von Adressant und Adressat: Der/die Handelnde in einer Situation wird als Adressant(in) bezeichnet (eigentlich: Absender) – Der/die Angesprochene oder Betroffene gilt als Adressat (Empfänger).

Weiterhin ist aufschlussreich zu beobachten, ob von den Handelnden hilfreiche, förderliche Impulse ausgehen; sie gelten dann als Adiuvant (Helfer/in). Gehen eher negative Initiativen aus, sprechen wir von Opponenten (Gegenspieler).

Gehen wir nun mit diesen Instrumenten auf den Text zu:
Szene 1: Gott tritt als Adressant auf; Adam ist Adressat. Ob Gott dem Menschen mit diesem Verbot als Opponent (Gegner) oder als Adiuvant (Helfer) entgegentritt, bleibt offen.

Szene 2: Die Schlange und Eva treten abwechselnd als Adressanten bzw. Adressaten auf. Auch hier bleibt die Frage nach dem Verständnis der Akteure offen: Treten sie sich als Adiuvanten oder als Opponenten gegenüber?

Szene 3: Hier ist fast ausschließlich Eva die Akteurin. Adam ist in erster Linie Adressat.

Szene 4: Adam und Eva zeigen eigentlich kaum Initiative. Sie reagieren nur auf die neue Situation. Die Angst vor Gott motiviert zum Verstecken und zur Formulierung der Ausflüchte. Sie können Gott nur noch als Opponenten wahrnehmen.

Szene 5: Gott ist der allein Sprechende. In den »Fluchsprüchen« kommen aber alle Individuen aus der »Paradiesgeschichte« noch einmal als Akteure ins Spiel: Die Schlange beißt den Menschen; die Frau gebiert und sehnt sich nach dem Mann; der Mann herrscht über sie; und er muss seine Arbeit unter Mühsal verrichten. Auch der Erdboden tritt als Akteur auf: Er lässt Dornen und Disteln wachsen. – Da die »Fluchsprüche« die gestörte Harmonie konstatieren, wundert es nicht, dass alle Beteiligten einander größtenteils als Opponenten gegenübertreten.

Szene 6: Die Namengebung – seltsam episodenhaft in den Fluss des Geschehens eingebettet – gibt Adam noch einmal Gelegenheit, als Adressant zu agieren.

Die beiden letzten Szenen schildern das Handeln Gottes als Konsequenz des Tuns der Menschen und des nun gewonnenen Status als denkende und handelnde Individuen – und ganz am Schluss treten noch die Wächter auf.

Zur Verdeutlichung kann es nützlich sein, die Akteure und ihre Beziehungen in einem einfachen, wachsenden Schaubild zu veranschaulichen. Die Aktionen werden jeweils durch Pfeile eingezeichnet.

Das sähe in **Szene 1** noch sehr einfach aus (Pfeil Gott-Adam).

In **Szene 2** wird das Bild differenzierter; Pfeile zwischen Schlange und Eva kommen dazu:

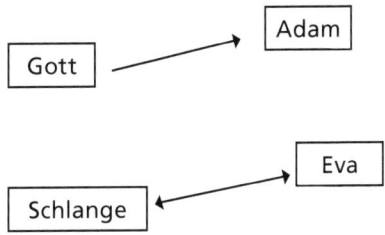

Die **dritte Szene** erweitert die Skizze wiederum:

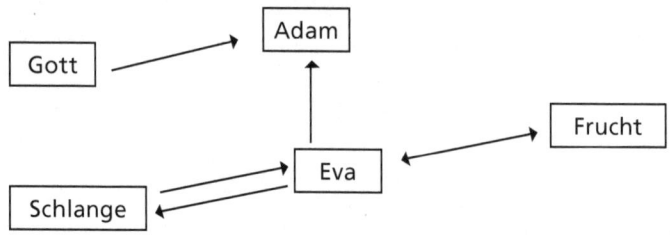

Szene 4: ...

So baut sich Schritt für Schritt ein differenziertes Bild auf, das die Gewichtungen der Beziehungen sichtbar macht.

4. Zusammenfassende Notizen

Da Sprache und Methoden-Instrumentarium der linguistischen Auslegung verhältnismäßig spröde sind, fasse ich einige Beobachtungen noch einmal kurz zusammen.

Im Blick auf die Erzählperspektiven zeigte sich, dass der Erzähler gerade die wechselnde Zeit-Charakteristik benutzt, um das Geschehen dramatisch zu schildern. Der Zeitpunkt der Übertretung des Verbots markiert einen qualitativen Bruch: Von der fraglosen Harmonie zur Spannung – von der paradiesischen Geborgenheit zum Leben in Mühsal – von der Einbindung in die Gemeinschaft mit Mensch und Gott zur Beziehungslosigkeit – von der Harmonie mit der Natur zur tiefgreifenden Störung des Verhältnisses. Der Preis der Erkenntnis ist hoch.

Die Analyse der Akteure anhand des Aktantenmodells machte die wechselnden Aktivitäten und das Geflecht der Beziehungen sichtbar; einige auffallende Beobachtungen: Im Grunde kennt der Erzähler nur zwei wirklich handelnde Subjekte: Gott und die Frau. Eva ist die forschende, denkende, diskutierende Person.

Die genaue Beobachtung der Aktionen und Beziehungen macht noch einmal deutlich, wie stark spätere wertende Interpretationen den Text verfehlen: Das betrifft vor allem die Dämonisierung der Schlange (sie ist nichts als das kluge Geschöpf) und die Diffamierung der Frau als Verführerin des Mannes; es heißt nur: »Sie gab ... er aß.«

5. Ertrag

Wie vielleicht keine andere Interpretationsmethode erzieht die Linguistische Auslegung zur genauen Beachtung und Untersuchung der Sprache. Vor allem die gegenüber der herkömmlichen Exegese oft ungewohnten Fragen und Aufgabenstellungen regen die Aufmerksamkeit an und fördern die Neugier auf immer mehr Entdeckungen in der vielfach gegliederten Textwelt.

Im Lauf der Untersuchung belebt sich die kleine Welt: Menschen treten auf – bewegen sich in Raum und Zeit – zeigen Gefühle – nehmen Beziehungen auf oder brechen sie ab.

Und wie selbstverständlich ist Gott als Person in dieses Gelände mit ständig wechselnden Perspektiven einbezogen. Der Leser ist eingeladen, diese Welt zu betreten, in ihr umherzugehen, sich in ihr einzuleben.

Die so belebte Textwelt weist über sich hinaus und will sich in die Lebenswelt der Leserin/des Hörers fortsetzen. Der Text bietet den Leser/innen durch die wechselnden Erzählperspektiven verschiedene Rollen auf Probe an und lädt ihn ein, in Auseinandersetzung, Zustimmung, Veränderung, Protest, Verwerfung die eigene Situation zu überdenken, sich selbst besser kennenzulernen.

Kapitel 13
Existentiale Auslegung

1. Allgemeine Charakteristik

Die Existentiale Auslegung verbindet sich eng mit dem Denken und der Arbeit von Rudolf Bultmann (1884–1976). Der protestantische Theologe erforschte vor allem das Neue Testament. Er war geleitet von dem Interesse, biblische Überlieferung so zu erschließen, dass sie den heutigen Leser in seiner Existenz betrifft. Die Existentiale Interpretation basiert auf der Annahme, dass die Texte des Ersten und Neuen Testaments die gleichen menschlichen Grund-Fragen thematisieren, die auch den heutigen Leser bewegen.

Charakteristisch ist dieses Zitat: Eine Auseinandersetzung mit Geschichte kann »keine neutrale Orientierung über objektiv feststellbare Vorgänge in der Vergangenheit sein«; sie wird fruchtbar, wenn sie »von der Frage bewegt ist, wie wir selbst, die wir in der Bewegung der Geschichte stehen, zur Erfassung unserer eigenen Existenz gelangen können, d.h. Klarheit gewinnen können über die Möglichkeiten und Notwendigkeiten unseres eigenen Wollens.« Diese programmatischen Sätze aus Bultmanns 1926 erschienenem Jesus-Buch (Bultmann, 1926 [1964], 12f) enthalten wichtige Grundzüge seines Denkens, die er in weiteren Schriften entfaltet und methodisch abgesichert hat.

Als erstes fällt wohl das Verständnis von *Geschichte* auf; »Geschichte« zielt nicht primär auf den Verlauf des Weltgeschehens, sondern auf die Geschichtlichkeit des Daseins des Einzelnen. Dieses Verständnis übernimmt Bultmann von dem Philosophen Martin Heidegger, auf den sich seine Existentiale Interpretation insgesamt intensiv bezieht. Heidegger spricht von »je meiner Geschichte«.

Ein zweiter wichtiger Begriff ist der der *Existenz*; offensichtlich meint Existenz hier nicht das umgangssprachliche »existieren« im Sinne von »vorhanden sein«, sondern es zielt ins Zentrum des eigenen Lebensverständnisses; heute sprechen wir häufig von Identität. Sie steht nicht ein für alle Mal fest, sondern muss immer neu reflektiert werden. Bultmann schreibt folgerichtig, dass es gilt, Klarheit zu gewinnen über die »Möglichkeiten und Notwendigkeiten unseres eigenen Wollens«.

Klärung verspricht sich Bultmann von einer »Befragung der Geschichte«; hier stoßen wir auf einen dritten für das Verständnis Bultmanns wichtigen Begriff: die Frage. Es liegt auf der Hand, dass es nicht um ein simples Frage-Antwort-Schema gehen kann. Die *Frage* gibt den Impuls zur Erkundung unserer eigenen Existenz und hält sie in Bewegung.

Näherer Aufschluss über die Begrifflichkeit ergibt sich aus einem Blick auf die gleichzeitig entstehende Existenzphilosophie Martin Heideggers, mit der Bultmann sich intensiv auseinandersetzte. Eine Grundthese der Existenzphilosophie besagt, dass der Mensch vorgängig durch die »*Uneigentlichkeit*« gefährdet ist, indem er sich durch ihm fremde Mittel und Mächte abzusichern versucht (»Verfallenheit an das Man«). Damit aber kommt er nicht zu sich selbst; er muss den Entwurf seiner Existenz als Möglichkeit ent-decken und im geschichtlichen Vollzug des Existierens zu seiner »*Eigentlichkeit*« finden, sich selbst verwirklichen. Die Begriffe zur Beschreibung der Existenz bezeichnet Heidegger als »Existentialien«; solche Existentialien sind: In-der-Welt-Sein, Geworfensein, Geschichtlichkeit, Verstehen, Entwurf, Sorge, Angst, Sein zum Tode.

Zur Unterscheidung: »Existenziell« ist die Bezeichnung für die Haltung persönlicher Betroffenheit und des Besorgtseins um das Gelingen der Existenz; die Arbeit an der Reflexion und Bestimmung der Identität heißt im Kontext der Existenzphilosophie »existentiale« Analyse. Dieses Konzept ist in Bultmanns Augen sehr gut geeignet, um Grundgedanken der biblischen Überlieferung zur Sprache zu bringen. Denn nach seiner Überzeugung sind die Autoren der biblischen Überlieferung und die heutigen Leser/innen vom gleichen Existenzverständnis geleitet. Die Interpretation befragt die Texte im Blick auf das in ihnen verschlossene Existenzverständnis. Dieses Fragen ist für Bultmann ein Fragen nach Gott, auch wenn es sich (noch) nicht explizit als solches zur Sprache bringt. Er kann zusammenfassend erklären: »Die Frage nach Gott und die Frage nach mir selbst sind identisch« (Bultmann, 1965, 168).

Das Verfehlen der Existenz, bei Heidegger die »Uneigentlichkeit«, ist für Bultmann das Leben in der Sünde. Sünde meint nicht das Verfehlen bestimmter Ordnungen und Gebote, sondern das Verfehlen der von Gott gegebenen Lebenschancen. Die Überwindung der Sünde, die Gewinnung der »Eigentlichkeit« der Existenz kann der Mensch nach biblischem Verständnis nicht aus eigener Kraft leisten. Gott gewährt sie ihm, er kann sie im Glauben annehmen.

Ausgangspunkt jeder Auslegung ist die Wahrnehmung der eigenen (lebens-)geschichtlichen Situation: Mit welchen Problemen, Fragen, Erwartungen nähere ich mich einem Text? Die Klärung dieses »Vorverständnisses« ist Voraussetzung jeder Befragung eines biblischen Texts.

Diese Befragung ist allerdings nicht unmittelbar möglich. Denn die biblischen Autoren bringen ihre Sache in einer Sprache vor, die intensiv vom antiken Weltbild und Lebensverständnis geprägt ist. Im weitesten Sinn kann dies als mythische Sprache bezeichnet werden. Sie ist geleitet von dem Bedürfnis, die Rätsel der Welt, denen der Mensch sich gegenübersieht, sagbar zu machen, Geheimnisse, die ihn beunruhigen, sprachlich manifest werden zu lassen. Der Mythos spricht daher von Göttern wie von Menschen, von ihren Taten wie von menschlichen Taten.

Auch die biblische Überlieferung bedient sich der mythischen Sprache, um das Unsagbare sagbar zu machen; Bultmann konstatiert, dass von Gott gesprochen wird wie von einem »Weltding«, einem Objekt. Der Mensch des 20. Jahrhunderts kann diese Vorstellungen nicht mehr akzeptieren. Wird die mythologische Rede als »objektive« Bezeugung des Glaubens verstanden, wie beispielsweise in manchen evangelikalen Gruppen, kommt es zu verhängnisvollen Konsequenzen:

- ■ Gott wird in der objektivierenden Rede scheinbar verfügbar und hört damit auf, als transzendentes Wesen dem Menschen fordernd, rettend und liebend gegenüberzutreten.

Kapitel 13: Existentiale Auslegung

- Der heutige Leser wird nicht mit dem eigentlichen Anspruch und Zuspruch der biblischen Überlieferung konfrontiert, sondern im Vorfeld des Weltbildes abgefangen.

Hier kommt nun Bultmanns Konzept der »*Entmythologisierung*« ins Spiel – viel zitiert, oft missverstanden. Bultmann ist leidenschaftlich daran interessiert, die ganze Überlieferung neu zu verstehen; dabei ist nicht das Ziel, den Mythos kritisch zu eliminieren, sondern ihn existential zu interpretieren. Erst in ihrer Tiefenschicht wird die Botschaft der Bibel heute wieder vernehmbar. Diese Botschaft, die den heutigen Menschen als Anrede (be-)treffen will, bezeichnet Bultmann als Kerygma (Botschaft). Jetzt ist der Weg frei für die Frage: Wie versteht die Bibel die Existenz des Menschen – damals und heute? (Zur Verdeutlichung s.u. das Beispiel »Baalskult«.)

Noch ein Hinweis: Die Existentiale Auslegung bezieht sich in ihren Grundzügen auf die Arbeiten von Rudolf Bultmann – und damit indirekt auf Sichtweisen der Existenzphilosophie (v.a. Martin Heidegger). Wichtige Impulse nehme ich auch aus dem Werk von Martin Buber auf. Er geht in Grundansätzen von anderen Sichtweisen aus als Bultmann. Aber seine Gedanken zur Anthropologie sind unentbehrlich, wo es um existentielle Fragen im Horizont des biblischen Glaubens geht.

2. Gewinn-Erwartung

Zunächst einmal beeindruckt die konsequente Arbeit an der Freilegung der Tiefenschicht der Texte, die so genannte Entmythologisierung. Sie leitet zur Dechiffrierung der mythischen Sprache an, um die in ihr aufgehobenen existentiellen Fragen ans Licht zu bringen. Damit wird der heutige Leser von der – letztlich oberflächlichen – Auseinandersetzung mit einem wörtlichen Textverständnis entlastet. Zugleich ermöglicht die Entmythologisierung die anspruchsvolle Beschäftigung mit Grundaussagen zu Glauben und Leben.

Die Verschränkung theologischer und anthropologischer Sichtweisen kann zur gegenseitigen Klärung und Vertiefung beitragen. Damit kann die Existentiale Auslegung einen Beitrag zu dem Erschließungsweg leisten, dem sie zugeordnet ist (vgl. Kapitel 3.2): »Förderliche Deutung lebensgeschichtlicher Erfahrungen«.

3. Methoden

Vorbemerkung: Eine Auslegung, die auf eine biblische Deutung der menschlichen Existenz abzielt, auf das Gelingen oder Scheitern der Menschwerdung, muss wohl die urgeschichtlichen Erzählungen von der Erschaffung des Menschen einbeziehen.

3.1 Erster Auslegungsgang: Die historische Differenz wahrnehmen

Zunächst geht es darum, mit Hilfe der Historisch-Kritischen Auslegung die Differenz zwischen heutigem Leser/Hörer des Textes und biblischer Überlieferung ausdrücklich wahrzunehmen und anzuerkennen.

Dies schützt *einmal* den Text vor allzu schneller Vertraulichkeit, die meint, die »Botschaft« des Textes schon zu kennen, so dass die Bereitschaft zur aufmerksamen Lektüre eingeschläfert wird. Die Wahrnehmung der historischen Differenz hält weiterhin den Ausleger dazu an, sich selbst an seinem geschichtlichen Ort zu erkennen und als einen dem Text historisch Fremden anzuerkennen. Erst damit wird die Frage nach dem eigenen »Vorverständnis« möglich und sinnvoll.

Außerdem schärft die Wahrnehmung der historischen Differenz den kritischen Blick für problematische Versuche, die historische Distanz vorschnell zu überspringen – durch Schlagworte oder durch erbauliche Rede. Hier hat der historisch-kritische Aspekt eine wichtige Kontrollfunktion.

Schließlich macht die Beachtung der historischen Differenz auf die fremde Welt des Textes aufmerksam und weckt damit die Frage nach seinen mythischen Elementen. Ich greife auf die Historisch-Kritische Exegese zurück und halte noch einmal fest, dass Gen 3 eine komplexe Textur darstellt – mit einer langen Entstehungsgeschichte, in deren Verlauf der Text Veränderungen in Inhalt, Aussage und Absicht unterworfen war. Diese Beobachtungen sollten das Missverständnis wegräumen, dass man über diesen Schriftabschnitt schon »Bescheid wüsste«.

Dabei fehlt es nicht an solchen Versuchen. Im Blick auf die Kapitel »Historisch-Kritische Auslegung« und »Wirkungsgeschichtliche Auslegung« ist festzuhalten, dass es im Judentum und Christentum eine breite Auslegungstradition gibt, die die Paradieserzählungen als »Sündenfallgeschichte« deuten, von der Unheil und Tod über die Menschheit gekommen seien. Ein solches Interpretationsschema hat nicht geringsten Anhalt am Text – das ist ein Ergebnis der kritischen Exegese.

3.2 Zweiter Auslegungsgang:
Die »mythischen« Elemente des Textes identifizieren

Hier ist nun noch einmal zu klären, was Bultmann unter »Mythos« versteht und was nicht. Für ihn ist eine Redeweise »mythisch«, die Jenseitiges als diesseitig vorstellt und damit greifbar macht, »objektiviert«; hierunter fällt also nicht nur das antike Weltbild mit seinen verschiedenen Spielarten des Drei-Stockwerk-Schemas, sondern jede Vorstellung, die Gott als ständig präsente, den Menschen direkt anredende Person beschreibt.

Ein Beispiel für die Notwendigkeit der »Entmythologisierung«: Im Blick auf die Welt des Ersten Testaments verbindet sich mit dem Stichwort »Mythos« oft die spezifische religiöse Welt des kanaanäischen Fruchtbarkeitskults mit seinem zyklischen Denken. Protagonist dieses Kults ist Baal, um den es in Israel so erbitterte Auseinandersetzungen gab; Baal ist Symbolfigur der Untreue Israels gegenüber JHWH. In der Anbetung Baals zeigt sich die Faszination der Macht; er ist die allgewaltige Gottheit in Kanaan. Dies bezieht sich grundlegend auf die zerstörerischen und gedeihlichen Energien der Natur, aber auch auf die unbezwingliche Macht der Herrschenden, nicht zuletzt in ihrer militärischen Stärke. Wird diese mythische Rede vom Baalskult auf das zugrunde liegende Existenzverständnis befragt, so zeigt sich eine fast rauschhafte Faszination der Macht, die die Kraft und Vitalität über alle anderen Werte stellt.

Im Blick auf die Auseinandersetzung mit der Entmythologisierung von Gen 3 geht es wohl zunächst ganz allgemein um die mythische Rede von Urmenschen, die in Raum und Zeit vor der erfahrbaren Geschichte lebten.

Wie sich in der Historisch-Kritischen Auslegung zeigte, geht es in der Paradies-Geschichte um eine Ätiologie, in der der Erzähler Erfahrungen und Lebensverhältnisse seiner Zeit in einer mythischen Erzählung zu begründen und zu klären versucht. Es ist davon auszugehen, dass nicht nur zeitbedingte Fragen und Erfahrungen des Erzählers die Ätiologie angestoßen haben, sondern grundlegende Verhaltensweisen des Menschen vor Gott und in der Sozialität. Ihm ging es wohl darum, diese Ur-Geschichten so zu erzählen, dass darin Ur-Erfahrungen zur Sprache kommen, die nicht mit dem Versinken der Zeit abgetan sind, sondern zu jeder Zeit dem Menschen sagen wollen, wie er mit Gott und sich selbst dran ist. Da der Erzähler diese Ätiologie mit Hilfe mythischer Vorstellungen, Entwürfe und Sprachmuster formuliert, ist der ganze Text so auszulegen, dass hinter diesen Mythen die existentiellen Probleme sichtbar werden und zur Auseinandersetzung motivieren.

3.3 Dritter Auslegungsgang: Existential verstehen

Die Existentiale Interpretation ist darauf aus, das in biblischen Texten sich meldende Daseinsverständnis wahrzunehmen und im Horizont des Kerygmas zu deuten. Das genannte Beispiel des Baalskults lässt erkennen, dass der Faszination der Stärke tiefe Lebensangst zugrunde liegt, die Sicherheit nur in der selbst geschaffenen Macht festzumachen wagt. Im Licht der biblischen Überlieferung wird klar, dass diese Anbetung der Macht letztlich zur Selbstzerstörung führt. Aber das Kerygma sagt zu, dass diese Selbstsicherung den Menschen nicht mehr in den Bann schlagen muss, der sich beim befreienden Gott Israels geborgen weiß und in der von Jesus gelebten Gottesherrschaft seinen Lebenssinn findet.

Auf diese Weise sind grundlegende Erfahrungen in den Texten der Bibel und beim heutigen Menschen aufzuspüren und auszulegen. Dabei ist noch einmal zu unterstreichen: Es kommt nicht darauf an, den Mythos zu eliminieren, sondern ihn existenzbezogen zu interpretieren!

Diesen Ansatz unterstützt das in den letzten Jahren neu erwachte Verständnis für die Bedeutung symbolischer und mythischer Sprache. Wir haben wieder gelernt, dass für Grunderfahrungen und Glaubensaussagen keine andere adäquate Sprache zur Verfügung steht als die der Dichtung, des Symbols, des Mythos.

Ich will nun versuchen, einige grundlegende Aspekte der Paradies-Erzählung auf der Spur der Existentialen Interpretation zu bedenken. Dafür bieten sich zwei Themen an:
- Zur Geschöpflichkeit und Bestimmung des Menschen. Hier sind also Abschnitte aus Gen 2 einzubeziehen.
- Das Drama der Erkenntnisgewinnung.

3.3.1 Zur Geschöpflichkeit und Bestimmung des Menschen

In Gen 2 wird erzählt, dass Gott den ersten Menschen aus dem Erdboden formt (Adam entsteht aus der *adamah*). Es kann nicht darum gehen, diesen Text im Wortlaut für »wahr« zu erklären und heutigen Lesern zuzumuten, ihn zu »glauben«. Wird die mythische Sprache existential interpretiert, kann sich als »Kerygma« zeigen: Der Mensch verdankt sein Leben nicht sich selbst; er ist Geschöpf, der Natur zugeordnet. Aber der Mensch ist nicht einfach Teil der Natur wie die Tiere. Das lässt sich zunächst an zwei grundlegenden Merkmalen zeigen:
- Er kann besonnen und planvoll handeln (er soll den Garten »bebauen und behüten«) und seine Welt ordnen (durch die Benennung der Tiere).
- Er ist fähig, zu sprechen. Ein weiteres Merkmal wird sich noch zeigen.

Das schließt in meiner Sicht auch ein, dass der Mensch »von Natur aus« darauf ausgerichtet ist, seine Fähigkeiten so einzusetzen, dass das Geschenk des guten Lebensraums für alle erhalten bleibt. Augenscheinlich ist der Mensch als eingeschlechtliches Wesen noch unvollständig, darum will Gott ihm eine »Hilfe machen, die ihm entspricht« (V. 18). Dieser Vers wurde traditionellerweise so übersetzt: »Ich will ihm eine Gehilfin machen …« Dabei hat der Begriff »Gehilfin« von vornherein den Geschmack der untergeordneten »Hilfskraft«. Der hier verwendete hebräische Begriff (*'ezer*) hat aber eine ganz andere Bedeutung; er wird vor allem verwendet, um die Hilfe Gottes für Israel zu kennzeichnen (z.B. Ex 18,5; Dtn 33,7; Ps 33,20); d.h. die Frau ist *'ezer* für den Mann, so wie Gott *'ezer* für den Menschen ist.

Die Hilfe schließt Zuwendung und Vertrauen ein, wie die mitgeteilten Beispiele zeigen. Der Hilfsbedürftige kann ohne die Hilfe nicht leben und: Ihm ist seine Hilfsbedürftigkeit bewusst. Das lässt sich vielleicht auch in der Paradiesgeschichte erkennen, als Adam enthusiastisch ausruft: »Das endlich ist Bein von meinem Bein …« (V. 23).

Die intensive Beziehung von Mann und Frau deutet Martin Buber in seinen Meditationen zum »dialogischen Prinzip«. Er schreibt in seiner Abhandlung »Ich und DU« (1962): »Das Grundwort Ich-Du kann nur mit dem ganzen Wesen gesprochen werden. Die Einsammlung und Verschmelzung zum ganzen Wesen kann nur durch mich, kann nie ohne mich geschehen. Ich werde am Du« (85). Und noch deutlicher: »Der Mensch wird am DU zum Ich« (97).

Anmerkung: Dass in Gen 3,16 von der Unterordnung der Frau gesprochen wird, ist keine »Schöpfungsordnung«, wie gern behauptet wird, sondern erklärt sich aus der (patriarchalen) gesellschaftlichen Situation des Erzählers, der dafür eine »Begründung« sucht!

3.3.2 Das Drama der Erkenntnisgewinnung

Es beginnt mit der Warnung, dass der Mensch die Früchte des »Baums der Erkenntnis von Gut und Schlecht« nicht essen dürfe; täte er es dennoch, müsse er augenblicklich sterben (Gen 2,16f). Zunächst einmal lässt der Text erkennen, dass der Mensch frei entscheiden kann; hier zeigt sich ein drittes Merkmal des Menschseins: *Der Mensch ist mit einem freien Willen ausgestattet.*

Aber: Droht ihm tatsächlich die Todesstrafe, wenn er von dieser Freiheit Gebrauch macht? Dieser Widerspruch ist schwer zu verstehen! Darum gibt es zahlreiche Deutungsvorschläge für diese Verse und für das gesamte Drama der Erkenntnisgewinnung.

Zunächst noch einmal: »Gut« und »schlecht« sind im Hebräischen keine abstrakten Moralbegriffe, sondern bezeichnen, was dem gelingenden Leben dient (»gut«) oder was es stört oder zerstört (»böse«). Und: »Erkennen« ist kein neutrales Zur-Kenntnis-Nehmen, sondern schließt immer Leidenschaft, Sinnlichkeit ein ... im Text symbolisiert durch Evas intensive, geradezu ganzheitliche Verlockung durch die Frucht der Erkenntnis (V. 6).

Aufs Ganze gesehen bietet sich an, das in mythischer Sprache Erzählte als einen existentiellen Prozess zu begreifen ... einen Weg von einem unbewussten, unmündigen zu einem bewussten, mündigen Menschsein. Martin Buber formuliert das so: »Der Mensch wird aus dem Sitz, der ihm gerichtet war, auf einen *Weg*, seinen, den Menschenweg, geschickt« (Buber 1962, 617). Jetzt gilt: »Der Mensch kann sich nicht mehr ethisch gleichgültig verhalten, er muss zwischen Handlungsalternativen wählen und entscheiden« (Willmes, 2008, 6).

Der Prozess wird von vielen Autoren mit der individuellen Entwicklung eines Menschen verglichen. Um es noch einmal an der Erzählung festzumachen: Was lebensdienlich ist, hat – in der Sprache des Mythos – Adam schon ganz selbstverständlich und unbewusst gelebt: Bebauen und behüten des Gartens, dass der geschenkte gute Lebensraum erhalten bleibt. Der Lebensraum ist also – in Nachbarschaft zu dem bekannten »kategorischen Imperativ« von Immanuel Kant – so etwas wie eine »kategorische Gabe« die die Aufgabe zur ihrer Erhaltung **für alle** immer schon bei sich hat.

In dem Augenblick, wo Menschen dies bewusst erkennen und wahrnehmen, kommt sogleich auch das Gegenteil – der Widerspruch – ins Spiel. Damit kommt es auch zur Störung der selbstverständlichen Harmonie zwischen Mensch und Gott, Mensch und Mensch, Mensch und Natur. Gott droht dem »ungehorsamen« Menschen mit der Todesstrafe – aber sie ist nicht eingetreten! – Diese »Inkonsequenz Gottes« (Westermann) kann wohl nur so verstanden werden, dass V. 16f als Warnung gemeint ist: Nimmt der Mensch die Freiheit zur Erkenntnisgewinnung wahr, ist das Leben in ungetrübter Harmonie vergangen – so hat sich wohl der Spruch Gen 2,16f eingelöst. Vielleicht kann man sogar – mit der Exegetin Barbara Schmitz – erklären: »Dazu hat Gott in seiner Schöpfung Grenzen gezogen, um mit diesen eine Grenzüberschreitung des Menschen zu provozieren ... Das aber legt die Vermutung nahe, dass das göttliche Gebot nicht zum Halten, sondern zum Übertreten gedacht ist« (Schmitz, 2007, 28f). Erst in der Niederlage (dem Verlust des »Paradieses«) wird der Mensch zur Persönlichkeit und damit zu dem Menschen, den Gott sich gedacht hat: zu seinem Ebenbild. Der Preis der Entwicklung zu einer mündigen Person ist das Leben in Konflikten. Der Verfasser der Paradieserzählung schildert diese Konflikte auf seine Art.

In der geschichtlichen Welt geht es um den Streit über das Verständnis von »gut« und »schlecht« und über die entsprechenden Ziele, Strukturen und Verhaltensmuster. Lässt man sich von den Grunderfahrungen und Richtungsangaben leiten, die die »Urgeschichten« in mythischen Bildern zur Sprache bringen, dann zeigen sich zwei entscheidende Kriterien:

- »Gut« ist, was die Welt als guten Lebensraum bewahrt und gestaltet;
- Dies muss **allen** Lebewesen gelten.

Und das alles wird umfangen von der biblischen Grundlage, der Liebe, die Gott, Mensch und Welt verbindet und alles durchdringt. Dass es Konflikte um das Tun des Guten gibt, ist positiv zu bewerten – vielleicht schwingt dabei auch etwas von der Leidenschaft und Lust mit, die das biblische Wort »erkennen« bei sich hat.

Eine Randnotiz: Es würde die Glaubwürdigkeit der Religionen und Konfessionen drastisch erhöhen, wenn ihre Auseinandersetzungen sich einmal nicht im Streit um die rechte Lehre erschöpften, sondern ein Wettstreit um das Tun des Rechten wären.

3.4 Vierter Auslegungsgang: Fragen und gefragt werden

Abschließend ist zu reflektieren, dass die Auslegung nichts anderes ist als ein Frage-Prozess zwischen Überlieferung und Interpret: Er befindet sich ja schon, bevor er sich dem einzelnen Text nähert, in einem vorgängigen Lebensverhältnis zur biblischen Überlieferung: Er erwartet Impulse, Antworten auf seine Fragen – so, wie Ricoeur es in seinem Symbol der »Wette« andeutet (s.o. Kapitel 1). Er bewegt sich fragend auf den Text zu, prüft die dort verschlossenen Möglichkeiten des Existierens, wägt ab, welche Klärung seines eigenen Daseinsverständnisses sich aus dem Text erschließt. Schließlich kehrt sich die Fragerichtung noch einmal: Der Interpret sieht sich vor die Frage gestellt, an welchem Existenzverhältnis er selbst sich orientiert; dies ist der Ruf zur Entscheidung für oder gegen die Eigentlichkeit – biblisch gesprochen: für oder gegen den Glauben.

»Adam – wo bist du?« Rudolf Bultmann und Martin Buber nehmen diese Frage aus der Paradieserzählung zum Anlass, um über das biblische Bild vom Menschen zu reflektieren (Bultmann, 1968; Buber, Der Weg, 1963). Dabei ist eigentlich gemeint: »Wer bist du? Wo und wie findest du zu deiner Eigentlichkeit?«

Die erste Auskunft des Textes: Der Mensch (Mann und Frau!) ist Adam, »Erdmensch«. Er verdankt sein Leben nicht sich selbst, er ist Geschöpf. Er ist der Natur zugeordnet und gleichzeitig dazu bestimmt, sie als guten Lebensraum für alle zu erhalten und zu gestalten. Drei Wesensmerkmale zeigen sich: Der Mensch ist in der Lage, planvoll und positiv zu handeln – er ist fähig, sprachlich zu kommunizieren – er ist mit einem freien Willen ausgestattet. Mann und Frau sind intensiv und ganzheitlich aufeinander bezogen: Sie werden – in der Sprache Martin Bubers – am Du zum Ich.

Die zweite Auskunft: Der Weg des Menschen ist ein Weg von der vorbewussten Unmündigkeit zur bewussten Mündigkeit: Er ist fähig, zu unterscheiden, was das Leben erhält (»gut«) und was es schädigt oder zerstört (»schlecht«). Er kann nicht mehr indifferent leben und sieht sich beständig vor die Entscheidung gestellt, welche Richtung er einschlagen soll. Das geht nicht ohne Konflikte ab. Die gute Weisung Gottes (Tora) unterstützt bei der Entscheidungsfindung.

Eigenständigkeit wird auch für den Glauben Geltung beanspruchen. Auch er hat seinen Ort auf dem Weg von der Unmündigkeit zur Mündigkeit. Und auch er kann sich an der Weisung der biblischen Überlieferung (dies meint ja Tora im weitesten Sinn!) orientieren. – Sehr konsequent vertritt Martin Buber diesen Gedanken (Buber, 1963): Jeder Mensch ist ein einzigartiges Wesen; darum muss auch der »Weg zu Gott« sein ganz eigener sein. Denn: »Was wäre das für ein Gott, der nur einen einzigen Weg hätte, auf dem man ihm dienen kann!« (319). – Diese Sicht auf den Glauben eröffnet große Chancen des Wachstums, aber auch Ängste und Konflikte bleiben nicht aus!

Fragen und gefragt werden – das ist das Thema dieses Auslegungsgangs. »Adam, wo bist du?« und – bezogen auf die Paradieserzählung – auch »Eva, wo bist du?« Diese Frage sollten also auch heutige Leser/innen an sich heranlassen als Frage nach der eigenen Existenz. Gehen wir noch einmal einigen Aspekten nach: Zuerst: Sind heutige Leser/innen bereit, sich als »Adam« in dem Sinn zu akzeptieren, dass sie »Erdmenschen sind«, Teil der Natur? Sie sehen sich mit der Tendenz konfrontiert, dass Menschen sich an die Stelle dessen setzen, der Leben schafft, beispielsweise in manchen Bereichen der Genmanipulation oder der Neurowissenschaften. Sie sind gefragt, wie sie sich mit solchen Tendenzen auseinandersetzen wollen.

Dann: Sind sie bereit, ihre Bestimmung als Erhalter des guten Lebensraums **für alle Lebewesen** zu akzeptieren und darin ihre Eigentlichkeit zu erkennen und wahrzunehmen? Welche Bedeutung haben in diesem Zusammenhang zum Beispiel die Flüchtlinge? – Wie gehe ich mit der Lebenswelt um?

Und: Bin ich bereit, mich von den Autoritäten des Glaubens (Kirchenlehre; Experten; Vermittler) zu lösen – und damit auch die Sicherheit aufzugeben, die diese mit sich führen? Bin ich bereit, meinen eigenen Weg des Glaubens zu gehen … in der mündigen Lektüre der Bibel, im Gespräch mit anderen?

4. Zusammenfassung

Da im letzten Abschnitt die wichtigsten Ergebnisse der Auslegung noch einmal reflektiert wurden, erübrigt sich eine nochmalige Zusammenfassung.

5. Ertrag

Die Existentiale Auslegung lässt erkennen, wie lohnend die so genannte Entmythologisierung ist. Sie meint ja nicht die Beseitigung der mythischen Bilder und Sprache, sondern ihre Interpretation auf Grundfragen der menschlichen Existenz hin. Dann kommen Sichtweisen und Fragen ans Licht, die andere Auslegungsmethoden in dieser Intensität nicht sichtbar machen können. Gerade der Arbeitsgang »Fragen und gefragt werden« lässt keine distanzierte Hermeneutik zu, sondern spricht heutige Leser/innen auf ihr Selbstverständnis hin an. Dabei wird deutlich, dass wir nicht ohne Symbole und mythische Rede auskommen, wenn es um das Selbstverständnis und um Beziehungen geht.

In der Arbeit an Gen 3 trat der Aspekt des Wegs zur Mündigkeit nachdrücklich hervor – er soll auch für den Glauben gelten. Der Prozess des Fragens nach der eigenen Existenz und nach dem Glauben ist grundsätzlich nicht abschließbar – das ist seine Chance, aber auch sein Risiko.

Kapitel 14
Vorstellung weiterer Auslegungskonzepte

In Kapitel 4.1 habe ich angemerkt, dass einige Auslegungskonzepte, die sich aus unterschiedlichen Gründen nicht zur Interpretation der »Paradiesgeschichte« anbieten, noch kurz vorgestellt werden. Diese Erläuterungen zu vier Konzepten folgen nun in Kapitel 14.

1. Ursprungsgeschichtliche Auslegung

1.1 Allgemeine Charakteristik

Dieser Ansatz verfolgt das Ziel, die geschichtlichen Verhältnisse zu klären, unter denen ein Bibeltext entstanden ist. Dabei soll nicht in erster Linie nach der Geschichte der religiösen Anschauungen oder der Glaubensauffassungen, sondern nach den realen Lebensverhältnissen gefragt werden; darum werden solche ursprungsgeschichtlichen auch als sozialgeschichtliche Bibelauslegungen bezeichnet.

Das Interesse ist, die Produktionssituation eines Textes so weit zu erhellen, dass er als Antwort auf die »Provokation der Situation« kenntlich wird. Diese Fragestellung untersucht also die mögliche Funktion eines Textes in einer geschichtlichen Situation; der Text wird im Blick auf diese geschichtliche Situation als Dialog zwischen dem Produzenten (Sender) und Adressaten (Empfänger) aufgefasst. Es kann erwartet werden, dass mit der Klärung der Produktionssituation auch die Bedeutung des Textes in der heutigen Rezeptionssituation klarer zu erkennen ist.

Die für die Beschreibung der Ursprungssituation nötigen Informationen sind in der Regel den Texten nicht direkt zu entnehmen, sondern müssen aus verschiedenen historischen Quellen erschlossen werden.

1.2 Methoden

1.2.1 Untersuchung des Textes nach pragmatischen Gesichtspunkten (Sender-Empfänger-Modell)
- Welche Absichten des Textproduzenten sind erkennbar?
- Welche Normen werden bevorzugt?
- Gibt der Text (direkt oder indirekt) Verhaltensanweisungen?
- Welcher Art sind die Sprechakte (z.B. befehlen; werben; raten; bitten …)?

1.2.2 Geschichtliche »Sprechzeiten« identifizieren

Diese Untersuchung setzt nicht beim Einzeltext ein, sondern fragt nach Anlässen in der Geschichte Israels und des Urchristentums, in denen besonders intensive Aktivitäten der Textproduktion zu beobachten sind (z.B. die Zeit des babylonischen Exils im 6. Jahrhundert v.Chr. als Entstehungszeit der »Priesterschrift«; das 8./9. Jahrzehnt n.Chr. als Entstehungszeit der synoptischen Evangelien). Die so erschlossenen geschichtlichen Situationen sind dann als »ursprungsgeschichtliche Felder«, also als »Kontext I« für die Entstehung der damals produzierten Texte zu erschließen.

1.2.3 Erschließung der Sprechzeiten als »ursprungsgeschichtliche Felder«

- Welche realen Lebensverhältnisse sind zu beobachten?
- Welche Zustände, Entwicklungen oder Konflikte könnten einen Autor zum »Sprechen« stimuliert haben
- Welche Ziele könnten einen Autor geleitet haben?

1.2.4 Einen Bibeltext ursprungsgeschichtlich untersuchen

- Welche Funktion könnte der Text in dem erschlossenen ursprungsgeschichtlichen Feld haben?
- Auf welche Fragen könnte der Autor eine Antwort geben wollen?
- In welchem Konflikt nimmt er Stellung?
- Welche Absichten lassen sich erkennen?
- Welche realen oder gedachten Gesprächspartner könnte der Text im Auge haben?
- Welche Mittel setzt der Autor ein, um seine Hörer/Leser anzusprechen?

Die Frage nach der Erfahrung wird in der Ursprungsgeschichtlichen Auslegung deutlich vom heutigen Hörer/Leser weg in den Text bzw. seine Umwelt verlagert. Der Verstehensprozess lebt von der Grundannahme, dass Erfahrungen in der Ursprungssituation des Textes (Kontext I) und in der heutigen Rezeptionssituation gleiche Strukturen aufweisen (Kontext II) und damit auch vergleichbar sind.

1.3 Ein Beispiel

Ich wähle das babylonische Exil (597–539 v.Chr.). Der babylonische König Nebukadnezar hatte nach seinem Sieg über den Staat Juda einen großen Teil der Bevölkerung (die Oberschicht) nach Babylonien deportiert und dort zwangsweise angesiedelt. Die Deportierten mussten keineswegs ein Sklavendasein führen; sie wohnten in eigenen Siedlungen, hatten eine eigene Verwaltung und waren teilweise auch in das babylonische Leben integriert.

Aber: Nach damaliger Sicht hatte nicht nur ihr Staat gegen den babylonischen Herrscher verloren – auch ihr Gott war den babylonischen Gottheiten unterlegen: Marduk, der Schöpfer- und Herrschergott, Schamasch und Sin, die machtvollen Gestirns- und Schicksalsgottheiten – sie waren jetzt zu verehren, ihnen musste man dienen. Und viele der Exilierten waren wohl bereit, sich auf die Seite der Stärkeren zu schlagen. Damit war nicht nur die religiöse, sondern auch die nationale Identität der Israeliten aufs Höchste gefährdet. In dieser Situation machten sich die Theologen und Priester ans Werk: Sie trugen die religiösen Weisungen und das liturgische Wissen zusammen und schrieben es auf. Und: Sie verfassten eine »Geschichte Israels«, die das Volk einen und ermutigen sollte – die so genannte Priesterschrift, eine der Quellenschriften des Pentateuch (1–5. Mose). – Ein Text, der in dieser Ursprungssituation entstand, ist der erste Schöpfungstext (Gen 1,1–2,4a). Da konnten die Exilierten hören: Nicht Marduk ist der Schöpfergott, sondern JHWH ist es, der souverän durch sein Wort alles ins Leben ruft. – Und Schamasch und Sin, die mächtigen Gestirnsgottheiten, werden als Sonne und Mond an den Himmel gehängt, damit sie den Menschen leuchten und ihnen damit dienen (Gen 1,14–19). Die Funktion des Textes in diesem Kontext I ist deutlich. Die Exilierten erfahren: Auch wenn der Tempel zerstört wurde, ist ihr Gott doch in seinem Wort hilfreich bei ihnen; und er ist mächtiger als die scheinbar so unbesiegbaren babylonischen Gottheiten ... eine Botschaft, die auch der Exilsprophet »Deuterojesaja« (Jes 40–55) seinem Volk immer wieder nahebringt. – Bei der Frage nach dem Kontext II fällt mir spontan die Schrift Luthers über »die babylonische Gefangenschaft der Kirche« (1520) ein, in der es um die Sakramente geht. Luther ist überzeugt, dass die Kirche seiner Zeit die Sakramente »gefangen genommen« habe, weil sie sie nicht biblisch begründe und auswähle, sondern sie in kirchlichen Lehrsätzen einkerkere. – Auch wenn diese Streitfrage heute wohl kaum noch so leidenschaftlich diskutiert wird, muss sich jede Kirche der Frage nach ihrer Identität und nach möglichen »Gefangenschaften« stellen. – Auch die heutige Gesellschaft als Kontext II von Gen 1 wird prüfen, welche »Gottheiten« ihre Identität prägen: Sind es womöglich Kommerz und Konsum, Machbarkeitswahn und Ausgrenzung?

So zeigt sich in meiner Sicht die Ursprungsgeschichtliche Auslegung als sehr geeignete Methode, die Aussage und Intention eines Texts als »Gegentext« in die Gegenwart zu tragen.

2. Materialistische Auslegung

2.1 Allgemeine Charakteristik

Die Materialistische Auslegung ist eine Variante der Ursprungsgeschichtlichen. Auch sie versucht, die Produktion eines Textes aus seiner Entstehungssituation heraus verständlich zu machen. Das Interesse ist, die Überlieferung als den Bericht von einer befreienden Praxis zu verstehen, die auch zu neuer Praxis anstiften will.

Die Befreiung ist in theologischer Sicht eine Befreiung von »Götzen« wie Machtstreben, Gewinnsucht usw.; sie wirkt sich praktisch als Befreiung von politisch-ökonomischen Verhältnissen aus, die von solchem Götzendienst hervorgebracht und ideologisch unterstützt werden.

2.2 Methoden

Das Methodenrepertoire im Bereich der Materialistischen Auslegung ist sehr vielfältig. Exemplarisch nenne ich einige Fragen aus einem Vorschlag von Kuno Füssel (Füssel, 1980):

- »Welche Rolle spielen generell Texte bei der Vermittlung zwischen individueller Lebenspraxis und den Gesetzmäßigkeiten der drei gesellschaftlichen Instanzen Ökonomie, Politik und Ideologie?
- Inwieweit sind die Erzähltexte der Bibel die Spuren der gesellschaftlichen Prozesse, aus denen heraus sie entstehen?
- Welche Praxis kommt in diesen Texten zum Ausdruck?
- Was wollen die Erzählungen beim Hörer, Leser ihrer bzw. unserer Zeit bewirken? Welche Strategien verfolgt insbesondere Jesus in diesen Erzählungen?
- Wie gelingt es den biblischen Texten gegen die herrschenden Mächte eigene subversive Politik zu verfolgen und welche Grundsätze bringen sie dabei ins Spiel?
- Wie können subversive Erzählungen den Anfang einer neuen gewaltlosen Veränderungspraxis auf den drei gesellschaftlichen Ebenen (Produktion, Zirkulation, Konsumtion) bilden?
- Unter welchen historischen und gesellschaftlichen Bedingungen kann die subversive Erzählgemeinschaft zum Subjekt revolutionärer Veränderung werden?«

2.3 Ein Beispiel

Der Übersichtlichkeit wegen gehe ich noch einmal vom skizzierten babylonischen Exil als Kontext I aus und wähle den berühmten »Exilpsalm« 137: »An den Strömen von Babylon saßen wir und weinten ...«. So beklagt der Sänger das Schicksal Israels und gerät immer mehr in Wut über die zynische Unterdrückung und über die Verhöhnung ihres Gottes. Am Schluss schreit er dann: »Wohl dem, der deine (Babylons) Kinder am Felsen zerschmettert!« So verständlich der besinnungslose Zorn des Sängers auch sein mag – es stellt sich doch die Frage nach dem Maßstab: Gewalt war im Altertum ganz selbstverständlich eine legitime Möglichkeit, sich sein Recht zu verschaffen. Sie wurde gelegentlich sogar verherrlicht: Im Streit um die Bedeutung der Rivalen Saul und David rufen die jeweiligen Anhängerinnen: »Tausend Feinde hat Saul erschlagen, doch zehntausend waren's, die David erschlug!« (1. Sam 18,7) – Auch das Eintreten Gottes für sein Volk wird immer wieder als militärische Gewalt beschrieben; nicht umsonst heißt er »Herr der Heere« (JHWH Zebaot).

Aber die Verfasser der Priesterschrift halten dagegen: In Gen 4 verurteilen sie die Gewalt, die Kain gegenüber Abel ausübt, als »Sünde«. (Übrigens: erst in Gen 4 ist von »Sünde« die Rede, nicht in Gen 3! Der »Sündenfall« ist die Gewalt.)

In unserer Gegenwart (Kontext II) leben wir seit Jahrzehnten im Frieden, doch nehmen Brutalität und Gewalt auch in unserer Gesellschaft ständig zu. Im Zusammenhang der Materialistischen Auslegung ist zu fragen, ob nicht bestimmte ökonomische Strukturen stark als latente Gewalt wirksam sind: Wo es (nur) darum geht, mehr Erfolg zu haben als andere, sich auch auf Kosten der anderen durchzusetzen, Eigentum anzuhäufen, ohne sich umzuschauen ... in der Friedensforschung werden solche Verhältnisse und Sichtweisen als »strukturelle Gewalt« bezeichnet!

3. Lateinamerikanische Auslegung (Relectura)

3.1 Allgemeine Charakteristik

Seit den 60er Jahren des vorigen Jahrhunderts hat in den Gemeinden der so genannten Dritten Welt eine breite Bibelbewegung eingesetzt, vor allem in Südamerika und auch in Afrika. Da für die lateinamerikanischen Kirchen das am besten dokumentierte Material vorliegt, wird sich die folgende Skizze auf diesen Bereich beschränken. In Lateinamerika wird das neue Interesse an der Bibel, die neue Weise der Lektüre, meist mit dem Begriff der Relectura (Releitura) verbunden: Neu-Lesen.

Die neue Lektüre ist nicht einfach eine neuartige Methode der Auslegung, sondern geht von einer neuen Praxis aus. Diese hat ihren Ort in der solidarischen Befreiungsarbeit der Basisgemeinden. »Praxis« – »Befreiung« und »Solidargemeinde« sind die entscheidenden Stichworte der Relectura.

Drei Merkmale sind charakteristisch:
- Der Standort, von dem aus die Bibel gelesen wird, ist die eigene Praxis;
- das Interesse, aus dem heraus die Bibel gelesen wird, ist die Befreiung von Ausbeutung und Unterdrückung;
- der Ort, an dem die Bibel gelesen wird, ist die Solidargemeinschaft der Leidenden und Kämpfenden.

Sie lesen die Bibel als ihre Geschichte, in der von Unterdrückung, aber auch von Befreiung berichtet wird und die zum neuen Leben inspiriert. Dieses Verständnis findet seinen Niederschlag in der Auslegungspraxis; stets ist das Gespräch über den Bibeltext in eine Textur aus Erfahrungsberichten von Leiden und Kampf, von Kontemplation und Aktion einbezogen; die Relectura ist eine stark kontextorientierte Auslegung.

Material zur Relectura ist u.a. zu finden in VAMOS CAMINANDO, den von Carlos Mesters herausgegebenen Bänden und in den Bänden von Ernesto Cardenal (vgl. das Literaturverzeichnis. – Ein Tipp: Diese Bände sind in der Regel günstig in Internet-Antiquariaten zu erwerben).

3.2 Methoden

Die Vielfalt der Methoden, die in der Relectura zur Anwendung kommen, kann man in vier Bereiche aufteilen:

3.2.1 Methodenbereich: Narrative Erschließung
Hier geht es darum, die beiden »Kontexte« Bibel und Gegenwart erzählend zu vergegenwärtigen und miteinander in Beziehung zu setzen. Neben eigene Erzählungen der Gesprächsteilnehmer/innen treten Texte, Bilder, Lieder usw.

3.2.2 Methodenbereich: Kritische Reflexion
Unter diesem Stichwort wird die Situation der Teilnehmer/innen kritisch analysiert.
Leitfragen:
- Welches ist meine Situation?
- Was hat diese Situation verursacht?
- Welche Veränderungen sind notwendig?

3.2.3 Methodenbereich: Dialogische Verarbeitung
Hier berührt sich die Relectura (die Praxis in Lateinamerika, aber auch die erwünschte neue Praxis bei uns) mit der Interaktionalen Auslegung (zu den Grundsätzen und Methoden s. Kapitel 10).

3.2.4 Methodenbereich: Ganzheitliche Erschließung
Auch dieser Methodenbereich wurde bereits im Rahmen von Kapitel 10 vorgestellt.

3.3 Ein Beispiel

Psalm 1

»Selig der Mensch, der den Parolen der Partei nicht folgt
und an ihren Versammlungen nicht teilnimmt,
der nicht mit Gangstern an einem Tisch sitzt
noch mit Generälen im Kriegsgericht.
Selig der Mensch, der seinem Bruder nicht nachspioniert
und seinen Schulkameraden nicht denunziert.
Selig der Mensch, der nicht liest, was die Börse berichtet,
und nicht zuhört, was der Werbefunk sagt,
der ihren Schlagworten misstraut.
Er wird sein wie ein Baum, gepflanzt an einer Quelle.«

(Cardenal, 1968)

Dieser Text zeigt einige charakteristische Kennzeichen des Umgangs mit der Bibel:
- Der Bibeltext wird unmittelbar auf die heutige Erfahrung bezogen;
- der in der Situation der Unterdrückung und Manipulation fixierte Mensch wird als Subjekt des Bibeltextes aufgefasst;
- der Bibeltext nimmt die Funktion der Entlarvung wahr und ermutigt zum Widerstand.

3.4 Relectura und »Erste Welt«

Die Relectura basiert entschieden auf den Erfahrungen der Teilnehmer/innen, die gemeinsam nach belebenden, befreienden Impulsen vergangener Erfahrungen fragen. Bibelleser/innen der Ersten Welt können diese Relectura nicht einfach nachahmen, vor allem, weil sie nicht in der Situation der Leidenden sind; sie müssen den befreienden Ruf der Bibel als Ruf zur Umkehr aus ungerechten Lebensverhältnissen hören. Erst wenn sie diesen akzeptieren und in eine neu ausgerichtete Lebenspraxis umsetzen, können sie den Erfahrungsschatz, den die Relectura bereithält, für sich annehmen (vgl. auch Kapitel 2.4: Sind wir die richtige Adresse für das Evangelium?)

Zwischenbemerkungen

Bemerkung 1: Unter dem Stichwort »befreiungstheologische Exegese« behandelt Manfred Oeming die neue Lektüre in der »Dritten Welt« (Oeming, 2007, 120ff). Ich halte diese Zuweisung für zu eng. »Befreiungstheologisch« sind alle Auslegungskonzepte, die die Kritik und Veränderung der realen Lebensverhältnisse sowie Kontext I und Kontext II im Auge haben. Dazu gehören auf jeden Fall die Feministische Auslegung, die Materialistische Auslegung und die Relectura.

Bemerkung 2: Gelegentlich wird die Relectura gemeinsam mit anderen nicht-europäischen Bibel-Lektüren vorgestellt (Beispiel: Dietrich/Luz, 2002). Ich halte eine solche Zusammenschau nicht für besonders ergiebig. Zwar gleichen sich die Kontexte in Südamerika einerseits und in Afrika und Asien andererseits: beide Weltregionen sind u.a. geprägt von einer »Unterschicht«, die Elend und Unterdrückung zu ertragen hat. Aber in Afrika und auch in Asien hat sich in meiner Sicht eine andere Form der kontextorientierten Bibellektüre als in Lateinamerika entwickelt. Sie lässt sich mit dem Stichwort »Bibel-Teilen« charakterisieren. Sie entwickelte sich zunächst in Afrika in den »Kleinen Christlichen Gemeinschaften«. Bibel-Teilen meint einen meist in sieben Schritten geordneten Zugang zur Bibel, der eine persönliche, spirituell ausgerichtete Bindung anstrebt.

4. Intertextuelle Auslegung

4.1 Allgemeine Charakteristik

Die Intertextuelle Auslegung geht den Beziehungen zwischen Texten nach und untersucht, welche neuen Aspekte sich daraus für das Verständnis der Texte ergeben.

Solche intertextuellen Beziehungen lassen sich nach drei Arten differenzieren:
- Viele Bibeltexte setzen sich aus mehreren Schichten zusammen, die in ganz unterschiedlichen Zeiten entstanden sind; diese Schichten lassen sich als »Texte im Text« verstehen, deren Beziehung zueinander interessante Aufschlüsse geben.
- Viele Bibeltexte haben eine »Nachgeschichte« innerhalb der Bibel; sie werden in späterer Zeit wieder aufgegriffen und weiter entwickelt; aber auch bestimmte Themen, Motive oder Personenbeschreibungen werden in der Geschichte weiter geführt.
Diese innerbiblischen Entwicklungen werden unter ganz verschiedenen Aspekten gedeutet; traditionell nach dem Denkmodell »Heilsgeschichte« oder dem Denkmodell »Verheißung und Erfüllung«. Beide Ansätze sind nicht besonders fruchtbar, weil sie die biblische Geschichte festgelegten Deutungsmustern unterwerfen. Eher bietet sich die Interpretation nach dem »Wachstumsmodell« an: Biblische Texte, Themen oder Personen wachsen in immer neuen Schüben, nehmen neue Erfahrungen in sich auf; damit wächst ihre Bedeutungsfülle.
- Als Intertextuelle Auslegung wird auch das Lesen in freier Assoziation bezeichnet (Barthes: »Sternenförmige Auflösung« eines Textes): Der heutige Leser assoziiert Einfälle, Eindrücke, andere Kenntnisse zu dem biblischen Text und kann dadurch neue Sichtweisen gewinnen.

4.2 Methoden

4.2.1 Methoden zum Ansatz: Textgeschichte als Geschichte von Texten
Hier sind aus dem Bereich der Historisch-Kritischen Auslegung vor allem Methoden der überlieferungs- und redaktionskritischen Analyse anzuwenden.

4.2.2 Methoden zu den Ansätzen: Wachsende Themen (z.B. Schöpfung; Exodus) – Wachsende Motive (z.B. Die beiden Brüder) – Wachsende Personenbeschreibungen
Hier bietet sich die Arbeit mit der Konkordanz an. Auch kann man die Verweisstellen im Bibeltext heranziehen; und: viele solcher »Themen« sind in Abhandlungen zur Theologie des Ersten und Neuen Testaments bearbeitet. Mittelfristig lohnt es sich, eigene Zusammenstellungen solcher Themen usw. anzulegen!

Bei der Verwendung von Themen, Motiven und Personenbeschreibungen in einem bestimmten Text ist zu fragen:
- Welche inhaltliche Ausformung liegt vor?
- Welche Funktion hat das Thema (...) in diesem Zusammenhang?
- Welche Erfahrungen könnten diesen Gebrauch herbeigeführt haben?
- Welche neuen Aspekte des Themas (...) werden sichtbar?

4.2.3 Methoden zum Ansatz: Lesen in freier Assoziation
Es empfiehlt sich, in zwei Schritten vorzugehen:
- »green-light-stage«: Alle Einfälle werden zunächst ungeprüft gesammelt; dabei ist darauf zu achten, dass nicht nur literarische und künstlerische Beispiele herangezogen werden, sondern auch lebensbezogen-praktische, z.B. zur Turmbaugeschichte Gen 11 Hinweise auf menschlichen Größenwahn in Vergangenheit und Gegenwart (Gen-Technologie ...).
- »red-light-stage«: kritische Sichtung und Auswahl; Grundkriterium sollte sein, nur solche Assoziationen aufzugreifen, die der »historischen Sinnbestimmung« des Textes nicht widersprechen.

Es zeigt sich, dass Bibeltexte verlieren, wenn sie als isolierte Gebilde gelesen werden, und gewinnen, wenn sie – nach einer Formulierung von Wilhelm Schapp – »in einem Meer von Geschichten schwimmen« (Schapp 2012); denn sie zeigen sich als Ergebnis immer neuer Erfahrungen. Wie von selbst wird der Leser/Hörer in dieses faszinierende Spiel hineingezogen, wird eingeladen, die Erfahrungswelt der biblischen Erzähler in sich aufzunehmen und weiterzuführen. Das wird besonders deutlich im dritten Ansatz: Bei der sternförmigen Auflösung wird der Leser »zum aktiven Zentrum eines Netzwerks von unausschöpfbaren Beziehungen« (Eco), zum Mit-Produzenten seines Textes.

4.3. Ein Beispiel

Die Intertextuelle Auslegung kann wieder auf Gen 3 zurückgreifen. Hier könnten zunächst die möglichen Vorfassungen und redaktionellen Prozesse innerhalb des Textes analysiert werden, wie sie die Historisch-Kritische Forschung wahrscheinlich macht – aber diese Aufgabe für Spezialisten soll hier außer Betracht bleiben. Dann könnten die weiteren Überlieferungen in der Bibel im biblischen Umfeld ins Spiel kommen, die sich schon bald als interessegeleitete Bearbeitungen bzw. Entstellungen entlarven. Und schließlich bietet das weitere Feld der Wirkungsgeschichte von Gen 3 reiches Material für die intertextuelle Arbeit (→ Kapitel 5 und 6).

Kapitel 15
Die Bibel ernst nehmen

Dieses Kapitel nimmt in aller Kürze einige Aspekte des Buches auf und versucht, sie ein wenig weiterzuführen. Dabei will ich auch noch einmal anklingen lassen, wie viel von der Jüdischen Auslegung zu lernen ist.

Der bekannte jüdische Theologe Pinchas Lapide schrieb vor einigen Jahren: »Es gibt im Grunde nur zwei Arten des Umgangs mit der Bibel: man kann sie wörtlich nehmen oder man nimmt sie ernst. Beides zusammen verträgt sich nur schlecht« (Lapide, 2004, 18).

»Die Bibel ernst nehmen« ... dieser Satz könnte als Fazit des ganzen Buches gelten. Lapide weist zunächst einmal ganz lapidar alle Vorstellungen zurück, die die Bibel als einen buchstäblichen Bericht von historischen Ereignissen missverstehen. Ich habe diese Sicht kritisch betrachtet und als Überbleibsel längst überholter Anschauungen gekennzeichnet. Dennoch gehört sie wohl immer noch zu den »Barrieren« zwischen heutigen Bibelleser/innen und der biblischen Überlieferung. Wie können wir – nach dem Satz von Lapide – die Bibel ernst nehmen?

1. Die Geschichtlichkeit der Bibel ernst nehmen

Die Bibel überliefert keine übergeschichtlichen Wahrheiten, sondern ist geschichtlich verortete Bekenntnisrede (»Performative Rede« im Gegensatz zu »konstatierender Rede« (→ Kapitel 3, 1).

Das führt zu unterschiedlichen, ja widersprüchlichen Aussagen und Sichtweisen in der biblischen Überlieferung. Die Geschichtlichkeit ernst nehmen bedeutet: Diese geschichtliche Ausrichtung nicht übersehen oder aus Verunsicherung oder Furcht vor Zweifel verdrängen. Aber es geht auch nicht darum, sie einfach zu ertragen. Vielmehr kommt es darauf an, die Chancen zu erkennen und wahrzunehmen: erst was geschichtlich verortet ist (im »Kontext I«) bekommt ein Gesicht, kann sprechen und ansprechen in der Geschichte der heute Lebenden und Lesenden (im »Kontext II«). Sie kann dort ihren Ort finden und wirksam werden. Das ist die Grundidee der Kontextverschmelzung (→ Exkurs in Kapitel 3).

Letztlich kommt es auf jenen Prozess an, den der große jüdische Gelehrte Leo Baeck einmal mit dem Satz umschrieb: »So schritt die Bibel selber fort, jede Zeit erwarb ihre eigene Bibel« (Baeck, 1960, 18).

2. Die Unverfügbarkeit der Bibel ernst nehmen

Hier sind noch einmal die »Barrieren« anzusprechen, die zwischen der biblischen Überlieferung und heutigen Bibelleser/innen aufgetürmt wurden (vgl. Kapitel 2): Die Überlagerung der Bibel durch die kirchliche Lehre (»Theologie für die Gemeinde«). Und: Der Anspruch, dass die Bibel nur mit Hilfe strenger wissenschaftlicher Analyse erschlossen werden könne. Diese Barrieren lassen immer nur einen einzigen schmalen Durchlass zur Überlieferung offen. Er normiert die Wahrnehmung. Ich gehe noch einmal mit einigen Stichworten darauf ein.

2.1 Die Bibel vor dogmatischer Überlagerung schützen

Die biblische Überlieferung muss vor Beanspruchung für einen bestimmten Standpunkt, für eine dogmatische Behauptung verteidigt werden. Diese Forderung richtet sich in meiner Sicht vor allem gegen die Sühnetheologie, die Rechtfertigungslehre, die seit Luther als »Mitte der Schrift« gelten soll. Sie ist nicht nur einseitig, sondern hat ein mehr als problematisches Bild von Gott und den Menschen bei sich.

Ich habe als anderes Basis-Bekenntnis zum Verständnis der biblischen Überlieferung die Aussage aus dem 1. Johannesbrief gewählt:

> »Wir haben erkannt und geglaubt die Liebe, die Gott zu uns hat. Gott ist die Liebe; und wer in der Liebe bleibt, der bleibt in Gott und Gott in ihm. ... Furcht ist nicht in der Liebe, sondern die vollkommene Liebe treibt die Furcht aus; denn die Furcht rechnet mit Strafe. Wer sich aber fürchtet, der ist nicht vollkommen in der Liebe« (1. Joh 4,16.18).

Diesem Grund-Satz habe ich ein Gefüge von sechs »Grundbescheiden« hinzugegeben. Dieses Instrument will nicht systematisieren oder normieren, sondern unter Bezug auf grundlegende Glaubenserfahrungen der biblischen Menschen zum Entdecken, Verstehen und Kommunizieren anregen (Kapitel 1, 4).

2.2 Die Bibel vor einseitigen und exklusiven Interpretationen schützen

Die Unverfügbarkeit der Bibel ist aber auch zu vertreten im Blick auf alle Ansprüche, sie durch den Gebrauch eines einzigen Interpretationsansatzes auf das »richtige Verständnis« festzulegen. Das gilt nicht nur für die beanspruchte Exklusivität der Historisch-Kritischen Auslegung, sondern auch für einige andere Konzepte, wenn ihre Vertreter behaupten, die authentische Lösung gefunden zu haben (so gelegentlich bei einigen Autoren der Feministischen oder auch der Tiefenpsychologischen Auslegung).

Aber die Bibel entzieht sich dem fordernden Zugriff und sperrt sich gegen die schnell fertige Interpretation.

2. Die Unverfügbarkeit der Bibel ernst nehmen

Diese »Unzugänglichkeit« der biblischen Überlieferung sollte nicht einfach ertragen, sondern auch wieder als Herausforderung und als Chance begriffen werden, ihr auf alternierenden Wegen näher zu kommen. In Kapitel 3 habe ich die These entwickelt, dass die Bibel selbst auf unterschiedlichen »Wegen« zum Menschen unterwegs sei – dafür sorgt ihre sprachliche Grundbewegung. Mit Hilfe abwechslungsreicher Auslegungskonzepte versuchen heutige Leser/innen, den Texten entgegenzugehen. Dabei werden immer neue Aspekte sichtbar und laden zur Auseinandersetzung ein.

Auch hier ist wieder von der jüdischen Hermeneutik zu lernen: In einem mittelalterlichen Traktat heißt es, die Tora habe siebzig Gesichter – siebzig legitime Arten der Auslegung. In einer anderen Tradition ist sogar von sechshunderttausend Möglichkeiten die Rede; denn jeder der sechshunderttausend Israeliten, die nach der Überlieferung einst am Sinai standen, habe von Gott seine eigene Art des Verstehens erhalten (Anmerkung: Die Zahl siebzig hat symbolische Bedeutung). Aber ist damit nicht der Willkür Tür und Tor geöffnet? Ich benenne noch einmal die drei Kriterien, denen sich eine Interpretation stellen muss (vgl. Kapitel 3.3):

- Es sollte Einigkeit darüber bestehen, dass die Historisch Kritische Auslegung durchaus in der Lage ist, eine (historische) Sinnbestimmung eines Textes vorzunehmen. Andere Interpretationen sollten belegen, dass ihre Auffassung dieser Sinnbestimmung inhaltlich nicht widerspricht. Dies ist die wichtige Funktion der Historisch-Kritischen Interpretation, auch wenn ihr »Alleinvertretungsanspruch« zurückgewiesen wird.
- Wichtig ist auch das erfahrungsbezogene Gespräch in der Gruppe. Es geht ja nicht darum, unverbindlich Interpretationsalternativen auszuprobieren, sondern um die Bedeutung eines Textes für die eigene Existenz. Die Teilnehmer/innen sprechen darüber, welcher Aspekt des Textes ihre Lebensfragen weiterführt, welche Sichtweise neue Wege zeigt. Im Zusammenhang dieses Prozesses wird sich dann vielleicht die eine oder andere Interpretation als zu einseitig oder auch zu unverbindlich herausstellen.
- Schließlich ist auch die Bedeutung eines Interpretationsansatzes wichtig im Blick auf die Zuwendungen Gottes, wie sie in den »Grundbescheiden« (→ Kapitel 1.4, S. 26ff) zur Sprache kommen: Legt er diese Zuwendungen frei und fördert sie, indem er kritisch und produktiv heutige Lebensverhältnisse und Denkmuster ins Licht dieser Traditionen rückt? Oder verdeckt er sie und stellt sie ruhig, indem er einen Text nur als Erbauung der privaten Innerlichkeit auslegt?

Diese Rückbindung scheint besonders notwendig zu sein in einer Zeit, in der ein schrankenloser Individualismus und Egoismus lärmend propagiert werden!

3. Den kommunikativen Charakter der Bibel ernst nehmen

Zu den »Wegen«, auf denen die biblische Überlieferung immer schon zum Menschen unterwegs ist, gehört in meiner Sicht ihre kommunikative Grundstruktur (→ Kapitel 3.2). Die Texte des Ersten und des Neuen Testaments sind eigentlich immer an eine Gemeinschaft gerichtet; sie erfährt Orientierung, Erinnerung und Hoffnung; sie wird getröstet, ermahnt, kritisiert ...

Dieser Ausrichtung entspricht nach einer These des Schweizer Bibeltheologen Theophil Vogt heute »dialogisches Verstehen ... Die Gruppe stellt zeitgemäße und adäquate Gefäße zur Verfügung, in denen Erfahrungen des Glaubens, ähnlich jenen in den Texten gemachten und ausgesprochenen, neu formuliert, somit Folgerungen für den Glauben heute neu ausgehandelt und am aktuellen Lebenskontext überprüft werden können« (Vogt, 1985, 23).

Seit einigen Jahren haben sich viele Gruppierungen zusammengefunden, die eben dieses dialogische Verstehen im gemeinsamen Suchen, Entdecken und Sprechen autonom praktizieren.

Allerdings muss dies wohl oft erst wieder entdeckt und gelebt werden. Das hängt nach meiner Wahrnehmung *auf der einen Seite* mit der Betonung des Einzelnen vor allem im Protestantismus zusammen. Denn zu Luthers entscheidenden Leistungen gehörte ja die Befreiung des einzelnen Christen aus klerikaler Fremdbestimmung: Vor Gott ist der Mensch allein seinem an der Schrift ausgerichteten Gewissen verantwortlich. – *Auf der anderen Seite* ist es auch in der protestantischen Kirche zu einer gewissen Selbstbezogenheit und institutionellen Verfestigung gekommen; von der »Theologie für die Gemeinde« war in diesem Buch öfters die Rede (vor allem in Kapitel 2). Kirchliche Gruppen sind meistens »Gemeindekreise«, von der Kirchengemeinde installiert und letztlich geleitet.

Welchen Platz finden mündige Bibelgruppen zwischen der Betonung des Individuums – und institutioneller Geschlossenheit? Das soll in einem letzten Exkurs reflektiert werden.

> **Exkurs: Bibel und Kirche**
> Zunächst wären Bibel-Gruppen zu befragen, ob und wie sie sich als »Kirche« verstehen.
> Hier ist erst einmal etwas zu differenzieren. Wenn von »Bibelgruppen« die Rede ist, denke ich weniger an die folgenden Aktivitäten:
> - Die bekannte »Bibelstunde«, die oft genug nichts anderes ist als eine Art Unterricht des Pfarrers für Erwachsene;
> - »Bibelkurse« von Gemeinden anhand von vorgegebenem Arbeitsmaterial;
> - manche »Hauskreise«, die die Bedeutung der Bibel für ihr persönliches Leben bedenken, die aber in der Regel die Vorgaben der »Theologie für die Gemeinde« nicht problematisieren.
>
> Eine spezifische Form sind die Gruppen, die das »Bibel Teilen« praktizieren.

Dies sind letztlich Aktivitäten zur Reproduktion der existierenden Gemeinden. Das wertet sie nicht ab – aber es sind wohl von ihnen nicht viele Impulse zur Veränderung des Bestehenden zu erwarten.

Ich denke vielmehr an **autonome** Bibelgruppen:
Autonom im Blick auf ihren Umgang mit der Bibel. Sie ignorieren die »Barrieren« der »Theologie für die Gemeinde« und des exegetischen Expertenanspruchs. Sie suchen ihren eigenen Weg zur biblischen Überlieferung unter Bezug auf klare Kriterien (s.o. S. 69f). Dabei können bewährte Auslegungskonzepte behilflich sein, wie sie in den Kapiteln 5–14 vorgestellt wurden. *Autonom* meint auch, dass solche Gruppen sich als Kirche verstehen, aber nicht als Agenten der real existierenden Kirchengemeinden.

Damit kommen kirchentheologische Konzepte in den Blick, die sich mit Namen wie Dietrich Bonhoeffer, Ernst Lange oder Wolf-Dieter Marsch verbinden. Exemplarisch skizziere ich einige Thesen von Wolf-Dieter Marsch (Marsch, 1970. – Zusammenfassend: Marsch, 1975. Zitate aus diesem Artikel). Er plädiert dafür, dass die Kirchen ihren umfassenden Anspruch, allein »Garant und Hüter der kirchlichen Einheit« und letztlich der Glaubenswahrheit zu sein, kritisch überdenken. Sie sollten sich auf ein pluralistisches Konzept von Kirche verständigen. Zu ihm würde gehören, »dass die Landeskirchen sich mehr und mehr als organisatorischer Hintergrund für ein freies Kräftespiel von Gruppen, Initiativen und Bewegungen verstehen – auch wenn diese nicht unter ein einheitliches kirchliches Dach gebracht werden können. Denn die theologische Funktion von Kirche wird heute vermutlich eher in solchen informellen Kommunikationen und Aktionen als in dem Gehäuse kirchlicher Versorgung wahrgenommen werden können – so unentbehrlich dieses Gehäuse bis auf weiteres ist« (358f).

Ich denke, dass hier ein fruchtbarer Ansatz formuliert ist; er müsste aber in meiner Sicht noch um zwei grundlegende Aspekte ergänzt werden:

- Auch wenn die Kirche sich nicht mehr als alleinige Hüterin ausformulierter Wahrheiten versteht, müsste sie doch Ort und Bürge eines Grundbekenntnisses sein, dem alle Beteiligten zustimmen können. Ich denke an den »Kronsatz«: Gott ist die Liebe. Wer in der Liebe bleibt, der bleibt in Gott und Gott in ihm.
- Und: Sie müsste als Moderatorin des Austausches zwischen den unterschiedlichen Gruppierungen dienen ... denn die Tendenzen zur Rechthaberei und Selbstüberschätzung sind weit verbreitet. Die verfassten Kirchen als Pflegerinnen von Tugenden wie »Offenheit, Fähigkeit zum Umdenken, kritisches Reflexionsvermögen, Kompromiss- und Hoffnungsbereitschaft, Begabung zum wechselnden Engagement« ... das wäre eine unaufgebbare Voraussetzung dafür, dass es »zu einem fruchtbaren Dialog der verschiedensten Formen von Kirche« kommt (359).

Interessante Impulse könnten von der Relectura in Lateinamerika ausgehen, der autonomen Bibellektüre in autonomen Gruppen (→ Kapitel 14). Auch die »Kleinen Christlichen Gemeinschaften« in Afrika und Asien (Vellguth, 2005) kommen in den Blick – doch bei ihnen ist der Aspekt der Freiheit offenbar nicht so stark ausgeprägt.

Natürlich können diese Aktivitäten nicht einfach nachgeahmt werden, aber die Befreiungsdynamik, die von diesen Gruppen ausgeht, kann ermutigen.

Anregungen kommen auch aus der »Offenen Arbeit«. Der Begriff steht für »kirchliche« Bildungs- und auch Sozialarbeit, die sich seinerzeit unter dem Druck des DDR-Regimes formierte (vgl. den Band von Koerrenz u.a., 2013). Das Interessante daran ist, dass die Offene Arbeit sich nicht in erster Linie an »Erwartungen an den Erhalt der eigenen Institution« ausrichten wollte. Vielmehr sah sie ihre Aufgabe darin, auf Bedürfnisse und Erwartungen von Jugendlichen einzugehen – und damit dem Konzept der »Kirche für andere« (Bonhoeffer) gerecht zu werden. Der Band konzentriert sich zunächst auf die gründliche Erforschung und Analyse der früheren Arbeit – die Bedeutung für Selbstverständnis und Praxis der Kirchen heute müsste noch deutlicher herausgearbeitet werden.

Natürlich sind das noch Utopien – aber bekanntlich gibt es ohne Visionen keine Veränderung; denn sie zeigen die Richtung an, die zum Ziel führen könnte; und sie ermutigen zu ersten Schritten.

Wie könnten solche ersten Schritte im Verhältnis von Gruppen (»Kirchen«) und Kirche aussehen, damit es zu dem »fruchtbaren Dialog« kommt?

Gruppen könnten die Gemeinde als den Ort wahrnehmen und annehmen, an dem sie Kirche mitgestalten können. – Sie könnten in produktiven Kontakt mit anderen kommen, sich austauschen und gemeinsam arbeiten. – Dabei haben sie auch Gelegenheit, ihr Selbstverständnis kritisch zu prüfen und vielleicht auch zu verändern.

Die *Kirchen* könnten den spirituellen und auch personalen Reichtum von »Kirche« entdecken und aufnehmen, was sie als fördernd wahrnehmen. – Sie könnten ihre eigene Konzeption produktiv reflektieren und vielleicht auch überarbeiten. (Anmerkung: Auf jeden Fall sollte die oft in Kirchen vertretene Behauptung verschwinden, es gäbe neben der Institution nichts als eine individuelle »Patchwork-Religiosität«, die ihre Elemente nach Belieben aus verschiedenen Religionen zusammensuche.) Einige praktische Vorschläge habe ich in Kapitel 2, Abschnitt 3.3. gemacht. Ich denke, eine Kirchengemeinde tut sich etwas Gutes, wenn sie autonome Gruppen nicht nur zulässt, sondern aktiv fördert.

4. Die Persönlichkeit der Bibelleser/innen ernst nehmen

Wer die Bibel ernst nimmt, muss auch die Menschen ernst nehmen, die sich ihr nähern. Diese These will ich noch ein wenig erläutern.

4.1. Die Kompetenz der »Laien« (→ Exkurs in Kapitel 2)

Hier sind zunächst noch einmal die »Barrieren« anzusprechen. Wer diese Hindernisse mit ihren schmalen, normierenden Durchlässen aufbaut, traut den »einfachen« Bibellesern, den »Laien«, offenbar keine eigene Sicht, keine eigene Wahrnehmung zu. Sie gelten als Adressaten der Verkündigung, der Lehre, der Wissenschaft – als Personen werden sie damit nicht ernst genommen.

Aber sie bringen eine unverzichtbare Kompetenz in die Auslegung ein: Die Fähigkeit, gegenwärtiges Leben (Kontext II), aber auch die Überlieferung (Kontext I) auf Erfahrung hin zu befragen. Um es noch einmal mit einem Bild zu beleuchten: Die »Schreibtischhermeneutik« der Experten wird nicht überflüssig; aber sie ist durch eine »Erfahrungshermeneutik« der Laien zu ergänzen und erhält einen anderen Stellenwert.

4.2. Zweifel und lebensgeschichtlicher Widerspruch

»Glaubensgewissheit« und »Glaubensgehorsam« gehören zum traditionellen Standardrepertoire christlicher Sprache. Aber gerade sie können in meiner Sicht die unbefangene selbstständige Annäherung an die biblische Überlieferung verstellen. Ich denke, dass – im Gegenteil! – Zweifel das Fragen stimulieren, das Gespräch anregen und die Kommunikation vertiefen können. Zweifel sollten also nicht nur geduldet oder hingenommen, sondern als gute Begleiter auf dem Weg zur Bibel begrüßt werden. Ein Autor, dessen Name ich nicht feststellen kann, schrieb zutreffend: »Meine Kritik an einigen Religionen ist, dass sie die Menschen nicht lehren, nach einer – vielleicht noch unbekannten – Wahrheit zu suchen, sondern nur an bestimmte Bilder von Gott zu glauben.«

Auch der lebensgeschichtliche Widerspruch gehört zum Leben der heutigen Bibelleser/innen: Wenn Erfahrungen von Leiden und Ungerechtigkeit den Zugang zur Bibel versperren, die Anerkennung ihrer Botschaft verhindern, könnte gerade das ein Thema in einer biblischen Gesprächsgruppe sein. Der Respekt vor solchen Erfahrungen, der Austausch über eigene Erlebnisse könnte die Teilnehmer/innen sehr nahe an die Welt der Psalmen heranführen. Psalmen können Sprache anbieten, wo die eigene Rede versagt, und sie können Wege zur Auseinandersetzung zeigen.

Gerade in der respektvollen Wahrnehmung von Zweifeln und lebensgeschichtlichen Widersprüchen kann sich vielleicht ein Bezug zu dem Umgang nichteuropäischer Basisgemeinden mit der Bibel anbahnen. Der Theologe Johann Baptist Metz schreibt im Blick auf diese: »Was ich in diesem neuen Umgang mit der Bibel am Werk sehe, ist nicht schlichte Unmittelbarkeit, ist auch nicht etwa voraufklärerische Naivität, sondern eine andere hierzulande kaum vertraute Form der Verstehenslehre, also der theologischen Hermeneutik [...] Praxis kehrt heim in die reine Theorie, Widerstand und Leiden kehren heim in die Erfahrung der Gnade und des Geistes. Diese Hermeneutik zieht und drängt das Christentum zusammen, wirft es auf das Wesentliche zurück. Wer möchte eine solche ›Reduktion‹ theologisch unterschätzen? Für mich gehört sie zum Anzeichen eines Aufbruchs, in dem das Christentum sich ›an der Wurzel fasst‹« (Metz, 1987, 109–111).

»Verstehen«?

»Die Bibel selbstständig verstehen« – das ist die Aufgabenstellung dieses Buches. Das muss abschließend noch einmal näher bestimmt werden.

»Verstehen« kann so viel wie »erklären« bedeuten: Sich einen Text, ein Kunstwerk, einen Menschen (?) so zurechtlegen, dass mit analytischen Methoden die Bedeutung zweifelsfrei festgestellt werden kann. Diese besitzergreifende Auffassung habe ich immer wieder als unsachgemäß kritisiert. – Die Kritik ist nicht neu. Vor über 200 Jahren wetterte der Theologe und Philosoph Friedrich Schleiermacher, Zeitgenosse und Gefährte von Goethe und Schiller, gegen die »Wut des Verstehens« – Wut hier gemeint als bedingungslose Leidenschaft: »Mit Schmerzen sehe ich es täglich, wie die Wut des Verstehens den Sinn gar nicht aufkommen lässt ...«

Heute ist es unter vielen anderen Umberto Eco, der mit seiner Theorie des »offenen Kunstwerks« die Diskussion der Interpretation entscheidend mit geprägt hat. Er vertritt die These, dass ein Text, ein Kunstwerk offen bleiben muss, »schon deshalb, weil es nicht wirklich verstanden werden kann, wenn der Interpretierende es nicht in einem Akt der Kongenialität mit seinem Urheber neu erfindet« (Eco, 1985, 31). Und von Hans-Magnus Enzensberger wird erzählt, dass er auf einer Veranstaltung mit Deutschlehrerinnen und -lehrern gesagt habe: »Bekämpfen Sie das hässliche Laster der Interpretation! Bekämpfen Sie das noch hässlichere Laster der richtigen Interpretation!«

Im Widerspruch zu jenem besitzergreifenden Verständnis spricht in diesem Buch »Verstehen« mehrere Bedeutungsvarianten an:

Verstehen ist Annäherung an die biblische Überlieferung ... wohl wissend, dass es nicht möglich ist, endgültig »anzukommen« und sich auf Dauer niederzulassen.

Verstehen ist offen und fragmentarisch, es ist sich immer bewusst, dass nur einige Aspekte eines Textes in den Blick kommen. Hier ist noch einmal an das schöne Gleichnis vom Hammer zu erinnern: Wenn er auf einen Stein trifft, sprühen Funken. So ist es mit dem Bibelwort: Die Auslegung kann immer nur einen dieser »Funken« zu Gesicht bringen. Andere Auslegungsweisen können vielleicht andere »Funken« aufzeigen.

Verstehen ist ein personales Geschehen. Letztlich bedeutet es, dass Einzelne oder Gruppen mit einem Text ins Gespräch kommen, neue Erfahrungen machen, darüber kommunizieren – mit anderen in der Gruppe, mit anderen Vereinigungen und hoffentlich mit den Kirchengemeinden.

Kommt es möglicherweise so weit, dass aus der »Theologie für die Gemeinde« eine »Theologie der Gemeinde« wird – fragmentarisch, offen, kommunikativ?

Kapitel 16
Informationen

1. Materialien und Arbeitshilfen zur selbstständigen Lektüre der Bibel

In diesem Kapitel stelle ich Informationen und Materialien vor, die interessierte Bibelleser/innen bei der selbstständigen Lektüre unterstützen können. Gedacht ist dabei an Personen ohne explizite theologische Ausbildung.

Es steht eine Fülle von Informationsmaterialien zur Verfügung – eine Auswahl ist unumgänglich. Bei der Durchsicht fällt auf, dass der größte Teil aus dem mehr konservativen oder auch evangelikalen Bereich stammt. Dem kritisch-fragenden Charakter meines Buchs entsprechend werde ich eher Materialien nennen, die zu seinem Ansatz passen. Konservativ oder evangelikal ausgerichtete Arbeiten sind u.a. in einem von Ulrich Wendel herausgegebenen sehr informativen Buch zu finden (Wendel, 2015). Vor allem der letzte Teil (»Nützliche Hilfsmittel«) ist sehr förderlich. Er informiert in sieben Kapiteln gründlich und ausgewogen über Informationsmaterial für die eigene Lektüre; die Autoren benennen Materialien durchaus unterschiedlicher theologischer Ausrichtung und bieten damit einen breiten Überblick.

Ausgesprochen günstig bei der Suche nach Materialien ist der Zugang zum Internet. Es erschließt viele Quellen und Informationen, die häufig kostenlos heruntergeladen und in die eigenen Daten integriert werden können. Hinweise dazu habe ich in Abschnitt 1.7 zusammengefasst; einzelne Tipps werde ich, wenn nötig, schon vorher geben.

Nicht zu unterschätzen ist auch die Möglichkeit, bei bestimmten Internet-Antiquariaten das eine oder andere Sachbuch günstig zu erwerben.

1.1 Bibelausgaben

Die am meisten verbreiteten Übersetzungen sind wohl die »Einheitsübersetzung« und die Luther-Bibel. Es empfiehlt sich, daneben noch eine Übersetzung zu benutzen, die sich um möglichst genaue Wiedergabe der Urtexte bemühen, z.B. die Übersetzung von Hermann Menge oder die Neue Zürcher Übersetzung. – Die meisten Übersetzungen gliedern die Texte durch Zwischenüberschriften. Diese gehören nicht zu den Originaltexten. Sie können die Lektüre strukturieren, geben aber nicht selten auch eine inhaltliche Richtung vor, die das eigenständige Lesen nicht fördert!

Mehr um heutige Verständlichkeit und Akzeptanz bemüht sich »Die gute Nachricht«. – Die »Bibel in gerechter Sprache« ist der feministischen Theologie stark verpflichtet und versucht bei der Übertragung in heutige Sprache die »patriarchalen Überlagerungen« der biblischen Überlieferung ein Stück weit abzutragen (vgl. dazu auch Kapitel 7). – Wer dem Charakter und der Melodik der Hebräischen Sprache nahe kommen will, wird zu der Übertragung des Ersten Testaments von Buber-Rosenzweig greifen (*Die Schrift*. Aus dem Hebräischen verdeutscht von Martin Buber gemeinsam mit Franz Rosenzweig, 4 Bände, 2688 Seiten, Deutsche Bibelgesellschaft).

Manche Bibeln enthalten im Anschluss an das Erste Testament eine Reihe zusätzlicher Schriften, die in den drei Jahrhunderten v.Chr. entstanden, am bekanntesten wohl das Weisheitsbuch Jesus Sirach und die beiden Makkabäerbücher. Sie wurden nicht in den verbindlichen Kanon heiliger Schriften aufgenommen, die jüdische Gelehrte im 1. Jahrhundert v.Chr. bestimmten. Sie sind nicht in der Ursprache des Ersten Testaments (Hebräisch bzw. Aramäisch) erhalten, sondern in der griechischen Übersetzung der nach 200 v.Chr. entstandenen so genannten Septuaginta. – In katholischen Bibeln werden diese Bücher als vollwertige Schriften anerkannt. Sie werden als »deuterokanonisch« bezeichnet, also zum »zweiten Kanon« gehörig. Im evangelischen Bereich nennt man diese Bücher »Apokryphen« (verborgene Schriften); sie gehören nicht zum Kanon, werden aber als »nützlich und gut zu lesen« (Luther) befunden.

Sonderausgaben werden mit den »synoptischen Evangelien« angeboten (oft auch als Synopse bezeichnet). Es handelt sich um die ersten drei Evangelien; sie werden »synoptisch« genannt, weil sie in Inhalt und Gliederung weitgehend parallel gebaut sind und darum in »Zusammenschau« (griech. *synopsis*) gelesen werden können. Eine »Synopse« bietet also die Texte von Matthäus, Markus und Lukas in paralleler Darstellung an.

1.2 Konkordanzen

Eine Konkordanz ist ein sprachlicher Schlüssel zu einer Bibelübersetzung; sie ist alphabetisch aufgebaut. Beispiel: Schlägt man das Stichwort »Sonne« auf, werden alle Bibelverse aufgeführt, die das Stichwort enthalten.

Gedruckte Konkordanzen liegen beinahe zu allen Übersetzungen vor. – Im Internet werden zu fast allen Übersetzungen Konkordanzen angeboten (s.u. 1.7).

1.3 »Studienbibeln«

Unter »Studienbibeln« versteht man Textausgaben mit kurzen eingestreuten Kommentaren und oft auch ergänzenden Kapiteln mit Hinweisen zur Umwelt der Bibel, zur Textgeschichte usw. Die bekannteste ist die »**Stuttgarter Erklärungsbibel**« des Evangelischen Bibelwerks (Neuausgabe mit Apokryphen, Stuttgart 2007). Sie basiert auf der Luther-Übersetzung. Die Kurzkommentare sind an den passenden Stellen in den Bibeltext eingefügt. Sie bieten Sachinformationen zu Geschichte und sozialem Umfeld des betreffenden Abschnitts, aber auch inhaltlich-theologische Verständnishilfen. – Hilfreich sind auch die Einführungen zu den biblischen Büchern bzw. Gruppen von Büchern (z.B. zum Pentateuch, d.h. den 5 Mosebüchern). Neu aufgenommen wurden die Apokryphen (deuterokanonischen Bücher) zum Ersten Testament. Sie werden nicht nur durch die Sacherklärungen erschlossen, sondern auch durch die inhaltliche Verklammerung mit dem Ersten und dem Neuen Testament (Verweise auf entsprechende Bibelverse). – Ein ausführlicher Anhang bietet weitere Materialien, die bei der selbstständigen Lektüre unterstützen, u.a. ein Wörterbuch zu biblischen Begriffen, einen Überblick über die Zeitgeschichte, Karten (mit einem genauen Ortsregister). – Die »Stuttgarter Erklärungsbibel« orientiert sich an der biblischen Wissenschaft; dabei neigt sie oftmals eher traditionellen Sichtweisen zu. – Insgesamt ist die »Stuttgarter Erklärungsbibel« ein sehr hilfreiches Angebot zur Unterstützung der selbstständigen Bibellektüre.

Ähnlich konzipiert ist das »**Stuttgarter Alte und Neue Testament**«. Es ist in zwei Bänden erschienen: Stuttgarter Altes Testament (mit deuterokanonischen Schriften) und: Stuttgarter Neues Testament (Verlag Katholisches Bibelwerk, Stuttgart 2008). Im Augenblick sind die Bände vergriffen, es liegt nur die Ausgabe auf CD-ROM vor. Da aber die Neuausgabe der schriftlichen Version in naher Zeit geplant ist (voraussichtlich mit der Revision der Einheitsübersetzung im Herbst 2017 [SAT] und Frühjahr 2018 [SNT]), stelle ich das Werk an dieser Stelle vor. Es erschließt den Charakter und die Entstehung der biblischen Schriften in sehr gründlichen Einführungen; Basis ist der aktuelle bibelwissenschaftliche Erkenntnisstand (2007). – Natürlich enthält das Werk auch eine Konkordanz. Die Kurzkommentare bieten in klarer Sprache literarische, historische, sachliche und theologische Verständnishilfen an. Im Anhang finden sich neben dem Kartenmaterial auch Übersichten zur Geschichte, zu Maßen und Gewichten ... sowie eine meist recht knappe Erläuterung von biblischen Begriffen in lexikalischer Form. – Auch dieses Werk ist ein gut geeigneter Begleiter beim selbstständigen Bibelstudium.

Eine recht handliche Studienbibel ist die »**Kompass Bibel**« (Deutsche Bibelgesellschaft, Stuttgart). Sie basiert auf der Übersetzung der »Guten Nachricht«; die Apokryphen (deuterokanonischen Bücher) sind einbezogen. Die Bibeltexte werden recht knapp durch Anmerkungen und Hinweise erläutert. Der Wert der Studienbibel liegt vor allem in dem weiterführenden ausführlichen Informationsmaterial (teilweise ein wenig unübersichtlich angeordnet). Zu finden sind u.a. Einführungen in Entstehung und Charakter der biblischen Bücher, zur Geschichte und zur Theologie. Eine gute Übersicht über bibeltheologische Fragen bietet die Zusammenstellung der »großen Themen der Bibel« und über »Fragen und Antworten«, die auf die entsprechenden Abschnitte verweisen. – Die »Kompass Bibel« ist ein praktischer Begleiter, der vor allem Bibelleser/innen ansprechen kann, die mit der selbstständigen Lektüre beginnen.

Eine spezifische Form der Studienbibel liegt in der **BasisBibel** vor. Die vom Evangelischen Bibelwerk herausgegebene Übersetzung ist speziell für die neuen Medien gedacht. In gedruckter Form liegen die vier Evangelien und die Psalmen vor. Die weiteren Texte des Ersten und des Neuen Testaments sind in Bearbeitung und können in der digitalen Version bereits gelesen werden (www.Basisbibel.de). In der gedruckten Version bietet sie am Rand Informationen zu Sachfragen und zum theologischen Verständnis an. Aber nur in der digitalen Ausgabe können sich alle Funktionen der BasisBibel voll entfalten. Sie bietet einblendbare Zusatzinformationen, entweder als kurzer sog. Mouse-over-Text oder als Hyperlinks auf Sach- und Worterklärungen, Abbildungen und Landkarten ... und natürlich auch eine Konkordanz. Die BasisBibel bemüht sich intensiv um gute Verständlichkeit in heutiger Sprache – intensiviert durch ein klares Schriftbild. – Theologisch orientiert sich die BasisBibel am so genannten »Luther-Prinzip«: Dazu gehört zentral die Ausrichtung am Dogma der Erbsünde und Erlösung durch das Sühnopfer Christi.

1.4 Bibellexika

Bibellexika sind in großer Zahl auf dem Markt. In manchen Themen berühren sie sich mit den Studienbibeln; denn auch diese enthalten in der Regel eine Art Lexikon. Dennoch unterscheiden sie sich in der Anwendung: Die Studienbibeln unterstützen den Bibelleser vor allem bei der laufenden Lektüre; die Beschäftigung mit einem größeren Zusammenhang kommt bei den meist recht gründlichen Einleitungen in die biblischen Bücher bzw. eine Gruppe von Büchern des Ersten und des Zweiten Testament in Frage. – Die Bibellexika sind thematisch viel breiter angelegt. Sie bieten nicht nur Sach-Informationen zu einzelnen Themen an, sondern formulieren auch ausführliche Artikel zur biblischen Theologie, etwa zur Gottesfrage, zur Christologie, zum Menschenbild. Man kann diese Beiträge als Basis-Artikel bezeichnen. Es empfiehlt sich, diese Artikel mit Bedacht zu lesen, um einen Eindruck von der inhaltlichen Ausrichtung des Lexikons zu bekommen.

Ich beschränke mich bei dem folgenden Überblick auf drei Lexika, die sich nach Fragestellung, Thematik und Ausrichtung an der kritischen Bibelwissenschaft orientieren.

Als Klassiker kann das **Calwer Bibellexikon** gelten. Seit einem halben Jahrhundert dient das zweibändige Werk aus dem evangelischen Bereich den Bibelleser/innen nach eigenen Worten als »guter Ratgeber«. Es wurde immer wieder auf den neuesten Stand gebracht; die letzte Ausgabe stammt aus dem Jahr 2003, 2. Auflage 2007. Die Beiträge – bezogen auf die Luther-Übersetzung – informieren gründlich und gut verständlich; die Kenntnis der Ursprachen wird nicht vorausgesetzt. Die geschichtliche, religiöse und soziale Umwelt des Ersten und des Neuen Testaments wird gut erschlossen. Die »Basis-Artikel« sind abgewogen und offen formuliert. Das Calwer Bibellexikon hat sich das »ehrgeizige Ziel« gesetzt, wissenschaftliche Theologie und »das tägliche Leben mit der Bibel« zu verbinden; das ist sehr gelungen: Die Informationen werden elementarisiert (nicht: versimpelt!) und können damit einen breiten Leserkreis ansprechen.

Das – wenn man so will – katholische Pendant ist **Herders Neues Bibellexikon** (2008). Über 5000 Artikel – bezogen auf die Einheitsübersetzung – informieren gründlich über alle Personen, Orte und Sachen der Bibel und ihres Umfelds. Außer den Sachartikeln bietet das Lexikon noch über 100 »bibeltheologische Basisartikel« an: Sie beziehen sich auf die biblischen Bücher (gelb unterlegt), auf Grundbegriffe und zentrale biblische Gestalten (blau unterlegt). Das reiche Bildmaterial umfasst nahezu ein Drittel des Buches. Im Anhang finden sich differenzierte Zeittafeln und Landkarten. Eine beigefügte CD-ROM enthält die Texte und Bilder des Werks in digitaler Form. – Auch Herders Neues Bibellexikon ist ein zuverlässiger Begleiter beim eigenständigen Bibelstudium; es orientiert sich an der kritischen Bibelwissenschaft und formuliert die theologischen Grundthesen abgewogen und differenziert.

Als drittes Beispiel nenne ich das **WIBILEX**. Obwohl es nur im Internet zugänglich ist, will ich es hier vorstellen, denn es ist im Grunde als klassisches Bibellexikon angelegt. WIBILEX ist ein von der Deutschen Bibelgesellschaft herausgegebenes Wissenschaftliches Bibellexikon. Über 300 wissenschaftliches Mitarbeiter und Mitarbeiterinnen haben bisher über 1200 von geplanten 3000 Artikeln verfasst. Sie sind im Internet aufrufbar und können heruntergeladen werden. Die einzelnen Beiträge sind sehr differenziert gearbeitet und entsprechen dem aktuellen Stand der biblischen Wissenschaft (vgl. auch die Zitierungen im 2. Teil dieses Buchs). Allerdings sind wohl viele Beiträge für nicht theologisch ausgebildete Bibelleser/innen etwas zu differenziert und auch zu umfangreich.

1.5 Bibelatlanten

Schier unerschöpflich ist das Angebot von Kartenmaterial zum Ersten und Neuen Testament. Die meisten Studienbibeln und Bibellexika bieten gutes Kartenmaterial an, so dass die Anschaffung eines großen Werks sich wohl erübrigt, wenn der heutige Leser, die Leserin kein spezifisches geografisches Interesse mitbringt.

1.6 Bibelkommentare

Kommentare sind Schriften zur Erläuterung (biblischer) Texte. Sie sind so alt wie die Bibel selbst; schon in neutestamentlicher Zeit gab es Kommentare zu einzelnen Büchern des Ersten Testaments. – Heute ist eine Fülle von Bibelkommentaren unterschiedlichster Zielrichtung und Ausprägung auf dem Markt, meist in Form von Kommentar-Reihen. Viele dieser Reihen sind streng wissenschaftlich ausgerichtet und kommen daher für das Anliegen dieses Buches nicht in Frage. Ich muss mich darauf beschränken, einzelne allgemeinverständliche Reihen zu benennen und kurz zu charakterisieren.

Auch hier ist zunächst wieder ein »Klassiker« zu nennen: Das Neue Göttinger Bibelwerk (Verlag Vandenhoeck & Ruprecht, Göttingen), aufgeteilt in die Reihen »**Das Alte Testament Deutsch**« (ATD) und »**Das Neue Testament Deutsch**« (NTD). Es liegen Bände zu allen biblischen Büchern sowie zu den Apokryphen (deuterokanonischen Büchern) vor. Sie werden immer wieder überarbeitet und teilweise auch von anderen Autoren neu verfasst; so können zu einem biblischen Buch mehrere Kommentare vorliegen.

Außerdem erscheint eine »Ergänzungsreihe«, in der Themen wie »Geschichte Israels« oder »Theologie des Neuen Testaments« behandelt werden. Die Kommentare sind auf dem jeweiligen Stand der Bibelwissenschaft und allgemeinverständlich geschrieben. In die Kommentierungen sind immer wieder »Thematische Ausführungen« eingeschoben – Exkurse zu Themen wie beispielsweise »Söhne Gottes« oder »Zur Theologie der Judaisten«. Die Kommentare von ATD und NTD sind eine wertvolle Unterstützung bei der selbstständigen Bibellektüre. Die neu erscheinenden Bände sind nicht ganz billig – es kann sich lohnen, auch frühere Bearbeitungen eines biblischen Buchs aus dem »Neuen Göttinger Bibelwerk« günstig antiquarisch zu erwerben (→ Internet!).

Auch die Reihe »**Stuttgarter kleiner Kommentar Neues Testament**« (Verlag Katholisches Bibelwerk Stuttgart) eignet sich gut zur Unterstützung der selbstständigen Bibellektüre. Jeder Band beginnt mit einer gründlichen Einführung in Entstehung und Charakter der jeweiligen Schrift. Die Kommentierung orientiert sich an Grundlinien der neutestamentlichen Wissenschaft. Die Erläuterungen zu den Texten sind relativ knapp gefasst und konzentrieren sich auf den theologischen Gehalt. Auch im »Stuttgarter Kleinen Kommentar« sind immer wieder (grau unterlegte) Exkurse in die laufenden Erläuterungen eingestreut, z.B. zur »lukanischen Christologie«. – Von den veröffentlichten 22 Bänden liegt aktuell nur ein Sammelband mit den Kommentaren zu den vier Evangelien vor. Die anderen Bände können preiswert antiquarisch erworben werden. (→ Internet). Das gesamte Kommentarwerk wird auf einer CD-ROM angeboten.

Eine ähnliche Kommentarreihe wird auch zum Ersten Testament angeboten: »**Neuer Stuttgarter Kommentar – Altes Testament**« (Verlag Katholisches Bibelwerk Stuttgart). Auch hier ist die kritische Bibelwissenschaft als Hintergrund deutlich erkennbar. – Die Kommentare sind fundiert und gut verständlich. Eingestreut sind auch hier (grau unterlegte) Exkurse zu theologischen und geschichtlichen Fragen (z.B. zu den »Gottesknechtliedern«); sie vertiefen die Erläuterungen recht gut. – Bisher liegen über 40 Bände vor. Darunter finden sich neben den Kommentaren zu den Büchern des Ersten Testaments auch Bände mit interessanten Überblicks-Themen, z.B. zur »Theologie des Alten Testaments«, »Vom Umgang mit dem Alten Testament« oder auch zur Wirkungsgeschichte (»Die Psalmen bei den Kirchenvätern«; »Das Buch Exodus im Judentum« …) – Auch dies ist eine Reihe von Kommentaren, die das eigenständige Lesen verlässlich und verständlich unterstützen.

1.7 Bibel digital

Schon bei den bisher vorgestellten Informationsmaterialien war immer wieder auf die Fülle der Angebote und damit auch auf eine gewisse Unübersichtlichkeit hinzuweisen. Das gilt – noch verstärkt – für den Bereich der Software; hinzu kommt, dass gerade hier der Markt ständig in Bewegung ist. Es ist also wieder mit Bedacht auszuwählen. Ich verzichte auf die Vorstellung aufwändiger Programme, die die Kenntnis der Ursprachen voraussetzen, und konzentriere mich auf solche, die solide, aber auch allgemeinverständlich und unaufwändig zu handhaben sind. – Eine gute erste Übersicht bekommt, wer diese Adresse anwählt: www.dbg.de. Er kommt auf die Einstiegsseite der (evangelischen) Deutschen Bibelgesellschaft Stuttgart. Da es nicht ganz einfach ist, die dort zusammengestellten komplexen Angebote zu überblicken, hier einige Orientierungshinweise: Zuerst kann man www.die-bibel-de ansteuern (natürlich auch direkt anwählbar). Hier kann die Bibel aufgeschlagen werden (sieben unterschiedliche Übersetzungen stehen zur Verfügung). Auch eine Konkordanz ist einbezogen (»Suchbegriff«). Das Stichwort »Konkordanz« wird auch noch einmal auf der Menü-Leiste genannt. In diesem Teilprogramm ist es allerdings nicht möglich, den Bibeltext nach selbst gewählten Stichworten zu durchsuchen; man muss sich an Listen vorgegebener Begriffe halten. – Das Untermenü »Unsere neue Generation Bibelübersetzung« führt zur Basisbibel; sie wurde schon vorgestellt – Im Menü www.bibelwissenschaft.de ist das schon besprochene, sehr informative und kostenlos zugängliche Wissenschaftliche Bibellexikon WIBILEX zu finden. Für Religionslehrer ist das (ebenfalls im Entstehen begriffene) Wissenschaftlich Religionspädagogische Lexikon WiReLex von Interesse (ebenfalls kostenfrei zugänglich). So weit die Hinweise zu Angeboten der Deutschen Bibelgesellschaft.

Die Website des Katholischen Bibelwerks (www.bibelwerk.de) ist nicht so differenziert; sie bietet u.a. einen Zugang zum Bibeltext (Einheitsübersetzung) sowie Informationen zu den Publikationen an.

Viele **Bibelausgaben** sind online kostenlos verfügbar; sie können im Netz gelesen und heruntergeladen werden. Das Programm www.bibleserver.com ist ein Online-Dienst von ERF Online, der in Zusammenarbeit mit internationalen Bibelgesellschaften und Verlagen die Bibel in 46 modernen und historischen Übersetzungen in 21 Sprachen (einschließlich der Ursprachen) online anbietet, inklusive eine deutsche Hörbibel. Eine Konkordanz mit frei wählbaren Suchbegriffen gehört dazu.

Eine bestimmte Übersetzung wird allerdings in den gängigen Zusammenstellungen nicht aufgeführt: Die Übertragung aus feministischer Sicht. Man muss sie eigens anwählen unter: bibel-in-gerechter-Sprache.de. Hier können Texte angewählt, gelesen und heruntergeladen werden.

Viele Informationsmaterialien liegen auch auf **CD ROM** vor; einige wurden bereits vorgestellt. Zwei will ich abschließend noch empfehlend nennen:

Die **Quadro-Bibel 5.0** vereinigt die fünf führenden deutschen Bibeln: **Einheitsübersetzung; Gute Nachricht Bibel 2000; Lutherbibel 1984/1999; Elberfelder Bibel 2006; Zürcher Bibel 2007.** Außerdem: eine Evangeliensynopse zu allen fünf Übersetzungen; das **Lexikon zur Bibel** von Rienecker/Maier; ein Lexikon zu **Namen und Orten der Bibel**; den **Biblischen Wortschatz nach Sachgruppen**. Die Quadro-Bibel ist eine Gemeinschaftsproduktion jener Verlage, bei denen die Printausgaben der oben genannten Titel erschienen sind. Die Quadro-Bibel verbindet große Benutzerfreundlichkeit mit einem beachtlichen Spektrum an Funktionalität.

Schließlich ist die Reihe bibelmultimedial.de der Deutschen Bibelgesellschaft zu nennen. Es gibt CD ROMS zu diesen Themen: **Deutsche Bibelübersetzungen;** Die Entstehung des NT; Die Entstehung des AT; Die Glaubenswelt der Bibel; Die große

Kinderbibel-DVD; BasisBibel. Die CD »Deutsche Bibelübersetzungen« bietet drei Übersetzungen: Luther – Einheitsübersetzung – Gute Nachricht (mit Konkordanzen). Dazu kommen etliche Multimedia-Angebote (einfache Lexika, Zeitleisten, Karten, Bilder, Videos). Die CD ROM ist für Bibelleser/innen, die anfangen, sich einzuarbeiten, eine sehr nützliche Begleiterin; dazu kommt ein vergleichsweise günstiger Preis.

2. Literatur

Assmann, Jan, Religion und kulturelles Gedächtnis. Zehn Studien. München: Beck Verlag. ³2008

Baeck, Leo, Das Wesen des Judentums. Köln ⁶1960

Barthes, Roland, Die Lust am Text. Frankfurt: Suhrkamp Verlag. 1974

Bauks, Michaela; Koenen, Klaus (Hg.), Das wissenschaftliche Bibellexikon im Internet (WiBiLex) Stuttgart: Deutsche Bibelgesellschaft

Berg, Horst Klaus, Ein Wort wie Feuer. Wege lebendiger Bibelauslegung. Handbuch des biblischen Unterrichts Band 1). Stuttgart/München: Calwer Verlag/Kösel Verlag. ⁴2001

Berg, Horst Klaus, Grundriss der Bibeldidaktik (Handbuch des biblischen Unterrichts Band 2). Stuttgart/München: Calwer Verlag/Kösel Verlag. 1993

Berg, Horst Klaus, Altes Testament unterrichten (Handbuch zum biblischen Unterricht Band 3) Stuttgart/München: Calwer Verlag/Kösel Verlag. 1999

Berg, Sigrid, Kreative Bibelarbeit in Gruppen. 16 Vorschläge. München/Stuttgart: Kösel Verlag/Calwer Verlag. ³1998

Berg, Sigrid; Berg. Horst Klaus (Hg.), Biblische Texte verfremdet. Band 1–12. Stuttgart/München: Calwer Verlag/Kösel-Verlag. 1986ff – Band 1: Grundsätze – Methoden – Arbeitsmöglichkeiten. 1986

Berger, Klaus, Exegese des Neuen Testaments. Neue Wege vom Text zur Auslegung (UTB 658). Heidelberg: Quelle & Meyer. 1977

Brandt, Hermann (Hg.), Die Glut kommt von unten. Texte einer Theologie aus der eigenen Erde (Brasilien). Neukirchen: Neukirchener Verlag. 1981

Brecht, Bertolt, Schriften zum Theater, Gesammelte Werke in 20 Bänden. Band 15. Frankfurt: Suhrkamp Verlag. 1982

Buber, Martin, Der Weg des Menschen nach der chassidischen Lehre. In: ders., Werke. Dritter Band. München; Heidelberg: Kösel-Verlag; Verlag Lambert Schneider. 1963. 713–738

Buber, Martin, Ich und Du. In: ders., Werke. Erster Band. München; Heidelberg: Kösel-Verlag; Verlag Lambert Schneider 1962. 77–170

Buber, Martin, Bilder von Gut und Böse. In: ders., Werke. Erster Band. München; Heidelberg: Kösel-Verlag; Verlag Lambert Schneider. 1962. 605–650

Bucher, Anton A., Bibel-Psychologie. Psychologische Zugänge zu biblischen Texten. Stuttgart: Verlag W. Kohlhammer. 1992

Bultmann, Rudolf, Adam, wo bist du? Über das Menschenbild der Bibel. In: ders., Glauben und Verstehen. Band II. Tübingen: J.C.B.Mohr, [5]1968, 105–116
Bultmann, Rudolf, Jesus. Tübingen: J.C.B. Mohr. [1926] 1964
Bultmann, Rudolf, Jesus Christus und die Mythologie. In: ders., Glauben und Verstehen. Band IV. Tübingen: J.C.B. Mohr, 2 [1964] 1965. 141–189
Cardenal, Ernesto, Das Evangelium der Bauern von Solentiname. Wuppertal: Jugenddienst Verlag. Band 1 und 2. [3]1977
Cardenal, Ernesto, Psalmen. Mit dem Brief an das Volk von Nicaragua. Wuppertal: Jugenddienst-Verlag. [9]1979
Casalis, Georges, Die richtigen Ideen fallen nicht vom Himmel. Grundlagen einer induktiven Theologie (Urban-TB 540). Stuttgart: Verlag W. Kohlhammer. 1980
Daum, Schmuel, Rabbinische Weisheiten aus dem Pentateuch. Band 1 und 2. Basel: Victor Goldschmid Verlag. 1985
Denecke, Axel, Vertreibung oder Befreiung aus dem Paradies? Was die Märchen und die Bibel gemeinsam haben. Eschbach. Verlag am Eschbach. 1990
Dietrich, Walter; Luz, Ulrich (Hg.), Bibel im Weltkontext. Lektüren aus Lateinamerika – Afrika – Asien. Zürich: TVZ. 2002
Dohmen, Christoph, Die Bibel und ihre Auslegung. München: C.H. Beck. 2011
Drewermann, Eugen, Strukturen des Bösen. Band I: Die jahwistische Urgeschichte in exegetischer Sicht. Paderborn: Ferdinand Schöningh, [5]1984
Drewermann, Eugen, Tiefenpsychologie und Exegese. Band I: Traum, Mythos, Märchen, Sage und Legende. Olten/Freiburg: Walter-Verlag. [8]1990
Drewermann, Eugen, Wir glauben, weil wir lieben. Woran ich glaube. Ostfildern: Patmos-Verlag. 2000
Eco, Umberto, Das offene Kunstwerk. Frankfurt: Suhrkamp Verlag. 1985
Egger, Wilhelm / Wick, Peter unter Mitarb. von Dominique Wagner, Methodenlehre zum Neuen Testament. Biblische Texte selbständig auslegen. Freiburg/Basel/Wien: Herder. 2011 (Neuausg., 6., völlig neu bearb. und erw. Aufl.)
Equipo Pastoral de Bambamarca, Vamos Caminando. Machen wir uns auf den Weg. Glaube, Gefangenschaft und Befreiung in den peruanischen Anden. Freiburg (Schweiz)/Münster: Edition Exodus / edition liberación. [3]1983
Fischer, Manfred, Einmischung in innere Angelegenheiten. Stuttgart: Quell Verlag. 1980
Fuchs, Ottmar, Wir haben viel zu lernen. VAMOS CAMINANDO in seiner Bedeutung für unsere Standortbestimmung und Wegweisung in Kirche und Gesellschaft. In: Equipo Pastoral de Bambamarca, (Hg.), VAMOS CAMINANDO. Machen wir uns auf den Weg! Freiburg(Schweiz)/Münster: Edition Exodus / edition liberación. [3]1983
Füssel, Kuno, Anknüpfungspunkte und methodisches Instrumentarium einer materialistischen Bibellektüre. In: Clévenot, Michel, So kennen wir die Bibel nicht. Anleitung zu einer materialistischen Lektüre biblischer Texte. München: Chr. Kaiser Verlag. 1978. [2]1980. 145–170
Gradwohl, Roland, Bibelauslegungen aus jüdischen Quellen. Band 1–4. Stuttgart: Calwer Verlag. 1986ff, Nachdruck 2017
Halbfas, Hubertus, Die Bibel, erschlossen und kommentiert von Hubertus Halbfas. Ostfildern: Patmos [6]2010.
Heartfield, John, Leben und Werk. Dresden: VEB Verlag der Kunst. [3]1971

Hochgrebe, Volker/Meesmann, Hartmut (Hg.), Warum versteht ihr meine Bibel nicht? Wege zu befreitem Leben. Freiburg: Christophorus-Verlag. 1989
Höfer, Albert, Gottes Wege mit den Menschen. Ein gestaltpädagogisches Bibelwerkbuch. München: Don Bosco Verlag. 1993
Hollenweger, Walter J., Der Klapperstorch und die Theologie. Die Krise von Theologie und Kirche als Chance. Kindhausen: Metanoia-Verlag. 2000
Jacob, Benno, Das Buch Genesis. 1938. Nachdruck: Stuttgart: Calwer Verlag 2000.
Jörns, Klaus-Peter, Notwendige Abschiede. Auf dem Weg zu einem glaubwürdigen Christentum. Gütersloh: Gütersloher Verlagshaus. ^{5}2010
Jung, Carl Gustav, Der Mensch und seine Symbole. Olten/Freiburg: Walter Verlag. ^{7}1984
Jung, Carl. Gustav, Über die Psychologie des Unbewussten. Fischer TB 6058
Kassel, Maria, Sei, der du werden sollst. Tiefenpsychologische Impulse aus der Bibel. München: Verlag J. Pfeiffer. 1982
Kautzsch, Emil (Hg.), Die Apokryphen und Pseudepigraphen des Alten Testaments. 2. Band: Pseudepigraphen. Tübingen: J.C.B. Mohr. 1900
Koerrenz, Ralf/Stiebritz, Anne (Hg.), Kirche – Bildung – Freiheit. Die Offene Arbeit als Modell einer mündigen Kirche. Paderborn: Ferdinand Schöningh, 2013
Kohler-Spiegel, Helga/Schachtl-Raber, Ursula, Wut und Mut. Feministisches Materialbuch für Religionsunterricht und Gemeindearbeit. München: Kösel Verlag. 1991
Kraus, Hans-Joachim, Systematische Theologie im Kontext biblischer Geschichte und Eschatologie. Neukirchen: Neukirchner Verlag. 1983
Landgraf, Michael, Bibel kreativ erkunden. Lernwege für die Praxis. Stuttgart: Calwer Verlag/RPE. Zweite, aktualisierte Auflage 2017
Landgraf, Michael / Metzger, Paul, Bibel unterrichten. Basiswissen – Bibeldidaktische Grundfragen – Elementare Bibeltexte. Stuttgart: Calwer Verlag/RPE. 2011
Landgraf, Michael / Risch, Markus, Bibel auslegen. Exegese für Einsteiger. Stuttgart: Calwer Verlag/RPE. 2010
Lapide, Pinchas, War Eva an allem schuld? Gespräche über die Schöpfung. Mainz: Matthias-Grünewald Verlag. 1995
Lapide, Pinchas, Ist die Bibel richtig übersetzt? Gütersloh: Gütersloher Verlagshaus Gerd Mohn. 2004
Lehnen, Julia, Interaktionale Bibelauslegung im Religionsunterricht. Stuttgart: Kohlhammer Verlag. 2006
Leinhäupl, Andreas (Hg.), Jetzt verstehe ich die Bibel. Stuttgart: Katholisches Bibelwerk. 2010
Lohff, Wenzel, Glaubenslehre und Erziehung (Kleine Vandenhoeck-Reihe 1392). Göttingen: Vandenhoeck & Ruprecht. 1974
Lohfink, Gerhard, Jetzt verstehe ich die Bibel. Ein Sachbuch zur Formgeschichte. Stuttgart: Verlag Katholisches Bibelwerk. ^{12}1983
Mark Twain, Das Tagebuch von Adam und Eva. Köln: Anaconda Verlag. 2011
Marsch, Wolf-Dieter, Institution im Übergang. Evangelische Kirche zwischen Tradition und Reform. Göttingen. Vandenhoeck & Ruprecht. 1970
Marsch, Wolf Dieter, Artikel »Kirche«. In: G. Otto (Hg.), Praktisch-Theologisches Wörterbuch. Hamburg ^{2}1975, 340ff
Marti, Kurt, Gottesbefragung. Der 1. Johannesbrief heute. Stuttgart: Radius Verlag. 1982

McDonagh, Edna, Gift and Call. Towards a Christian Theology of Morality. St. Meinrad, Indiana. 1975
Mesters, Carlos, Vom Leben zur Bibel – von der Bibel zum Leben. Ein Bibelkurs aus Brasilien für uns. Mainz/München: Matthias-Grünewald-Verlag/Chr.Kaiser Verlag. Band 1. 1983
Mesters, Carlos, »Seht, ich mache alles neu«. Bibel und Neuevangelisierung. Stuttgart: Verlag Katholisches Bibelwerk. 1991
Mesters, Carlos, Vom Leben zur Bibel – von der Bibel zum Leben. Ein Bibelkurs aus Brasilien für uns. Mainz/München: Matthias-Grünewald-Verlag/Chr.Kaiser Verlag. Band 1 und 2. 1983
Metz, Johann Baptist, Im Aufbruch zu einer kulturellen polyzentrischen Weltkirche. In: Kaufmann, Franz-Xaver /Metz, Johann Baptist, Zukunftsfähigkeit. Suchbewegungen im Christentum, Freiburg: Herder, 1987, 93–115
Mollenkott, Virginia M., Gott – eine Frau? Vergessene Gottesbilder der Bibel. München: Verlag C.H. Beck. ²1990
Moltmann, Jürgen, Der gekreuzigte Gott. München: Verlag Chr. Kaiser. 1972
Moltmann-Wendel, Elisabeth, Ein eigener Mensch werden. Frauen um Jesus. Gütersloh: Gütersloher Verlagshaus Gerd Mohn. 2002
Moltmann-Wendel, Elisabeth, Das Land, wo Milch und Honig fließt. Perspektiven einer feministischen Theologie. Gütersloh: Gütersloher Verlagshaus. 1985
Moser, Tilmann, Gottesvergiftung. Frankfurt: Suhrkamp Verlag. 1980
Müllner, Ilse, Eva will es wissen. In: Bibel heute. 204. 2015. 7–10
Oemig, Manfred, Biblische Hermeneutik. Eine Einführung. Darmstadt: Wissenschaftliche Buchgesellschaft. ²2007
Rad, Gerhard von, Theologie des Alten Testaments. Band 1 (Kaiser Traktate NF 2) München: Chr. Kaiser Verlag. ⁹1987. (a) – Band 2 (Kaiser Traktate NF 2). München: Chr. Kaiser Verlag. ⁹1987. (b)
Rad, Gerhard von, Das Erste Buch Mose. Genesis. (Das Alte Testament Deutsch. ATD – Band 002-4) Göttingen: Vandenhoeck&Ruprecht. ¹²1987
Rahner, Karl, Frömmigkeit heute und morgen. In: Geist und Leben 39, 1966, 326–342
Ruether, Rosemary R., Sexismus und die Rede von Gott. Schritte zu einer anderen Theologie. Gütersloh: Gütersloher Verlagshaus Mohn. ²1990
Rumpf, Horst, Spielarten der Kulturaneignung. In: Staudte, A. (Hg.), Ästhetisches Lernen auf neuen Wegen. Weinheim: Beltz, 1993. 19–30
Schambeck, Mirjam, Biblische Facetten. 20 Schlüsseltexte für Schule und Gemeinde. Ostfildern: Grünewald 2017
Schapp, Wilhelm, In Geschichten verstrickt. Zum Sein von Ding und Mensch. Frankfurt: Klostermann. ⁵2012
Schmidt, Eva Renate u.a. (Hg.), Feministisch gelesen. Band 1. 32 ausgewählte Bibeltexte für Gruppen, Gemeinden und Gottesdienste. Stuttgart: Kreuz Verlag. 1988
Schmidt, Eva Renate u.a. (Hg.), Feministisch gelesen. Band 2. Ausgewählte Bibeltexte für Gruppen und Gemeinden. Gebete für den Gottesdienst. Stuttgart: Kreuz Verlag. 1989
Schmidt, Eva Renate, Mögliche Kriterien für eine feministische Bibelauslegung. In: dies. u.a. (Hg), Feministisch gelesen. Band 1. 32 ausgewählte Bibeltexte für Gruppen, Gemeinden und Gottesdienste. Stuttgart: Kreuz Verlag, 1988. 12–16

Schmitz, Barbara, »Ihr werdet wie Gott, erkennend Gutes und Böses« (Gen 3,5). ›Gut‹ und ›Böse‹ – Grenzziehungen in der Urgeschichte (Gen 1–9), In: Beatrice Acklin-Zimmermann / Barbara Schmitz (Hg.), An der Grenze. Theologische Erkundungen zum Bösen, Frankfurt a.M.: Lembeck. 2007, 13–41

Scholem, Gershom, Über einige Grundbegriffe des Judentums (es 414). Frankfurt: Suhrkamp Verlag. 1970

Schüle, Andreas, Artikel »Urgeschichte« WIBILEX. 2008

Schüngel-Straumann, Helen, Eva. Die erste Frau der Bibel: Ursache allen Übels? Paderborn: Ferdinand Schöningh. 2014

Schüssler-Fiorenza, Elisabeth, Entscheiden aus freier Wahl. Wir setzen unsere kritische Arbeit fort. In: Russell, Letty M. (Hg.), Befreien wir das Wort. Feministische Bibelauslegung. München: Chr. Kaiser Verlag. 1989. 148–161

Schüssler-Fiorenza, Elisabeth, Grenzen überschreiten: Der theoretische Anspruch feministischer Theologie. Ausgewählte Aufsätze. Münster: LIT. 2004

Schwebel, Horst, Die andere Eva. Wandlungen eines Frauenbildes. Menden: Trapez Verlag. 1985

Söding, Thomas, Die Bibel für alle. Kurze Einführung in die neue Einheitsübersetzung. Freiburg/Basel/Wien: Herder. 2017

Sölle, Dorothee, Atheistisch an Gott glauben. Beiträge zur Theologie. Olten: Walter Verlag (dtv) ^{2}1986

Staeck, Klaus, Die Kunst findet nicht im Saale statt. Reinbek: Rowohlt Verlag. 1976

Steubing, Hans (Hg.), Bekenntnisse der Kirche. Wuppertal: Brockhaus Verlag. 1970

Stock, Hans, Evangelientexte in elementarer Auslegung. Göttingen: Vandenhoeck & Ruprecht. 1991

Theißen, Gerd, Urchristliche Wundergeschichten. Ein Beitrag zur formgeschichtlichen Erforschung der Evangelien. Gütersloh: Gütersloher Verlagshaus Gerd Mohn. 1974

Vellguth, Klaus, Eine neue Art, Kirche zu sein. Entstehung und Verbreitung der Kleinen Christlichen Gemeinschaften und des Bibel-Teilens in Afrika und Asien. Freiburg: Herder Verlag. 2005

Vogt, Theophil, Bibelarbeit. Stuttgart: Verlag W. Kohlhammer. 1985

Wartenberg-Potter, Bärbel (Hg.), Aufrecht und frei. Was Frauen heute in der Bibel entdecken. Offenbach: Burckhardthaus-Laetare Verlag, 1986

Wendel, Ulrich (Hg.), Dem Wort Gottes auf der Spur. 21 Methoden der Bibelauslegung. Witten: SCM-Verlag. 2015

Westermann, Claus, Genesis. Biblischer Kommentar Altes Testament. I,1 (Gen 1–11) Neukirchen: Neukirchener Verlag. 1999

WIBILEX siehe: Bauks/Koenen

Wiesel, Elie, Adam oder das Geheimnis des Anfangs. Brüderliche Urgestalten. Freiburg: Verlag Herder. 1980

Willmes, Bernd, Sündenfall. WIBILEX 2008

Wink, Walter, Bibelauslegung als Interaktion. Über die Grenze historisch-kritischer Methode (Urban-TB 622) Stuttgart: Verlag W. Kohlhammer. 1976

Wink, Walter, Bibelarbeit. Ein Praxisbuch für Theologen und Laien. Stuttgart: Verlag W. Kohlhammer. 1982